D1753261

WIE IM FLUG

Für Wolf
um in Erinnerungen zu schwelgen.

Schleißheim, 18.6.2000

Beni und Sieglinde

INGO ANSPACH

DIE 50JÄHRIGE GESCHICHTE DER FLUGHAFEN MÜNCHEN GMBH
WIE IM FLUG

Piper
München Zürich

INHALT

6 DIE VORGESCHICHTE

8 AUFERSTANDEN AUS RUINEN

34 MILLIONENSTADT MIT JETVERKEHR

62 FLUGHAFEN SUCHT LANDEPLATZ

88 IM SPAGAT ZWISCHEN RIEM UND ERDING

114 DIE JAHRE IN DER WARTESCHLEIFE

144 EIN FLUGHAFEN STARTET DURCH

167 BILDNACHWEIS

DIE VORGESCHICHTE

»Löse deinen Flugschein so früh wie möglich, denn du darfst nicht vergessen, daß das Fassungsvermögen der Verkehrsflugzeuge selten mehr als acht bis zehn Passagiere übersteigt.« So lautete das erste der zehn »Gebote für die Luftreise«, die die Luft Hansa ihren Passagieren 1930 mit auf den Weg gab. In Gebot Nummer 8 heißt es: »Sorge dafür, daß die Luft in der Kabine frisch bleibt. Das Öffnen der Fenster ist erlaubt, nicht aber das Hinauswerfen von Gegenständen, die den kleinen Erdenbürgern tief unter dir auf den Kopf fallen könnten.«

Inzwischen befördern die Flugzeuge zuweilen mehr als 600 Passagiere, von denen wohl keiner auf die Idee käme, ein Fenster zu öffnen, und soweit die Fluggesellschaften überhaupt Verhaltensmaßregeln bekanntgeben, betreffen diese den Gebrauch von Mobiltelefonen oder Laptops. Der Blick auf die Anfänge des fliegenden Passagierverkehrs verdeutlicht, welche Wegstrecke die Luftfahrt seither zurückgelegt hat. Von dieser enormen Entwicklungsdynamik wurde auch die 50jährige Unternehmensgeschichte der Flughafen München GmbH (FMG) maßgeblich geprägt. 50 spannende Jahre lang stand die FMG im Zentrum der Münchner Luftfahrtgeschichte. Begonnen hat diese Geschichte indessen bereits vor 90 Jahren.

Schon 1909 bildete sich in der bayerischen Hauptstadt eine »Akademie für Aviatik«, deren Mitglieder auf einem selbst hergerichteten Flugfeld im westlich von München gelegenen Moor von Puchheim erste Flugversuche durchführten. Tausende von Münchnern besuchten hier im Mai 1910 eine Flugveranstaltung, bei der »die tollkühnen Männer in ihren fliegenden Kisten« bereits beachtliche Resultate erzielten. Der längste Flug in einem der drahtverspannten Fluggeräte dauerte 25 Minuten. Die größte erreichte Höhe waren 120 Meter, und die damalige Rekordgeschwindigkeit lag bei 60 Kilometern in der Stunde.

Auch das Oberwiesenfeld – der spätere Standort des ersten Münchner Verkehrsflughafens – rückte bereits 1909 ins Blickfeld der Luftfahrtpioniere. 1890/91 war das Oberwiesenfeld zusammen mit Schwabing von München eingemeindet worden. Militärische Bauten wie die Max-II-Kaserne, Artilleriewerkstätten und ein großer Exerzierplatz prägten das Gelände. Die Luftschiffer der Königlich Bayerischen Armee hatten hier schon Ende des vorigen Jahrhunderts erste Erfahrungen mit Ballonaufstiegen und -landungen gesammelt. Das erste Luftschiff des Grafen Zeppelin, das in München bewundert werden konnte, war die *Victoria Luise*, die am 1. April 1909 auf dem Oberwiesenfeld landete.

»In sicherer Linie kam er von Föhring über den Englischen Garten herauf, machte vor der Residenz eine kleine Schwenkung und fuhr dann etwa in Höhe des Daches der Frauenkirche an dem ragenden Wahrzeichen Münchens dicht vorbei und nahm dann Kurs auf das Oberwiesenfeld. Schön beleuchtet von der Mittagssonne zog das prächtige Fahrzeug sieghaft daher, begrüßt vom Jubel der beglückten Zuschauer«, schrieb seinerzeit der Reporter der *Münchner Neuesten Nachrichten*.

Es folgten weitere Zeppeline und ab 1910 auch die ersten Flugzeuge. Schnell entwickelte sich das Areal jetzt zu einem beliebten Fliegertreffpunkt, von dem aus verschiedene erfolgreiche Rekordflüge gestartet wurden. Auch die ersten Offiziere der bayerischen Armee, die zu Flugzeugführern ausgebildet wurden, erlernten ihr Handwerk auf dem Oberwiesenfeld. Am 1. Januar 1912 wurde hier die »Königliche Bayerische Fliegertruppe« gegründet, die dann allerdings schon drei Monate später nach Oberschleißheim verlegt wurde. Auf diesem neuen Fluggelände – etwa 13 Kilometer nördlich des Münchner Stadtzentrums – wurden zur Unterbringung der Flugzeuge zunächst Zelte und später hölzerne Schuppen errichtet. So entstand in Schleißheim der erste Fliegerhorst Bayerns, dessen im Mai 1913 fertiggestelltes Zentrum heute das älteste erhaltene Flugplatzgelände in Deutschland ist.

Nach Schleißheim waren die Militärflieger nicht zuletzt deshalb ausgewichen, weil die gleichzeitige Nutzung des Oberwiesenfelds als Exerzierplatz und Übungsgelände der Flugpioniere gravierende Probleme aufgeworfen hatte. »Am Boden wurden Pferde scheu und warfen ihre Reiter ab, der Kommandorufer verstand sein eigenes Wort nicht mehr, und bei den Wendungen machte die Hälfte der Kompanie links, die Hälfte rechts um – alles wegen des Motorenlärms«, heißt es in einer Denkschrift zur Entstehung des ersten Münchner Flughafens. Die »Aviateure« wurden deshalb 1912 des Oberwiesenfelds verwiesen, und erst nach dem Ersten Weltkrieg konnten hier wieder Flugzeuge starten und landen.

Der Geburtsstunde des Passagierverkehrs auf dem Oberwiesenfeld fiel in das Jahr 1920, in dem die RUMPLER LUFTVERKEHRS AG mit umgebauten Militärmaschinen ihren planmäßigen Flugdienst auf den Strecken München–Augsburg sowie München–Nürnberg–Leipzig–Berlin einrichtete. Als zweite in München operierende Fluggesellschaft eröffnete der BAYERISCHE LUFT-LLOYD 1921 die Verbindung München–Konstanz, die anfangs von Schleißheim aus bedient wurde. Da auf dem Oberwiesenfeld zu diesem Zeitpunkt noch keine Hallen zur Verfügung standen, wurden auch die anderen Flugzeuge abends zur Unterbringung und Wartung regelmäßig nach Schleißheim geflogen.

Mit insgesamt 8747 Passagieren, die auf dem Oberwiesenfeld abgefertigt wurden, belegte München im Jahr 1925 hinter Berlin und Hamburg bereits den dritten Platz unter den deutschen Flughäfen.

Neben den inländischen Zielen wurden zu diesem Zeitpunkt auch bereits einige europäische Destinationen wie Zürich, Genf, Budapest und Wien von München aus angesteuert. Die erste reine Verkehrsmaschine, die in den frühen zwanziger Jahren von zahlreichen Gesellschaften eingesetzt wurde, war die Junkers F 13, die Platz für zwei Piloten und vier Passagiere bot und eine Geschwindigkeit von 140 Stundenkilometern erreichte.

Angesichts der wachsenden Anforderungen des Luftverkehrs traten die Defizite der Einrichtungen auf dem Oberwiesenfeld jetzt immer deutlicher zutage. So häuften sich die Schäden an den Flugzeugen, die auf die Unebenheit der Landebahn zurückgingen. Da das Flugfeld nicht einmal eingezäunt war, begaben sich Schaulustige immer wieder in gefährliche Nähe zum Rollverkehr, und eine geordnete Zollabfertigung bei Auslandsflügen war schlicht undurchführbar.

1927 erteilte der Münchner Stadtrat deshalb einen Planungsauftrag für den Ausbau der Anlagen auf dem Oberwiesenfeld zu einem Flughafen »1. Ordnung«. Schon 1929 konnte daraufhin eine neue große Flugzeughalle in Betrieb genommen werden, und zwei Jahre später wurde auch das neue Abfertigungs- und Verwaltungsgebäude fertiggestellt. Damit verfügte München nun erstmals über einen voll funktionsfähigen Verkehrsflughafen. Zur Einweihung dieses neuen Flughafens, die am 3. Mai 1931 mit einem Großflugtag gefeiert wurde, kamen rund 100 000 Münchner auf das Oberwiesenfeld.

Schon kurz nach der Eröffnung zeichnete sich jedoch ab, daß auch der voll ausgebaute Flughafen Oberwiesenfeld dem sich rasch entwickelnden Luftverkehr langfristig nicht genug Platz bieten konnte. An eine Erweiterung der Anlagen war wegen der Lage des Flughafens nicht zu denken. Da die nationalsozialistischen Machthaber zudem einen Kranz von Militärflughäfen um München herum planten, wurde 1936 ein Gelände südlich der Ortschaften Riem und Feldkirchen und nördlich von Kirchtrudering und Haar zum neuen Flughafenstandort bestimmt. Mit Planung und Bau des neuen Riemer Flughafens wurde der Architekt Ernst Sagebiel beauftragt, der zur gleichen Zeit auch die Flughafenbauten in Stuttgart und Berlin-Tempelhof entwarf. Die Bauarbeiten für den Riemer Flughafen begannen im Frühjahr 1937.

Nach deutlichen Fortschritten in der Luftfahrttechnik war in Europa inzwischen eine neue Generation von Verkehrsflugzeugen im Einsatz. In den dreißiger Jahren prägten moderne und robuste Maschinen wie die Fokker F. VIIb oder die legendäre Junkers JU 52 die Zivilluftfahrt. Das Passagieraufkommen auf dem Flughafen Oberwiesenfeld, das 1932 noch bei rund 16 000 Fluggästen lag, stieg in den folgenden sechs Jahren auf mehr als das Dreifache an. Im Jahr 1938, dem letzten kompletten Betriebsjahr des ersten Münchner Verkehrsflughafens, wurden auf dem Oberwiesenfeld insgesamt 49 156 Fluggäste gezählt. Zwei von diesen Passagieren waren die Staatsmänner Neville Chamberlain und Edouard Daladier, die im September 1938 zu der Viermächtekonferenz kamen, die mit der Unterzeichnung des Münchner Abkommens endete.

Der Frieden, den die Westmächte in diesem Abkommen unter Preisgabe eines erheblichen Teils des tschechoslowakischen Staatsgebiets zu sichern glaubten, endete am 1. September 1939 mit dem deutschen Überfall auf Polen. Am selben Tag hätte ursprünglich der neue Riemer Flughafen in Betrieb gehen sollen. Mit einem Durchmesser von zwei Kilometern, hochentwickelten technischen Einrichtungen und einer äußerst funktionellen Gesamtkonzeption gehörte der neue Flughafen zum Zeitpunkt seiner Fertigstellung zu den modernsten Airports der Welt. Nutznießer dieser hoch gelobten Anlage war aber nicht die Zivilluftfahrt, sondern zunächst die deutsche Luftwaffe, die den Flughafen von Beginn des Zweiten Weltkriegs an belegte.

»Von der Vorlage einer Flughafenbenutzerordnung vor Eröffnung des Flughafens hat der Herr Reichsminister der Luftfahrt und Oberbefehlshaber der Luftwaffe unter den gegebenen Umständen abgesehen«, heißt es in einem Tätigkeitsbericht der damaligen »Flughafenbetriebsgesellschaft München-Riem«. Der zivile Luftverkehr in Deutschland war bei Kriegsausbruch zunächst weitgehend eingestellt worden und wurde in der Folgezeit nur auf wenigen Strecken und unter starken Einschränkungen wiederaufgenommen. Die erste Verkehrsmaschine, die schließlich auf dem neuen Münchner Flughafen landete, war eine JU 52 der LUFTHANSA, die aus Berlin kommend am 25. Oktober 1939 in München eintraf und ihren Flug anschließend nach Venedig und Rom fortsetzte.

Unter der Rubrik »Besondere Vorkommnisse« wurde im Bericht der Betriebsgesellschaft ferner festgehalten, daß »der Führer Adolf Hitler mit der Führermaschine D-2600 Fokker-Wulf FW 200 Condor« am 11. November 1939 erstmals in Riem startete. Drei Tage zuvor war der von Georg Elser im Münchner Bürgerbräukeller verübte Sprengstoffanschlag auf den Diktator fehlgeschlagen.

Bis zum Kriegsende blieb der Riemer Flughafen in erster Linie eine Stätte militärischer Aktivitäten, erst als Stützpunkt der deutschen Luftwaffe und später auch zunehmend als Ziel gegnerischer Luftangriffe. Der einzige Zivilluftverkehr während der sechs Kriegsjahre in Riem wurde von der LUFTHANSA und der SWISSAIR betrieben.

1. KAPITEL

AUFERSTANDEN AUS RUINEN

AUFERSTANDEN AUS RUINEN

1

Die »Stunde Null« beginnt in München am 30. April 1945 um 16.05 Uhr, als den aus allen Himmelsrichtungen in das Stadtgebiet einrückenden amerikanischen Truppen am Marienplatz das Rathaus übergeben wird. Die »Hauptstadt der Bewegung« liegt in Trümmern, zehn Millionen Kubikmeter Schutt bedecken das Stadtgebiet, 45 Prozent der Bausubstanz sind zerstört. Nur 2,5 Prozent aller Häuser sind ganz von Kriegsschäden verschont geblieben, rund 300 000 Münchner sind obdachlos. Tausende von Flüchtlingen aus den Ostgebieten, die nach München strömen, müssen vorübergehend in Luftschutzbunkern und Lagern untergebracht werden. Viele alteingesessene Münchner, deren Häuser und Wohnungen den Krieg überstanden haben, werden von der Besatzungsmacht auf die Straße gesetzt, weil die Amerikaner zahlreiche Häuser für ihre Angehörigen räumen lassen. Bereits am 4. Mai 1945 wird Karl Scharnagl, der schon von 1926 bis 1933 die Geschicke der Stadt München geleitet hatte, von der amerikanischen Militärregierung wieder als Oberbürgermeister eingesetzt. Ein Jahr später bestätigt der erste frei gewählte Stadtrat seit dem Ende der Naziherrschaft Scharnagl als Stadtoberhaupt.

Ein Bild der Verwüstung bietet auch der Riemer Flughafen. Er ist zu 70 Prozent zerstört, das gesamte Areal von mehr als 1000 Bombentrichtern gezeichnet. Die Abfertigungshalle war nach einem Brand im Jahr 1941 nur noch behelfsmäßig instandgesetzt worden. Das Dach der Halle wurde von Bomben zerstört, die Eisenbetonkonstruktion stark beschädigt. Auch die Empfangshalle ist nicht mehr nutzbar, das mit einer wertvollen Kassettendecke besetzte Dach eingestürzt. Terrassen und Gaststätten sind ebenfalls den Luftangriffen zum Opfer gefallen. Zwei der fünf Flugzeughallen wurden komplett zerstört, die anderen drei beschädigt.

Anfang Mai übernehmen die Amerikaner den Riemer Flughafen und stationieren dort Einheiten ihrer Luftwaffe. Die EATS (EUROPEAN AIR TRANSPORT SERVICE), eine Kuriereinheit, die alle bedeutenden Städte der amerikanischen Interessensphäre in Europa verbindet, nutzt München als wichtigen Landeplatz. Auch die 60TH TROOP CARRIER GROUP, ein Transportgeschwader mit rund 50 zweimotorigen Transportmaschinen vom Typ C-47 »Dakota« – der militärischen Version der berühmten DC-3 der Douglas Aircraft Corporation –, wird in München stationiert. Nach seiner Verlegung nach Kaufbeuren im Mai 1948 beteiligt sich dieses Transportgeschwader am Aufbau der Berliner Luftbrücke.

Um den Flugverkehr der Militärmaschinen zu ermöglichen, setzt die amerikanische Besatzungsmacht betriebswichtige Anlagen des Riemer Flughafens behelfsmäßig instand. Auf dem von Bombenlöchern zerstörten Rollfeld wird eine Stahlplattenlandebahn errichtet, wie sie die amerikanische Luftwaffe für Feldflugplätze gebraucht. Eine von der Wehrmacht in den letzten Kriegsmonaten begonnene, aber nicht fertiggestellte Piste dient dabei als Trasse.

Die drei nicht komplett zerstörten Flugzeughallen werden von den Amerikanern provisorisch überdacht. Räume des Gaststättengebäudes werden als Aufenthaltsräume auf einfachste Weise wieder hergerichtet. Am Westrand des Flughafengeländes entsteht eine Barackenstadt. Auf Anforderung der Amerikaner werden sach- und ortskundige Fachkräfte für die Wasser- und Stromversorgung aus den Reihen der 1939 gegründeten Flughafen Betriebsgesellschaft München-Riem zum Flughafen beordert.

Zu den ersten Deutschen, die in dieser Phase in Riem Arbeit finden, gehört auch Wulf-Diether Graf zu Castell. Der gebürtige Berliner stand zuvor 14 Jahre als Flugzeugführer im Dienst der DEUTSCHEN LUFTHANSA und hatte es im Cockpit bereits auf über zwei Millionen Flugkilometer gebracht. Er hatte für die deutsch-chinesische Gesellschaft EURASIA einst die Fluglinie Berlin–Moskau–Schanghai erkundet und war auch der erste Pilot gewesen, der die seinerzeit längste Flugstrecke der Welt von Berlin nach Kabul beflog. Während des Zweiten Weltkriegs war Graf Castell nach Deutschland zurückgekehrt und hier als einer der wenigen zivilen Piloten bis zum Kriegsende – unter anderem auf der Route Berlin–München–Mailand–Barcelona – im Linienverkehr der LUFTHANSA geflogen.

Im April 1946 fährt Graf Castell erstmals zum Riemer Flughafen, um den Amerikanern seine Hilfe beim Wiederaufbau anzubieten. Die neuen Herren des Riemer Flughafens erkennen schnell die besonderen Qualitäten des weltgewandten und weitgereisten Luft-

2

3

4

1 Bei Kriegsende ist die Münchner Innenstadt, wie es der spätere Oberbürgermeister Thomas Wimmer formuliert, ein »lebendiger Schutthaufen«.

2 Seit Anfang Mai 1945 geben die Amerikaner auf dem Riemer Flughafen den Ton an.

3 Viele der amerikanischen Transportflugzeuge vom Typ C-47 »Dakota« (DC-3), die nach Kriegsende in Riem landen, beteiligen sich später als »Rosinenbomber« am Aufbau der Berliner Luftbrücke.

4 Kriegswerkzeug und Kriegsfolgen: Die Aufnahme der US-Air Force vom Juni 1945 zeigt ausgediente Flugzeuge der deutschen Luftwaffe auf dem von Bombeneinschlägen gezeichneten Riemer Flughafen.

1 Wiederaufnahme des zivilen Luftverkehrs in Riem am 6. April 1948: Die erste Verkehrsmaschine, die nach Kriegsende in München landet, ist eine DC-3 der PAN AMERICAN WORLD AIRWAYS.

2 Mit der Crew der PAN AM präsentiert sich auf dem Flughafen Riem, der jahrelang ausschließlich militärisch genutzt wurde, erstmals wieder das zivile Gesicht des Luftverkehrs. Viermal pro Woche geht die amerikanische DC-3 von jetzt an in München an den Start.

2

fahrtexperten. Graf Castell übernimmt Dolmetscheraufgaben für die amerikanische Flughafenverwaltung und wächst schon bald in die Rolle eines Verbindungsmannes zwischen den Besatzungsbehörden und den deutschen Stellen. So kann sich der künftige Geschäftsführer der Flughafen München-Riem GmbH frühzeitig mit den besonderen Gegebenheiten des Flughafens unter amerikanischer Verwaltung vertraut machen.

Ein Jahr nach Kriegsende startet in Deutschland erstmals wieder eine Verkehrsmaschine zu einem Linienflug: Die AMERICAN OVERSEAS AIRLINES (AOA) eröffnet mit der Strecke Frankfurt–Berlin im Mai 1946 die erste zivile Luftverkehrsverbindung zwischen zwei deutschen Städten. Eine erste Anbindung an das europäische Luftverkehrsnetz wird wenige Monate später durch die SCANDINAVIAN AIRLINES SYSTEM (SAS) geschaffen.

Auch in München wird im Jahr 1946 erstmals eine Wiederaufnahme des zivilen Luftverkehrs erwogen. Überlegungen der amerikanischen Luftwaffe, den Stützpunkt Riem aufzugeben, bringen das Thema Flughafen im Münchner Rathaus auf die Tagesordnung. In einem Schreiben an den bayerischen Verkehrsminister erkundigt sich der Münchner Oberbürgermeister Karl Scharnagl am 17. April 1946 danach, »wieweit die bayerische Staatsregierung bereit ist, gemeinsam mit München die Regelung zu betreiben, die eine Übertragung der Indienstnahme des Flughafens in die zivile Verwaltung ermöglicht«. Da die Amerikaner allerdings bald darauf von einem Rückzug aus Riem Abstand nehmen, verlaufen diese Bemühungen zunächst im Sande.

Der erste frei gewählte Stadtrat der bayerischen Landeshauptstadt, der sich im Mai 1946 konstituiert, hat zu diesem Zeitpunkt ohnehin drängendere Probleme zu lösen. Da sich die Versorgungslage in München immer weiter verschlechtert, müssen die Lebensmittelrationen für die Bevölkerung spürbar gekürzt werden. Im November 1947 erhält der Normalverbraucher für vier Wochen 10 Kilogramm Brot, 400 Gramm Fleisch, 1250 Gramm Nährmittel, 62,5 Gramm Käse, 500 Gramm Zucker, 125 Gramm Kaffee-Ersatz, 8 Kilogramm Kartoffeln, 1 Liter Magermilch, 500 Gramm Frischfisch und 50 Gramm Fett zugeteilt.

Der Riemer Flughafen bleibt für weitere zwei Jahre ausschließlich dem militärischen Flugbetrieb vorbehalten. Erst Anfang 1948 zeichnet sich in dieser Frage eine Kurskorrektur bei der amerikanischen Militärregierung ab. Am 27. Februar greift der Münchner Oberbürgermeister Scharnagl erneut zur Feder und schreibt an den bayerischen Ministerpräsidenten: »Nach neuesten Mitteilungen der Presse wird nunmehr der zivile Luftverkehr in Deutschland in gewissen Grenzen zugelassen. München darf bei dieser Entwicklung nicht beiseite stehen. Der Flugplatz in Riem gibt nach seiner Größe und Einrichtung die Möglichkeit, jede Konkurrenz mit anderen Flugplätzen aufzunehmen. Es ist nun notwendig, sofort alle notwendigen Schritte zu unternehmen, daß die Einschaltung des Flugplatzes München in den kommenden zivilen Luftverkehr möglich und im weitesten Rahmen vorgesehen wird. Es handelt sich hier um eine Aufgabe, die über das Aufgabengebiet der Stadt weit hinauswächst.«

Am 9. März findet in der Bayerischen Staatskanzlei eine Besprechung von Vertretern des Freistaates und der Landeshauptstadt mit den für den Zivilluftverkehr zuständigen Repräsentanten des Official Military Government United States (OMGUS) statt. Die Militärregierung teilt mit, daß die amerikanische Besatzungsmacht ihre Luftwaffe aus Riem abziehen und den Flughafen für den zivilen Luftverkehr freigeben will. Es wird vereinbart, daß die Kosten für Betrieb und Instandhaltung des Flugplatzes von deutscher Seite zu tragen sind.

Vier Wochen später, am 6. April 1948, landet erstmals nach Kriegsende wieder eine Verkehrsmaschine in München-Riem. Die Besatzung und die 21 Fluggäste der aus London kommenden zwei-

1

motorigen DC-3 der PAN AMERICAN WORLD AIRWAYS werden von Oberbürgermeister Scharnagl in dem halb zerstörten Flughafengebäude mit einer kurzen Ansprache begrüßt. Das Münchner Stadtoberhaupt bezeichnet die Landung der Passagiermaschine als »ersten Schritt, um München wieder an das internationale Luftnetz anzuschließen«. Viermal pro Woche wird die Strecke London–Brüssel–Frankfurt–München–Wien von jetzt an geflogen. Die *Süddeutsche Zeitung* schreibt: »Die Maschine […] ist vorerst nur für amerikanische Fluggäste vorgesehen. Es ist jedoch beabsichtigt, in kurzer Zeit auch deutsche Passagiere, insbesondere Wissenschaftler und Exportkaufleute, auf dem Luftweg ins Ausland zu bringen.« Tatsächlich steht die neue Verbindung am 11. Mai erstmals auch deutschen Fluggästen zur Verfügung. Das Ticket für die Strecke Frankfurt–München kostet 88 Mark.

15 Jahre später hat Graf Castell den Riemer Flughafen dieser frühen Jahre noch einmal aus der Erinnerung beschrieben: »Die Passagierabfertigung fand in der jetzigen Empfangshalle statt, die durch eine Zwischendecke aus Weichfaserplatten in Zimmerhöhe nach oben abgetrennt war. Auf einer Seite lagen die Abfertigungsbüros in kleinen Schaltern, auf der anderen Seite war eine amerikanische Snackbar untergebracht. Da auch alle Wände aus diesem weichen Material hergestellt waren, endete nur gar zu oft eine unsanfte Berührung der Wand damit, daß ein Stück davon wie von einem Lebkuchenhaus herausbrach und man sich unversehens in einem der Büros befand, ohne die Tür benutzt zu haben. Die heutige Abfertigungshalle war vollkommen ausgebrannt, und durch ein Loch in Decke und Dach konnte man den weiß-blauen Münchner Himmel sehen. Auf dem Kontrollturm stand eine Bretterbude, die als Kontrollraum für die Flugsicherungslotsen diente. Wetterwarte und Fernschreiberstellen waren in irgendwelchen Räumen untergebracht, die vom Kriege her nicht zerstört waren. Am Flughafeneingang stand mit Pistole und weißem Stahlhelm ein Posten der Militärpolizei. Dies war die ›einladende Atmosphäre‹ des Flughafens Riem im Frühjahr 1948.«

Der weitgehende Rückzug der US-Luftwaffe vom Riemer Flughafen beginnt am 30. Mai 1948. Außer einem Kommando des amerikanischen Lufttransportdienstes EATS verbleibt lediglich eine

---

NEUBEGINN AUF ANDERER BÜHNE
DEZEMBER 1946

Während Wulf-Diether Graf zu Castell sich 1946 anschickt, am Wiederaufbau des Münchner Flughafens mitzuwirken, trägt seine Frau auf einer ganz anderen Bühne ebenfalls zu einem erfolgreichen Neubeginn bei. Die bekannte Schauspielerin Luise Ullrich, die seit 1942 mit Graf Castell verheiratet ist, feiert am 13. Dezember 1946 im Münchner Theater am Brunnenhof einen spektakulären Premierenerfolg mit dem Schauspiel *Wir sind noch einmal davongekommen* von Thornton Wilder. Unter der Regie von Paul Verhoeven wirken neben Luise Ullrich unter anderem Otto Wernicke und Elisabeth Flickenschildt bei dieser an Effekten reichen Inszenierung von Wilders Welttheater mit. Die *Süddeutsche Zeitung* zählt die Aufführung zu den »interessantesten Ereignissen dieser Spielzeit« und attestiert Luise Ullrich »eine sehr anmutige, schillernde und bezwingende Leistung«. Das Schauspiel, das nicht nur wegen seines beziehungsreichen Titels die Stimmung der frühen Münchner Nachkriegszeit trifft, erweist sich bei insgesamt 69 Aufführungen als echter Publikumsmagnet. »Das war jeden Abend rammeldickevoll«, erinnert sich Graf Castell noch Jahrzehnte später.

1 Bis zum Mai 1948 wird der Riemer Flughafen als Air-Base der amerikanischen Luftwaffe genutzt.

2 Väter des Wiederaufbaus des Riemer Flughafens: Der amerikanische Flughafenadministrator Charles D. Daily (links) und der erste Geschäftsführer der Flughafen München-Riem GmbH Wulf-Diether Graf zu Castell.

Nachrichteneinheit in Riem, die Kontrollflüge und die Überwachung der funktechnischen Navigationshilfen durchführt. Die US-Luftwaffe übergibt die Betriebsführung des Flughafens an die zivile Luftfahrtabteilung der Militärregierung. Unter amerikanischer Aufsicht kann jetzt auch die Stadt München in die Verwaltungsaufgaben eingebunden werden. Die Militärregierung verbindet dieses Angebot allerdings mit dem Hinweis, daß eine aus amerikanischen Mitteln bezahlte Administration vorerst weiter notwendig ist, da das Potsdamer Abkommen und die Kontrollratsbestimmungen es den Deutschen noch untersagen, entsprechende Funktionen auszuüben. Langfristig strebt die Besatzungsmacht beim Aufbau eines zivilen Luftverkehrswesens in Deutschland ein System nach amerikanischem Muster an. Die Flughäfen sollen im Besitz und unter der Verwaltung der Städte stehen und vom jeweiligen Staat einen finanziellen Zuschuß erhalten.

In dem Angebot der Amerikaner, sich an der Verwaltung des Riemer Flughafens zu beteiligen, erkennt der Münchner Stadtrat eine wichtige Chance für die künftige Entwicklung. Bereits am 25. Mai bekundet das Plenum deshalb seine Bereitschaft, eine diesbezügliche Übereinkunft mit der Militärregierung abzuschließen. Der Stadtrat weiß aber zugleich um die wirtschaftliche Tragweite eines alleinigen kommunalen Engagements am Riemer Flughafen. Im Beschluß der Vollversammlung heißt es deshalb auch: »Im besonderen spricht der Stadtrat die Erwartung aus, dass diese Vereinbarung nur eine vorläufige Regelung darstellen soll und beide Teile nach Ablauf einer bestimmten Zeit Vorschläge und Ergänzungen […] bringen können, zumal die Leistungsfähigkeit der Stadt eine begrenzte ist.«

Der Freistaat Bayern soll nach dem Willen der Landeshauptstadt so früh wie möglich an der Führung und Finanzierung des Flughafens beteiligt werden. In einem Schreiben an den bayerischen Ministerpräsidenten Hans Ehard weist Oberbürgermeister Scharnagl zugleich darauf hin, daß seitens der Militärregierung keine Einwände dagegen bestünden, »wenn die Stadt München von sich aus intern mit der Staatsregierung Vereinbarungen über die Auswirkungen der Führung des Flugplatzes nach der wirtschaftlichen und finanziellen Seite hin treffen würde. An der Verantwortlichkeit der Stadt gegenüber der Besatzungsmacht würde aber durch solche internen Vereinbarungen nichts geändert. Wegen dieser ausschließlichen Verantwortlichkeit der Stadt wurde auch entschieden abgelehnt, daß eine private Gesellschaft für die Übernahme der Betriebsführung gegründet werden könnte. In der Besprechung wurde auch betont, daß, wenn nicht in Bälde eine Vereinbarung zwischen Militärregierung und Stadt abgeschlossen werden könnte, eine Sprengung der Objekte des Flugplatzes vorgenommen werden würde.«

Mit Wirkung vom 15. Juni 1948 wird der erste rechtsverbindliche Vertrag zwischen dem Civil Air Board der amerikanischen Militärregierung und der Stadt München im Einvernehmen mit dem bayerischen Staat geschlossen. München-Riem ist damit der erste deutsche Flughafen für den zivilen Luftverkehr, der mit finanzieller und personeller Beteiligung deutscher Stellen verwaltet wird, wenngleich er weiterhin unter amerikanischer Oberaufsicht verbleibt. »Damit war der erste Baustein«, schreibt der Geschäftsführer der Flughafen München-Riem GmbH, Wulf-Diether Graf zu Castell, zwei Jahre später, »für eine zivile Luftfahrt in Deutschland gelegt.«

Die Vereinbarung zwischen der Militärregierung und der Landeshauptstadt setzt den Pachtvertrag, den die Stadt München 1939 mit der Flughafenbetriebs-GmbH geschlossen hatte, endgültig außer Kraft. Ein Fortbestand der damaligen Betriebsgesellschaft ist ausgeschlossen, da der Vertrag mit OMGUS vorsieht, daß die Landeshauptstadt ihre Aufgaben in der Flughafenverwaltung selbst wahrnimmt und nicht an ein privatrechtlich organisiertes Unternehmen abtritt.

In München wird in diesen Tagen ein neuer Stadtrat gewählt. Aus den Wahlen vom 30. Mai 1948 geht die SPD mit 27,9 Prozent der Stimmen als stärkste Partei hervor, der Sozialdemokrat Thomas Wimmer wird zum neuen Münchner Oberbürgermeister. Die Kriegsfolgen lasten zu diesem Zeitpunkt noch schwer auf München. In einem Artikel vom 4. Juni 1948 skizziert der *Münchner Merkur* »Probleme, die den neuen Stadtrat erwarten«. Von den 789 000 Einwohnern sind demnach 47 000 Flüchtlinge und

1 Wichtigstes Verkehrsmittel der ersten Münchner Nachkriegsjahre in München ist die Trambahn. 1948 sind erst 10 000 private Kraftfahrzeuge in der Stadt zugelassen.

2 Im September 1948 werden zahlreiche jüdische Auswanderer aus allen Teilen Europas von Riem aus über Genf und Athen nach Haifa geflogen.

3 Stufenweise aufwärts entwickelt sich das Verkehrsaufkommen in Riem 1949. Im Gründungsjahr der FMG nehmen sechs europäische Fluggesellschaften München neu in ihr Streckennetz auf.

88 000 ausgebombte Münchner Bürger. Es fehlen 125 000 Wohnungen. 83 Prozent der insgesamt 75 000 Münchner Schulkinder sind noch ohne genügendes Schuhwerk und 53 Prozent ohne eigenes Bett. »25 000 Kindern« – so der *Merkur* weiter – »fehlt die Bettwäsche ganz, sie schlafen in Decken, in vielen Fällen nur mit Lumpen zugedeckt.« Auch der Bedarf von 1,5 Millionen Quadratmetern Fensterglas konnte mit den bisher ausgegebenen 0,12 Millionen Quadratmetern noch nicht annähernd gedeckt werden. »Zehntausende Säuglinge brauchen einen Kinderwagen; verteilt wurden 1947 ganze 406 Stück.« Angesichts dieser Lage prophezeit der *Merkur*: »Unter Berücksichtigung der gegenwärtigen Umstände wird der Wiederaufbau Münchens noch mindestens drei Jahrzehnte dauern.«

Auch für den Wiederaufbau des Riemer Flughafens gibt es in dieser Phase noch keine konkreten Zeitvorstellungen. In den Gesprächen, die die Stadt München mit der bayerischen Staatsregierung aufgenommen hat, um die Organisation und Finanzierung eines künftigen Flughafenbetriebs zu klären, kann zunächst keine Einigung erzielt werden. Graf Castell drängt am 22. Juli 1948 in einem Brief an den bayerischen Ministerpräsidenten auf baldige Entscheidung über das finanzielle Engagement des Freistaats Bayern beim Flughafen Riem: »Da eine Stadt die finanzielle Belastung eines Flughafens allein nicht tragen kann, steht zu befürchten, wenn der Staat nicht gewillt ist, finanzielle Zuschüsse zu gewähren, daß der Flughafen München Riem nach Freigabe durch die Luftwaffe zerstört würde. Damit hätte das Land Bayern seine Möglichkeit verloren, an das Weltluftverkehrsnetz angeschlossen zu werden.«

Zu diesem Zeitpunkt ist das Angebot im Linienverkehr am Riemer Flughafen noch sehr begrenzt. Als zweite Luftverkehrsgesellschaft der Nachkriegszeit steuert seit dem 4. Juni 1948 die KONINKLIJKE LUCHTVAART MAATSCHAPPIJ (KLM) den Münchner Flughafen an. Die niederländische Gesellschaft verkehrt auf der Strecke Amsterdam–Stuttgart–München. Im Juli 1948 beginnt darüber hinaus eine Welle von Charterflügen, mit denen die sogenannten DPs (Displaced Persons) zu süd- und nordamerikanischen Zielen geflogen werden. Bei diesen Personen handelt es sich überwiegend um Ausländer, die während der Hitler-Diktatur zwangsverschleppt worden waren. Die GREAT CIRCLE AIRLINES befördert ab September jüdische Auswanderer mit Flugzeugen vom Typ »Curtiss Commando« nach Palästina. Die Maschinen, die bei der amerikanischen Luftwaffe als C-46 im Einsatz sind, fliegen von München über Genf und Athen nach Haifa.

Am 9. November 1948 ernennt die Zivilluftfahrtabteilung der amerikanischen Besatzungsmacht Charles D. Daily zum Administrator des Flughafens München-Riem. Der ehemalige Pilot war 15 Jahre lang Leiter des städtischen Grand View Airport in Kansas City, Missouri, und diente 20 Jahre als Reserveoffizier in der amerikanischen Luftwaffe. Seinen Dienst in Riem tritt Daily zwar in ziviler Kleidung an, aber unter seiner Jacke hat er sich – wie Augenzeugen seines Riemer Debüts noch Jahre später berichten – einen riesigen Colt umgeschnallt.

Der Colt und auch das Mißtrauen zwischen dem amerikanischen Verwalter und seinen deutschen Mitarbeitern werden aber schon bald abgelegt. Der neue Mann an der Spitze der Flughafenverwaltung erweist sich schnell als Glücksfall für den Riemer Airport, denn er setzt sich von Anfang an mit großem Elan für den zügigen Wiederaufbau des Flughafens ein. Schon fünf Wochen nach seiner Ernennung legt Daily der Landeshauptstadt seine Bestandsaufnahme der »physischen Merkmale des Flughafens München-Riem« vor.

In seinem Gutachten empfiehlt er der Stadt München die Anlage einer Betonstartbahn von 2000 Meter Länge und 60 Meter Breite einschließlich der notwendigen Befeuerung, die Einführung von Baubeschränkungen, um die Errichtung von Flughafenhindernissen innerhalb der Anflugschneisen an beiden Seiten der geplanten Start- und Landebahn zu verhindern, und schließlich die Beschleunigung der Wiederherstellung der Flughafengebäude, Werkstätten und Anlagen. »Unterlassung auf Seiten Münchens, sich des Konkurrenzgeistes der anderen Städte und deren Anstrengungen, den Luftverkehr auf ihre Häfen zu ziehen, bewußt zu werden, kann nur dazu führen, daß München den ihm zustehenden Platz im gegenwärtigen und zukünftigen Luftverkehr verliert«, mahnt Daily.

Der Riemer Flughafen steht in diesen Dezembertagen des Jahres 1948 ganz im Zeichen der Abreise der »war brides«. Sechs Chartergesellschaften beteiligen sich am Abtransport der insgesamt 2000 »Kriegsbräute« in die Vereinigten Staaten. Der Massenaufbruch in die Neue Welt sorgt für die höchste Anzahl ziviler Starts innerhalb eines Monats seit Kriegsende. Die *Süddeutsche Zeitung* schreibt am 19. Dezember 1948 unter der Überschrift »Flugzeug-Haltestelle München Riem«: »Diese Mädchen müssen oft Tage auf ihren Abtransport in die ›Neue Welt‹ warten. In Decken gewickelt, ihre Kinder an sich gepreßt, kauern sie in den Klubsesseln des Aufenthaltsraumes.«

Der »normale« Zivilluftverkehr spielt in München-Riem noch immer eine nachrangige Rolle. Nur acht Prozent aller Fluggäste, die 1948 in Riem abfliegen oder ankommen, reisen im Linienverkehr. Bei diesen Passagieren handelt es sich überwiegend um ausländische Fluggäste, denn die Flugtickets dürfen lediglich gegen Bezahlung in einer ausländischen Währung ausgestellt werden.

Im Jahr 1949, dem Gründungsjahr der Flughafen München-Riem GmbH (FMG), ändert sich diese Situation. Unter der Überschrift »München will neues Flugzentrum werden« informiert die *Süddeutsche Zeitung* am 8. März 1949 über die Pläne des amerikanischen Flughafenadministrators, der den Riemer Flughafen »zu einem deutschen Flugzentrum für den internationalen Luftverkehr ausbauen« will. »Mr. C.D. Daily, der Leiter der Zivilverwaltung gab bekannt, daß im Rahmen dieses Programms schon mit dem Bau einer neuen Rollbahn begonnen wurde, die künftig auch größeren Flugzeugen als bisher das Starten und Landen ermöglichen soll. Die Lasten der Finanzierung müßten der Bayerische Staat und die Stadt München tragen.«

Freistaat und Landeshauptstadt haben sich inzwischen darauf geeinigt, die aus dem Betrieb und Unterhalt des Flughafens erwachsenden Kosten zu gleichen Teilen zu übernehmen. In einer neuen Vereinbarung zwischen der amerikanischen Militärregierung und dem Land Bayern sowie der Stadt München, die am 1. April 1949 in Kraft tritt, wird die Beteiligung des Freistaats an der Flughafenverwaltung auch vertraglich verankert.

Im Laufe des Jahres 1949 nehmen immer mehr Luftverkehrsgesellschaften München in ihr Streckennetz auf. Die französische ESQUADRILLE MERCURE, die im Oktober von der AIR FRANCE abgelöst wird, fliegt die bayerische Landeshauptstadt ab März an. Die SAS nimmt ihren Verkehr nach München am 3. April auf und setzt am 7. April als erste Gesellschaft eine DC-6 in München ein. Mit einer zweimotorigen »Viking«, die vom britischen Hersteller Vickers als zivile Version des Bombers »Wellington« entwickelt wurde, landet am 6. Juni erstmals die BRITISH EUROPEAN AIRWAYS in München. LINEE AEREE ITALIANE und SWISSAIR folgen mit ihren DC-3 am 26. Juni und am 3. Juli.

Insgesamt landen im Juli 1949 bereits 170 Verkehrsflugzeuge in Riem. Angesichts des steigenden Verkehrsaufkommens intensivieren die Landeshauptstadt und die bayerische Staatsregierung jetzt ihre Bemühungen zur Gründung einer neuen Betriebsgesellschaft für den Riemer Flughafen. In einem Schreiben an die amerikanische Besatzungsbehörde erläutert Karl Erhart, städtischer Referent für Wirtschaft und Verkehr, am 28. Juli 1949 die Beweggründe für diesen Schritt: »Die Mittel zum Bau der neuen Startbahnen und für sonstige außerordentliche Baumaßnahmen können nur auf dem Weg der Aufnahme von Darlehen bei Banken beschafft werden, nachdem weder das Land noch die Stadt München in der Lage sind, die für diese Baumaßnahmen erforderlichen Millionenbeträge in den ordentlichen oder außerordentlichen Haushalt des Staates oder der Stadt München für 1949 unterzubringen. Die Mittelbeschaffung auf dem Kreditwege erfordert die Bildung einer eigenen Rechtsperson, die gegenüber den Bankinstituten als Darlehensnehmer auftritt, wobei das Land Bayern und die Stadt München die gesamtschuldnerische Bürgschaft für die dieser Rechtsperson zu gewährleistenden Kredite übernimmt. Das Land Bayern und die Stadt München beabsichtigen deshalb, eine solche Gesellschaft als alleinige Gesellschafter zu bilden mit dem Namen Flughafen München-Riem Gesellschaft mbH.«

Da seitens der Amerikaner jetzt keine Bedenken mehr gegen die Gründung einer Betriebsgesellschaft bestehen, wird ein Gesellschaftervertrag konzipiert. Der Vertragsentwurf lehnt sich mit Ausnahme der den Zweck des Unternehmens betreffenden Passagen fast wörtlich an den Vertragstext an, der vom städtischen Fiskalreferat zuvor für die Volkstheater GmbH entworfen wurde. Am 12. Oktober 1949 wird die Flughafen München-Riem GmbH (FMG) mit einem Stammkapital von 20 000 DM gegründet. »Die Gesellschaft dient den Verkehrsbelangen des Landes Bayern und der Stadt München im innerdeutschen und internationalen Luft-

---

MASSVOLL BESCHLEUNIGTER RUNWAYBAU
NOVEMBER 1949

Der Bau der neuen Start- und Landebahn des Riemer Flughafens wird im Herbst 1949 zu einem Rennen gegen die Zeit. Noch vor Beginn der Frostperiode soll die Baumaßnahme abgeschlossen werden, die feierliche Eröffnung der Bahn wird für den 22. November angesetzt. Ob dieser Zeitplan jedoch eingehalten werden kann, scheint bis zuletzt unklar. Am 18. November – vier Tage vor dem Eröffnungstermin – schreibt die Geschäftsführung der Flughafen München-Riem GmbH an das Referat für Wirtschaft und Verkehr der Landeshauptstadt München: »Mr. Daily hat den zur Zeit auf Hochtouren arbeitenden Leuten der jetzt noch beschäftigten Baufirmen wiederholt Versprechungen gemacht, dass wenn sie pünktlich fertig werden, sie Bier und Schnaps erhalten würden. Er wurde heute nochmals von einem Vorarbeiter an die Einlösung seines Versprechens erinnert. Wir schlagen daher vor, über die Firmen die Arbeiter zur Feier einzuladen und ihnen anschließend in der Abfertigungshalle pro Kopf 2 Mass Bier und 5 Zigaretten zu geben. Es handelt sich um ca. 60 Arbeiter. 2 Mass Bier kosten DM 2.40 und fünf Zigaretten kosten DM –.50. Für 60 Personen würde das einen Betrag von DM 174.– ausmachen.« Die »maßvolle« Beschleunigung der Bauarbeiten verfehlt ihre Wirkung nicht: Am 22. November kann die neue Bahn pünktlich in Betrieb genommen werden.

verkehr. Sie ist ausschließlich und unmittelbar zum Nutzen der Allgemeinheit tätig«, heißt es im Gesellschaftsvertrag. Der Freistaat Bayern und die Landeshauptstadt München sind zu gleichen Teilen an der Gesellschaft beteiligt. Zum Zeitpunkt ihrer Gründung beschäftigt die FMG 134 Personen, davon 28 Angestellte und 106 Arbeiter. Zum Geschäftsführer wird der ehemalige Flugkapitän Wulf-Diether Graf zu Castell berufen, den Aufsichtsrat führt der Münchner Oberbürgermeister Thomas Wimmer. In Presse und Öffentlichkeit bleibt die Geburtsstunde der FMG ohne größere Resonanz. Das öffentliche Interesse gilt in diesen Tagen einem anderen Neubeginn, der sich zur gleichen Zeit am selben Ort vollzieht. Am 12. Oktober beginnt in München der Gründungskongreß des Deutschen Gewerkschaftsbundes.

Sechs Wochen nach ihrer Gründung erreicht die FMG einen wichtigen Meilenstein auf dem Weg zur Wiederherstellung der Funktionstüchtigkeit des Riemer Flughafens: Am 22. November kann die neue Betonstart- und -landebahn in Betrieb genommen werden. Die Anlage einer solchen Betonbahn war aufgrund der größeren Flugzeuggewichte und Anfluggeschwindigkeiten moderner Flugzeuge nötig geworden. Abweichend von der ursprünglich in Riem gebräuchlichen Anflugrichtung von Südost auf Nordwest beziehungsweise umgekehrt wurde für die neue Bahn eine Anflugrichtung von Nordost auf Südwest beziehungsweise umgekehrt gewählt. Von der *Süddeutschen Zeitung* wird die »neue Startbahn in die Welt«, auf der Flugzeuge mit einem Startgewicht von bis zu 140 Tonnen verkehren können, mit spürbarem Respekt begrüßt: »Sie ist 1900 Meter lang und 60 Meter breit, hochwertiger Beton wurde mit einem besonderen Verfahren gehärtet und geglättet. 160 000 Kubikmeter Erde mußten bewegt werden, rund 350 Leute haben rund fünf Monate daran gearbeitet.«

Deutliche Fortschritte macht auch der Wiederaufbau der Flughafengebäude. So kann am Tag der Inbetriebnahme der neuen Startbahn zugleich das Flughafenrestaurant mit Festsaal, Bierstüberl und Sonnenterrasse eröffnet werden. Von jetzt an stehen den Passagieren des Münchner Flughafens auch zehn Hotelzimmer zur Verfügung.

RICHTIG ABHEBEN AM AIRPORT
DEZEMBER 1949

Über die richtige »Benützung des Fernsprechers« und die »Weitergabe von Nachrichten an die Öffentlichkeit« klärt der amerikanische Flughafenadministrator Charles D. Daily seine deutschen Mitarbeiter am 1. Dezember 1949 schriftlich auf. Die »Verwaltungs-Anzeige Nr.4« liefert nicht nur klare Vorgaben dazu, wie sich die Mitarbeiter am Telefon zu melden haben, sondern auch wichtige Hinweise zur »Gesprächstechnik«. »Bei Benützung des Fernsprechers sollte man den Hörer nahe an die Lippen halten und mit einer gleichmäßigen Stimme in die Muschel sprechen. Die Gewohnheit, so laut zu sprechen, daß die Stimme sogar außerhalb des Büros gehört werden kann, hilft dem Partner am anderen Ende der Leitung in keiner Weise. Es schafft nur Verwirrung und erschwert das Verstehen der Stimme«, schreibt Daily, der offenbar durch leidvolle Erfahrungen zu diesem Schritt getrieben wurde.

Die Veränderungen am Riemer Flughafen spiegeln eine langsame Normalisierung des öffentlichen Lebens wider, die sich natürlich nicht auf den Luftverkehr beschränkt. So beginnt auf der Münchner Theresienwiese am 17. September 1949 das erste normale Oktoberfest der Nachkriegszeit. Am 29. Oktober findet die große Schutträumungsaktion »Ramadama« ihren Abschluß, bei der unter der Leitung von Oberbürgermeister Wimmer 450 Lastwagen eingesetzt werden. Ende des Jahres 1949 hat München bereits 806 000 Einwohner, annähernd soviel wie im Jahr 1939. Die letzten Lebensmittelmarken werden in München mit der 135. Zuteilungsperiode am 27. Februar 1950 ausgegeben.

Die zunehmende Einbindung des Münchner Flughafens in den internationalen Luftverkehr führt 1950 zu einer Verdopplung des Verkehrsaufkommens gegenüber dem Vorjahr. Mit SABENA (4. Januar 1950), ALL AMERICAN AIRWAYS (17. Juni 1950) und YUGOSLAVIAN AIR TRANSPORT (28. Juni 1950) nehmen in diesem Jahr drei weitere Luftverkehrsgesellschaften den Riemer Airport in ihr Streckennetz auf.

Vom 5. April 1950 an ist München überdies eine Station des »Round the World Flight« der PAN AMERICAN WORLD AIRWAYS, der von New York über London, München und Istanbul nach Hongkong geführt wird. Am 16. April nimmt die KLM den Riemer Flughafen in ihre 13 147 Kilometer lange berühmte Bataviastrecke auf. Von Amsterdam fliegt die niederländische Gesellschaft über München, Kairo und Bangkok nach Djakarta. Durch diese neuen Verbindungen, die beide mit viermotorigen Maschinen vom Typ

1 Unter Federführung des Münchner Straßenbauamtes beginnen im Juni 1949 die Bauarbeiten für die neue Start- und Landebahn des Riemer Flughafens.

2 Im Zuge des Wiederaufbaus des Riemer Flughafens müssen etliche Schäden auf dem Vorfeld und den Rollwegen behoben werden.

3 Betankung einer DC-3 der Fluggesellschaft SCANDINAVIAN AIRLINE SYSTEMS.

4 Auch die Fassade des Riemer Kontrollturms ist nach Kriegsende ein Sanierungsfall.

3

4

1 So jung wie die FMG ist diese 1949 an die KLM ausgelieferte Lockheed Constellation. Die holländische Gesellschaft setzt die Maschine im April 1950 erstmals auf der über 13 000 Kilometer langen »Bataviastrecke« nach Djakarta ein.

2 Einen weiteren »Fernanschluß« verschafft im selben Monat die PAN AMERICAN WORLD AIRWAYS der bayerischen Landeshauptstadt, indem sie München zu einer Station ihres »Round the World Flight« macht. Die Eröffnung der neuen Strecke ruft Presse und Hörfunk auf den Plan.

»Lockheed Constellation« geflogen werden, avanciert München vorübergehend zu einem Schnittpunkt im internationalen Fernreiseverkehr.

Auch bei der Wiederherstellung einer effizienten Flughafeninfrastruktur kann im Frühjahr 1950 ein weiteres wichtiges Etappenziel erreicht werden. Nach einjähriger Bauzeit wird die im Krieg bis zu 70 Prozent zerstörte Abfertigungshalle des Riemer Flughafens wieder in Betrieb genommen. Die Passagierabfertigung war bis dahin in der behelfsmäßig instandgesetzten Empfangshalle vorgenommen worden. Im Zuge des Wiederaufbaus wurde die ursprünglich eingeschossige, 13 Meter hohe Abfertigungshalle mit einer Zwischendecke versehen. In dem neuen Obergeschoß werden auf einer Grundfläche von rund 1300 Quadratmetern Büroräume eingerichtet. Ganz auf der Höhe der Zeit ist die Ausstattung im Abfertigungsbereich des 70 Meter langen und 18 Meter breiten Gebäudes. Die *Süddeutsche Zeitung* dazu am 12. April 1950: »Durch die Einführung eines in Holland entwickelten Abfertigungssystems ist es jetzt möglich, die in Riem eintreffenden Fluggäste in 20 Minuten zur Devisenkontrolle, Zoll, Paßstelle, Grenzpolizei und Abfertigung zu führen. In einem neu eingerichteten Warteraum können ausländische Fluggäste wie in einem Freihafen gegen Devisen einkaufen.«

»Niemand weiß, wie schnell und in welche Richtung die Verkehrsluftfahrt sich weiter entwickeln wird«, schreibt der FMG-Geschäftsführer Graf Castell 1950 in einem Beitrag für das Luftfahrtmagazin *Der Flieger* und fügt hinzu: »Der Münchner Flughafen, der Ende 1950 allen Anforderungen des modernen Luftverkehrs entspricht, hat alle Möglichkeiten offen, um auch künftigen Anforderungen durch entsprechenden Ausbau gerecht zu werden.«

Kontinuierliches Verkehrswachstum und weitere Baumaßnahmen prägen auch in den folgenden Jahren das Geschehen am Riemer Flughafen. Noch im Januar 1951 wird ein Erweiterungsbau des Transitraums für 150 Fluggäste in Betrieb genommen. Die erneuerte und modernisierte große Empfangshalle wird am 16. Juni desselben Jahres eröffnet. Von der Halle aus führen jetzt zwei breite Treppen zur Terrasse und zu dem sich an der Südseite anschließenden Balkon, die am selben Tag für die Besucher freigegeben werden. »Es ist damit erstmalig den Begleitpersonen der Fluggäste die Gelegenheit gegeben, von der Empfangshalle über den neuen und alten Balkon bis zum Kontrollturm zu gehen und von dort den Fluggast-Abfertigungsvorgang von Anfang bis Ende aus unmittelbarer Nähe zu verfolgen«, vermerkt der Jahresbericht der Flughafengesellschaft, ohne zu verschweigen, daß für diesen »Zuschauerrundgang« eine Gebühr von zehn Pfennig erhoben wird.

Am 1. Februar 1951 geht die Paßhoheit in der Bundesrepublik in deutsche Hände über. Ein neues Besatzungsstatut der Alliierten Hohen Kommission gestattet der jungen Bundesrepublik einen Monat später die Bildung eines Außenministeriums und die Aufnahme diplomatischer Beziehungen zu allen nichtkommunistischen Staaten. Die zunehmende Konfrontation zwischen den Siegermächten des Zweiten Weltkriegs und die dadurch beschleunigte Westintegration der Bundesrepublik bestimmen jetzt das politische Geschehen. Am 18. April 1951 wird in Paris der Vertrag über die Bildung einer »Europäischen Gemeinschaft für Kohle und Stahl« von Frankreich, den Beneluxländern, Italien und der Bundesrepublik Deutschland unterzeichnet.

Im Hinblick auf die Rechte und Gestaltungsmöglichkeiten beim Betrieb von Verkehrsflughäfen deutet sich 1951 eine wesentliche Stärkung der bundesdeutschen Position an. In der 12. Durchführungsverordnung zum Gesetz Nr. 24 für die zivile Luftfahrt der Alliierten Hohen Kommission werden den Deutschen unter bestimmten Voraussetzungen der Erwerb, Bau und Betrieb von Flughäfen gestattet. Danach dürfen die Flughafenbetreiber alle mit dem Betrieb eines Flughafens in Verbindung stehenden Tätigkeiten ausüben, also insbesondere alle erforderlichen Baumaßnahmen treffen. Auf der Basis der neuen Rechtslage schließen die Amerikaner jetzt direkt mit der Flughafen München-Riem GmbH einen Vertrag mit Wirkung vom 1. April ab, der die Übertragung weiterer Rechte und Pflichten an die Deutschen vorsieht.

Deutschlands Rückkehr in die internationale Zivilluftfahrt manifestiert sich am Riemer Flughafen auch visuell: Am 24. August 1951 wird an der Haupteinfahrt zum Flughafen neben der amerikanischen Flagge erstmals auch die Bundesflagge gehißt. Bereits eine Woche zuvor hatte man am Flughafen dafür gesorgt, daß München wieder leuchtet, indem auf der Südseite des Verwaltungsgebäudes eine Neonschrift »München« in Betrieb genommen wurde. Nicht ohne Stolz wird auch dieses Ereignis im Jahresbericht der FMG dokumentiert: »Die Schrift belebt eindrucksvoll das Lichtbild der von den Scheinwerfern hervorgerufenen Lichtfülle nächtlicher Flugzeugabfertigung.«

Wie bereits im Vorjahr wird das Verkehrsaufkommen in Riem auch im Jahr 1951 nahezu verdoppelt. Die Verkehrsstatistik weist insgesamt 8262 Starts und Landungen mit 114 547 Passagieren aus. Neun Luftverkehrsgesellschaften steuern München mittlerweile regelmäßig an, darunter die ägyptische Gesellschaft SAIDE, die ihre Strecke Kairo–Rom–Mailand–München–Frankfurt am 5. Juli 1951 aufnimmt. Eine weitere wichtige Verbindung war von der KLM am 8. Februar mit der Strecke München–Amsterdam–New York aufgelegt worden.

Am 7. Juni 1952 kehrt der amerikanische Flughafenadministrator Charles Daily in die Vereinigten Staaten zurück. Er hinterläßt seinem Nachfolger die formale Aufsicht über eine leistungsfähige Verkehrsanlage, die sich inzwischen als zuverlässige Größe im internationalen Luftverkehr etabliert hat. Wenige Wochen zuvor war der Riemer Flughafen überdies zum Standort der ersten europäischen Flugsicherungsschule geworden. Insgesamt 60 Lehrer und Schüler dieser Schule wohnen in den Flughafengebäuden. Betrieben wird die neue Ausbildungsstätte für angehende Fluglotsen von der »Vorbereitungsstelle der Bundesanstalt für Flugsicherung«,

LUFTHANSEATEN HÄNGEN IN DER LUFT
APRIL 1950

Während die Alliierten im Bereich der Flughäfen frühzeitig eine deutsche Beteiligung ermöglichen, verbietet das Potsdamer Abkommen von 1945 den Deutschen auch fünf Jahre nach Kriegsende »den Bau, den Besitz und die Inbetriebnahme jeder Art von Flugzeug«. In einer Note an die Bundesregierung untermauern die Alliierten Hohen Kommissare im April 1950 noch einmal die bleibende Gültigkeit dieses Verbots. Über die Lufthanseaten im Wartestand schreibt die *Süddeutsche Zeitung* am 25. April 1950: »In München haben sich die alten Lufthanseaten zu einer ›Vereinigung der Fachkräfte des ehemaligen deutschen Luftverkehrs‹ zusammengeschlossen. Der Vorsitzende sagt uns: ›In anderen Städten haben sich ähnliche Vereinigungen gebildet. Wir wollen versuchen, die rund 7000 ehemaligen Angestellten der DEUTSCHEN LUFTHANSA zu erfassen. Heute geht es ihnen allen schlecht, den Piloten, den Funkern, den Technikern und dem übrigen Personal. Ihre Spezialausbildung nützt heute gar nichts. Die einen sind arbeitslos, die anderen handeln mit Fruchtsäften, Matratzen und Metallsägen. Nicht wenige sind am Bau als Hilfsarbeiter, einer ist an einer Tankstelle beschäftigt, einer wurde Taxichauffeur und ein Bordmechaniker hat sich eine Lederschürze umgebunden und fährt für eine Brauerei Bierfässer.«

1 Am Gepäckkreisel im Keller des Abfertigungsgebäudes nimmt ein FMG-Mitarbeiter die eintreffenden Koffer entgegen und sortiert sie nach Flügen in die bereitstehenden Gepäckkarren.

2 Die wiederhergestellte Empfangshalle (Wappenhalle) des Riemer Flughafens im Jahr 1952.

1 In Gegenwart des Münchner Oberbürgermeisters Thomas Wimmer (5.v.r.) präsentiert die SWISS AIR LINES am 16. August 1951 in Riem ihre neu in Dienst gestellte Douglas DC-6 B.

2 Der Flughafen als Sportarena. Während der fünfziger Jahre finden in Riem zahlreiche große Auto- und Motorradrennen statt.

3 Amerikanische GIs auf dem Weg in den Weihnachtsurlaub in ihrer Heimat.

4 Auf den bestehenden Kontrollturm des Flughafens wurde nach Kriegsende diese aus Stahlröhren und Glas gefertigte Kanzel für die Flugsicherung aufgesetzt. 35 Meter über dem Boden haben die Lotsen hier freie Sicht über das gesamte Gelände.

die Eröffnung fällt auf den 2. Mai 1952 – ein Datum, das allerdings aus ganz anderen Gründen in die Luftverkehrsgeschichte eingehen soll.

An diesem Tag startet auf dem Londoner Flughafen Heathrow eine »De Havilland Comet« der BRITISH OVERSEAS AIRWAYS-CORPERATION zu einem Flug nach Johannesburg. Der weltweit erste Linienflug eines Verkehrsflugzeugs mit Strahlantrieb läutet das »Düsenzeitalter« in der kommerziellen Luftfahrt ein. Schon am 27. Juli 1949 war der Prototyp der »Comet« zu seinem Erstflug gestartet. Der Premiere im Liniendienst gingen Hunderte von Testflügen voraus, bei denen die Maschine auf Herz und Nieren geprüft wurde. Mit dem Linienflug nach Johannesburg beginnt nun eine Entwicklung mit weitreichenden Folgen für den gesamten zivilen Luftverkehr. Auch der Flughafen München-Riem wird schon bald mit den Anforderungen konfrontiert, die die neue Generation von Verkehrsflugzeugen stellt.

Die Zukunft des Verkehrs ist im Sommer 1953 auch das Thema der Deutschen Verkehrsausstellung im Münchner Ausstellungspark, dem späteren Messegelände. Die Flughafen München-Riem GmbH ist bei dieser Messe nicht nur mit einem eigenen Stand präsent, sondern in Person ihres Geschäftsführers Graf Castell auch für die Leitung des gesamten Ausstellungszweigs Luftverkehr verantwortlich. Die Ausstellung, die über drei Millionen Besucher anzieht, wird zu einem spektakulären Erfolg. Es ist eine der ersten Großveranstaltungen im Nachkriegsdeutschland, die internationale Bedeutung erlangt.

Die Alliierten beteiligen die deutschen Stellen jetzt in zunehmendem Maße an der Durchführung des Luftverkehrs. Zwar bleibt die Lufthoheit über Deutschland zunächst weiterhin bei den Besatzungsmächten, aber die Durchführung der Luftraumüberwachung geht im Juli 1953 in die Hände der neu gegründeten Bundesanstalt für Flugsicherung (BFS) über. Im ersten Betriebsjahr wickeln die rund 200 Fluglotsen der BFS in den verschiedenen Bezirkskontrollstellen insgesamt rund 70 000 Flüge ab. Auch am Flughafen München mehren sich die Anzeichen für ein bevorstehendes Ende der Besatzungszeit. Am 1. Oktober 1953 beginnt der Abzug aller zu diesem Zeitpunkt noch in Riem stationierten Einheiten der amerikanischen Luftwaffe, Ende Oktober ist Riem ein reiner Zivilflughafen.

Neben seinen Aufgaben im Luftverkehr übernimmt der Riemer Flughafen in den frühen fünfziger Jahren auch eine Reihe von Funktionen, die mit dem Wesenszweck der Verkehrsanlage wenig oder gar nichts zu tun haben. So wird der Airport wiederholt zum Schauplatz großer Motorrad- und Autorennen, die Zehntausende von Besuchern anziehen. Das erste kulturelle Großereignis am Riemer Flughafen ist ein vom Bayerischen Rundfunk übertragenes Konzert, das am 26. Juli 1953 im Flughafenrestaurant stattfindet. Die »Flughafenkonzerte« werden in den darauffolgenden Jahren zu einer ebenso regelmäßigen wie populären Einrichtung im Programmangebot des Bayerischen Rundfunks.

Auch die Filmschaffenden entdecken die Vorzüge des Riemer Flughafens. Allein im Jahr 1954 drehen sieben Produktionsgesellschaften auf dem Riemer Flughafen Szenen für verschiedene Spielfilme, darunter der Fliegerfilm *Morgengrauen*, die Komödie *Hochstapler der Liebe* und der Thriller *Confidential Report (Herr Satan persönlich)* von und mit Orson Welles. Von Orson Welles wird überliefert, daß er alle drei Stunden die Dreharbeiten unterbrach, um im Flughafenrestaurant größere Mengen von Bockwürsten zu verzehren.

Selbst die Landwirtschaft nimmt den Riemer Flughafen für ihre Zwecke in Anspruch. Ab April 1954 ist der internationale Airport zugleich Weideplatz von bayerischen Schafen. Sechs Herden mit insgesamt 2140 Schafen übernehmen die Rasenpflege auf den Grünflächen des Flughafenareals. Sie bleiben Jahrzehnte auf diesem ungewöhnlichen Weideplatz.

Während die Schafe den Airport erobern, läßt der lang erwartete Kranich der LUFTHANSA noch auf sich warten. Bereits am 6. Januar 1953 war unter 85prozentiger Beteiligung der Bundesrepublik eine neue AKTIENGESELLSCHAFT FÜR LUFTVERKEHRSBEDARF, kurz LUFTAG, gegründet worden, die dann im August 1954 in DEUTSCHE LUFTHANSA AG umbenannt wurde. Zu diesem Zeitpunkt war die neue Gesellschaft zwar bereits startklar, durfte jedoch angesichts des fortdauernden Verbots einer aktiven deutschen Teilnahme am Betrieb von Verkehrsflugzeugen noch nicht fliegen. Erst mit den Pariser Verträgen, die der Bundesrepublik ihre Souveränität und die Hoheit über den Luftraum zurückgeben und sie zugleich zu einem Mitgliedsstaat der NATO werden lassen, werden im Oktober 1954 auch die Voraussetzungen für eine Rückkehr der LUFTHANSA in die Luftfahrt geschaffen.

Bereits vor der Gründung der LUFTAG war die Frage nach dem Standort der technischen Basis der neuen deutschen Luftverkehrsgesellschaft aufgeworfen worden. Schon am 13. Juni 1952 hatte der bayerische Ministerpräsident Hans Ehard in einem Schreiben an den Bundesverkehrsminister vorgeschlagen, »für die Einrichtung des Werftbetriebes der künftigen deutschen Luftfahrtgesellschaft den Flughafen München-Riem vorzusehen«. Insbesondere die sofortige Verfügbarkeit der erforderlichen Hallen und Räume spreche, so Ehard, für den Standort München. Neben München bewirbt sich auch Hamburg um die Ansiedlung der Werftanlagen. Nach einem monatelangen Tauziehen beider Flughäfen fällt im September 1953 zur großen Enttäuschung der Münchner die endgültige Entscheidung zugunsten des Hamburger Flughafens.

Am 5. Mai 1955 endet um 12.00 Uhr mittags gemäß den Pariser Verträgen das Besatzungsregime in der Bundesrepublik Deutschland. Die Dienststellen der Alliierten werden abgeschafft, die Hohen Kommissare treten zurück und erhalten den Status von Botschaftern. Zu diesem Zeitpunkt ist der planmäßige Passagierverkehr der LUFTHANSA mit vier wöchentlichen Flügen auf zunächst ausschließlich inländischen Strecken bereits angelaufen. Die erste Landung einer LUFTHANSA-Maschine auf dem Flughafen München-Riem erfolgt schon am 1. März 1955 im Rahmen eines »Probeflugdienstes« ohne Passagiere, mit dem sich die LUFTHANSA auf die Aufnahme des Linienverkehrs vorbereitet. Ein Reporter der *Süddeutschen Zeitung* beschreibt die Ankunft wie folgt: »Die silbergraue Convair, die gestern mittag um 12.10 auf dem Riemer Rollfeld aufsetzte, unterschied sich aus der Ferne nicht von den übrigen Verkehrsmaschinen, die hier täglich starten und landen. Zu ihrem Empfang aber hatte sich eine kleine Menschenmenge versammelt. Man sah viele alte deutsche Flieger darunter. ›Dieser Tag hat für uns eine ganz besondere Bedeutung‹, sagte Graf Castell, der Geschäftsführer des Flughafens Riem. ›Wir haben zehn Jahre auf ihn gewartet.‹«

Nur noch vier Wochen warten müssen die Passagiere jetzt auf den Beginn des planmäßigen LUFTHANSA-Linienverkehrs. Schauplätze der historischen Premiere sollen die Flughäfen Hamburg und München werden, auf denen am 1. April zeitgleich zwei LUFTHANSA-Maschinen abheben sollen. Diesmal aber hat der Flughafen Hamburg-Fuhlsbüttel das Nachsehen gegenüber dem Riemer Airport. Der Convair-Liner 340, der am 1. April 1955 von München über Frankfurt und Düsseldorf nach Hamburg fliegt, rollt um 7.42 Uhr und damit eine Minute früher an den Start als die in der Gegenrichtung verkehrende Maschine, die zur gleichen Zeit in Hamburg startet. Graf Castell hißt als Hausherr zur Feier des Tages die Flagge der DEUTSCHEN LUFTHANSA auf dem Riemer Flughafen. Von jetzt an starten und landen die Kraniche in Riem täglich zweimal auf dieser innerdeutschen Route.

---

1 Der Airport als »Location«: Seit den frühen fünfziger Jahren nutzen die Filmgesellschaften den Riemer Flughafen regelmäßig zu Dreharbeiten für verschiedene Produktionen.

2 1953 werden in Riem Szenen für den Film *Muß man sich denn gleich scheiden lassen?* mit Ruth Leuwerik und Hans Söhnker gedreht.

3 Claus Biederstaedt und Hardy Krüger stehen im selben Jahr für den Film *Ich und du* am Münchner Flughafen vor der Kamera.

4 Die Rückkehr der LUFTHANSA: Am 1. März 1955 landet eine Convair CV 340 der neu gegründeten Gesellschaft im Rahmen eines Probeflugdienstes erstmals in München.

5 Den regelmäßigen Passagierverkehr im Liniendienst nimmt die Kranichlinie am 1. April auf. Die erste LUFTHANSA-Maschine, die nach Kriegsende wieder zu einem Linienflug abhebt, startet an diesem Tag um 7.42 Uhr in München-Riem.

1

2

3

1 Ankunft der ersten LUFTHANSA-Crew in Riem: 6 von insgesamt 1100 Lufthanseaten, mit denen die neue Gesellschaft 1955 an den Start geht.

2 Das erste LUFTHANSA-Büro in der Münchner Innenstadt.

3 Die viermotorige Lockheed Constellation gehört mittlerweile zu den »Stammgästen« auf dem Riemer Flughafen.

4 Der Flughafen München-Riem aus der Vogelperspektive.

4

Sechs Wochen später – am 15. Mai 1955 – nimmt die LUFTHANSA mit der Flugnummer LH 120/121 ihren »Europa-Flugdienst« von München über Frankfurt nach London und zurück auf, der täglich geflogen wird. Die erste Interkontinentalstrecke, die die LUFTHANSA bedient, ist die Verbindung von Hamburg über Düsseldorf und Shannon nach New York, die am 8. Juni eröffnet wird. Mit ihrer bescheidenen Flotte von anfangs nur acht Maschinen muß sich die LUFTHANSA bei ihrem Neubeginn gegen eine starke und längst etablierte ausländische Konkurrenz behaupten. So erreicht die neue Luftverkehrsgesellschaft mit ihren Flügen in München-Riem im Sommer 1955 lediglich einen Anteil von fünf Prozent am gesamten Linienverkehr. Trotz solcher anfänglichen Schwierigkeiten markiert die Rückkehr der LUFTHANSA in den grenzüberschreitenden Flugverkehr eine Zeitenwende im deutschen Luftverkehr. Zehn Jahre nach dem Ende des Zweiten Weltkriegs erlangt die zivile Luftfahrt in der Bundesrepublik Deutschland wieder den Status der Normalität.

Auch auf dem Riemer Flughafen wird das erste Kapitel der Nachkriegsgeschichte beendet. Wie Graf Castell am 29. März 1955 auf einer Pressekonferenz darlegt, hat sich die Riemer Ruinenlandschaft inzwischen wieder in einen funktionierenden Flughafen mit Hotelzimmern, Verkaufsständen, Wechselschaltern, Garagen, einem Friseur und einem Postamt verwandelt. 7,5 Millionen Mark sind seit 1948 in den Flughafen investiert worden. Graf Castell: »Damit ist der Wiederaufbau jetzt abgeschlossen.«

RIEMER PIONIERE
SEPTEMBER 1954

Noch vor der Rückgabe der Lufthoheit im Mai 1955 nehmen einige kleinere deutsche Gesellschaften ihren Flugbetrieb auf. Sie dürfen allerdings zunächst nur mit im Ausland registrierten Maschinen fliegen. Zwei dieser kleinen Gesellschaften, die beide im September 1954 in Riem an den Start gehen, erfreuen sich in den folgenden Jahren besonders großer Popularität. Die »Ausbildungsstätte für Segelflug« des berühmten Segelfliegers Ernst Jachtmann wird am 9. September 1954 eröffnet. Bereits im Vorjahr hatte der ehemalige Dauerrekordflieger in Riem über 2500 Rundflüge für zahlende Gäste durchgeführt. Bis zum Jahr 1958, in dem Jachtmann sein Tätigkeitsfeld nach Oberammergau verlegt, wird sich sein Unternehmen mit über 20 000 Starts in der Riemer Verkehrsstatistik verewigen.
Am 15. September 1954 wird in Anwesenheit des Münchner Oberbürgermeisters Thomas Wimmer der Bayerische Flugdienst unter Leitung von Hans Bertram aus der Taufe gehoben. Das Unternehmen des bekannten Piloten und Autors von Fliegerbüchern setzt eine Flotte von fünf Kleinflugzeugen für Rundflüge sowie Werbe- und Keuchhustenflüge ein. Tausende von Münchnern sammeln in den kommenden Jahren an Bord von Bertrams Maschinen ihre ersten Flugerfahrungen.

1948

9.3.1948 Erste Vereinbarungen zwischen amerikanischer Militärregierung und Vertretern des Freistaats Bayern und der bayerischen Landeshauptstadt zu einer Wiederaufnahme des zivilen Luftverkehrs am Riemer Flughafen. Deutsche Stellen sollen an der Finanzierung und Verwaltung des Airports beteiligt werden.

3.4.1948 US-Präsident Harry Truman unterzeichnet den Marshallplan. Das Auslandshilfegesetz soll dazu beitragen, Kriegsschäden in Westeuropa zu beseitigen und einen dauernden Frieden und allgemeinen Wohlstand herzustellen. 4,3 Milliarde Dollar an Warenlieferungen und eine Milliarde Dollar an Krediten werden zur Verfügung gestellt, auf Deutschland entfallen 549 Millionen Dollar.

6.4.1948 Eine zweimotorige DC-3 der PAN AMERICAN WORLD AIRWAYS landet aus London kommend als erstes Verkehrsflugzeug nach Kriegsende in München-Riem.

25.5.1948 Die Vollversammlung des Münchner Stadtrats beschließt, daß die Stadt die Betriebsführung des Flughafens unter fortdauernder amerikanischer Aufsicht übernehmen soll.

30.5.1948 Die US-Luftwaffe räumt den Flughafen Riem und übergibt die Verwaltung an die zivile Luftfahrtabteilung der Besatzungsbehörde – Official Military Government United States (OMGUS).

4.6.1948 Als zweite Fluggesellschaft nach Kriegsende steuert die KLM München an. Die niederländische Gesellschaft verkehrt auf der Strecke Amsterdam–Stuttgart–München mit einer DC-3.

18.6.1948 Währungsreform – die westlichen Besatzungszonen setzen das Gesetz zur Neuordnung des deutschen Geldwesens in Kraft. Jeder Deutsche erhält 40 Deutsche Mark für 40 Reichsmark. Über Nacht füllen sich die Schaufenster und Geschäfte mit Waren.

22.6.1948 Abschluß eines Vertrags zwischen OMGUS und der Stadt München, der vorsieht, daß die Stadt München unter der Leitung eines amerikanischen Flughafen-Administrators die Verwaltung des Flughafens übernimmt. Damit ist München der erste deutsche Flughafen, an dem deutsche Stellen – wenn auch unter Aufsicht der Besatzungsmacht – wieder in die Betriebsführung eingeschaltet werden.

9.11.1948 Ernennung von Charles D. Daily zum Administrator des Flughafens München-Riem.

1949

18.3.1949 Gründung der NATO.

1.4.1949 Ein neuer Vertrag zwischen OMGUS und dem Land Bayern sowie der Stadt München tritt in Kraft. In dem Vertrag werden die Aufgaben des Freistaats und der Landeshauptstadt bei der zivilen Verwaltung, dem Betrieb und dem Unterhalt des Riemer Flughafens festgelegt.

8.5.1949 Der Parlamentarische Rat verabschiedet das Grundgesetz für die Bundesrepublik Deutschland.

27.7.1949 Im englischen Hatfield hebt der Prototyp des ersten Düsenverkehrsflugzeugs der Welt – die Comet – erstmals vom Boden ab.

12.9.1949 Theodor Heuss wird zum ersten Bundespräsidenten der jungen Republik gewählt.

15.9.1949 Mit einer hauchdünnen absoluten Mehrheit von 202 der 402 gültigen Stimmen wählt der Deutsche Bundestag den CDU-Vorsitzenden Konrad Adenauer zum ersten Regierungschef der Bundesrepublik.

12.10.1949 Gründung der Flughafen München-Riem GmbH. Mit einem Stammkapital von 20 000 DM wird die Betreibergesellschaft des Riemer Flughafens gegründet. Der Freistaat Bayern und die Landeshauptstadt München sind zu gleichen Teilen an der Gesellschaft beteiligt.

22.11.1949 Nach fünfmonatiger Bauzeit kann die 1907 Meter lange und 60 Meter breite neue Betonstart- und -landebahn in Betrieb genommen werden.

1950

27.2.1950 Zum letztenmal werden in München Lebensmittelmarken an die Bevölkerung ausgegeben.

5.4.1950 Erster »Rund-um-die-Welt-Flug« der PAN AM mit Landung in München-Riem.

12.4.1950 Eröffnung der wiederaufgebauten Abfertigungshalle des Riemer Flughafens.

3.5.1950 53 000 Besucher strömen zu einer Großmotorsportveranstaltung, die der ADAC auf dem Riemer Flughafen durchführt. Sie erleben bei dieser Gelegenheit auch den ersten »Segelflugwindenstart« in der Geschichte des Riemer Airports.

25.11.1950 CSU und SPD gehen aus den bayerischen Landtagswahlen mit etwa gleich vielen Stimmen als stärkste Parteien hervor. Der bereits seit 1946 amtierende Ministerpräsident Hans Ehard bildet eine Koalitionsregierung mit der SPD und dem Bund der Heimatvertriebenen und Entrechteten (BHE).

1951

18.1.1951 Die Republik hat ihren ersten »Filmskandal«. Bei der Uraufführung des Films *Die Sünderin* mit Hildegard Knef in der Titelrolle, der auch einige kurze Nacktszenen enthält, kommt es in Osnabrück zu so heftigen Protesten, daß die Vorführung vorzeitig abgebrochen werden muß.

8.2.1951 Mit einer viermotorigen Lockheed-Constellation eröffnet die KLM die erste direkte Linienverbindung zwischen München und New York.

16.6.1951 Eröffnung der großen Empfangshalle am Riemer Flughafen. Von der Halle aus führen zwei breite Treppen zur Terrasse und zu dem sich an der Südseite anschließenden Balkon, die am selben Tag für die Besucher freigegeben werden.

7.7.1951 In den USA wird erstmals eine Fernsehsendung in Farbe ausgestrahlt.

4.8.1951 Erste Landung eines Helikopters in München-Riem. Die Landung erfolgt in Zusammenhang mit der Eröffnung der Elektromesse in München.

1952

6.2.1952 Georg VI., König von Großbritannien, verstirbt auf dem königlichen Schloß von Sandringham. Noch am selben Tag wird seine 25jährige Tochter Elisabeth zur Königin proklamiert.

8.2.1952 Der Bundestag debattiert über die Wiederbewaffnung. Mit 204 gegen 154 Stimmen wird ein deutscher militärischer Beitrag bei voller internationaler Gleichberechtigung akzeptiert.

2.5.1952 Eröffnung einer Flugsicherungsschule am Riemer Flughafen. – Nach einer beispiellosen Testserie startet eine DH Comet 106 im Dienst der BRITISH OVERSEAS AIRWAYS CORPORATION (BOAC) zum ersten Linienflug mit Strahltriebwerken.

6.9.1952 Im Münchner Englischen Garten wird der Chinesische Turm eingeweiht.

10. 4. 1953 Ernst Jachtmann, ein bekannter Segelflieger, veranstaltet am Riemer Flughafen Rundflüge mit seinem Segelflugzeug »Kranich II«. Ein Jahr später bietet Jachtmann in Riem auch Schulungsflüge an.

29. 5. 1953 Im zweiten Anlauf gelingt dem neuseeländischen Bienenzüchter Edmund Hillary mit seinem nepalesischen Sherpa Tensing Norgay die Erstbesteigung des Mount Everest.

17. 6. 1953 Die Ankündigung von Erhöhungen der Arbeitsnormen um durchschnittlich zehn Prozent führt zu Arbeiterprotesten in der DDR, die am Nachmittag von sowjetischen Truppen mit Panzern blutig niedergeschlagen werden.

20. 6. 1953 Eröffnung der Deutschen Verkehrsausstellung in München. Der FMG-Geschäftsführer Graf Castell leitet den Ausstellungszweig Luftverkehr.

1. 10. 1953 Beginn des Abzugs der US-Einheiten vom Riemer Flughafen, der am 31. Oktober abgeschlossen wird.

4. 7. 1954 Das »Wunder von Bern«: Deutschland gewinnt die Fußballweltmeisterschaft nach einem 3:2-Erfolg im Finale gegen Ungarn.

6. 8. 1954 Die AKTIENGESELLSCHAFT FÜR LUFTVERKEHRSBEDARF (LUFTAG) beschließt auf ihrer Hauptversammlung die Umbenennung des Unternehmens in DEUTSCHE LUFTHANSA AKTIENGESELLSCHAFT.

15. 9. 1954 Hans Bertram, bekannter Autor und Flugpionier, gründet mit fünf gecharterten Kleinflugzeugen einen Reklame- und Rundflugdienst am Riemer Flughafen.

6. 11. 1954 Das Bayerische Fernsehen strahlt seine erste eigene Produktion aus. Zwei Tage später wird die erste *Münchner Abendschau* präsentiert.

29. 3. 1955 Das Luftfahrtbundesamt in Braunschweig wird feierlich eingeweiht. Die neue Bundesbehörde geht mit fünf Beamten und 26 Angestellten an den Start.

1. 4. 1955 Die DEUTSCHE LUFTHANSA nimmt den innerdeutschen Liniendienst auf. Der erste Start einer Linienmaschine der neuen Gesellschaft erfolgt in Riem.

20. 7. 1955 Beginn des Umbaus der Empfangshalle des Riemer Flughafens.

13. 9. 1955 In Moskau schließt Bundeskanzler Konrad Adenauer seine Verhandlungen mit der sowjetischen Führung ab. Adenauer stimmt der Aufnahme diplomatischer Beziehungen zwischen der Bundesrepublik und der UdSSR zu und erhält dafür die Zusage der Sowjets, die 9628 noch gefangengehaltenen deutschen Soldaten freizulassen.

1953   1954   1955

2. KAPITEL

MILLIONENSTADT MIT JETVERKEHR

MILLIONENSTADT MIT JETVERKEHR

Im Zeichen des Wirtschaftswunders entwickeln sich Konjunktur und Arbeitsmarkt in der Bundesrepublik Deutschland des Jahres 1955 vielversprechend. Das Bruttosozialprodukt nimmt gegenüber dem Vorjahr um 12,4 Prozent zu, während die Inflationsrate gleichzeitig auf 1,6 Prozent zurückgeht. Die Arbeitslosenquote, die 1950 noch bei 11 Prozent lag, hat sich bereits um fast die Hälfte auf 5,6 Prozent verringert, und die Tendenz weist weiter in Richtung Vollbeschäftigung. Auch der stetig steigende private Konsum dokumentiert die nachhaltige Verbesserung der Verhältnisse. Der durchschnittliche Pro-Kopf-Verbrauch an Kaffee stieg seit 1950 von 0,6 Kilogramm auf 1,8 Kilogramm im Jahr, bei den Südfrüchten wurde im gleichen Zeitraum ein Anstieg von 7,7 auf 14,7 Kilogramm registriert.

Die bayerische Landeshauptstadt erlebt Mitte der fünfziger Jahre unter der Führung ihres Oberbürgermeisters Thomas Wimmer eine Neubauphase mit diversen kommunalen und privaten Großprojekten. In München entstehen in dieser Zeit unter anderem das städtische Heizkraftwerk an der Müllerstraße, die Parkstadt Bogenhausen und die Siemens-Siedlung an der Boschetsrieder Straße.

Das Streben nach Wohlstand, Sicherheit und privatem Glück – begleitet von einem konsequenten Rückzug aus dem politischen Raum – kennzeichnet das gesellschaftliche Klima. Es sind Filme wie *Drei Männer im Schnee*, *Wenn der Vater mit dem Sohne* und *Sissi*, die 1955 in Deutschland uraufgeführt werden. Eine Premiere ganz anderer Art wird von den deutschen Reiseveranstaltern inszeniert. Sie bieten im Sommer 1955 erstmals in Deutschland sogenannte »Flug-Pauschalreisen« an und stoßen damit von Anfang an auf starke Resonanz. »Die Zukunft liegt bei der billig kalkulierten Pauschalreise«, schreibt die *Süddeutsche Zeitung* und führt unter anderem einen vierzehntägigen Mallorca-Aufenthalt für 499 DM an. »Der erste Mallorca-Flug war nach Erscheinen des ersten Inserates innerhalb von Tagen ausverkauft«, heißt es in dem Artikel weiter. Zu den neuen deutschen Charterfluggesellschaften, die von München zu den Feriendomizilen fliegen, gehören die LUFT-TRANSPORT-UNTERNEHMEN GMBH (LTU) sowie die DEUTSCHE FLUGDIENST GMBH und die CONDOR-LUFTREEDEREI, aus deren Fusion später die LUFTHANSA-Tochter CONDOR hervorgehen soll.

2

1 Das typische Oval des Riemer Flughafens im Vorfeld der Alpen.

2 Zunehmender Verkehr prägt das Geschehen auf dem Flughafen und erhöht die Attraktivität des Airports für Besucher.

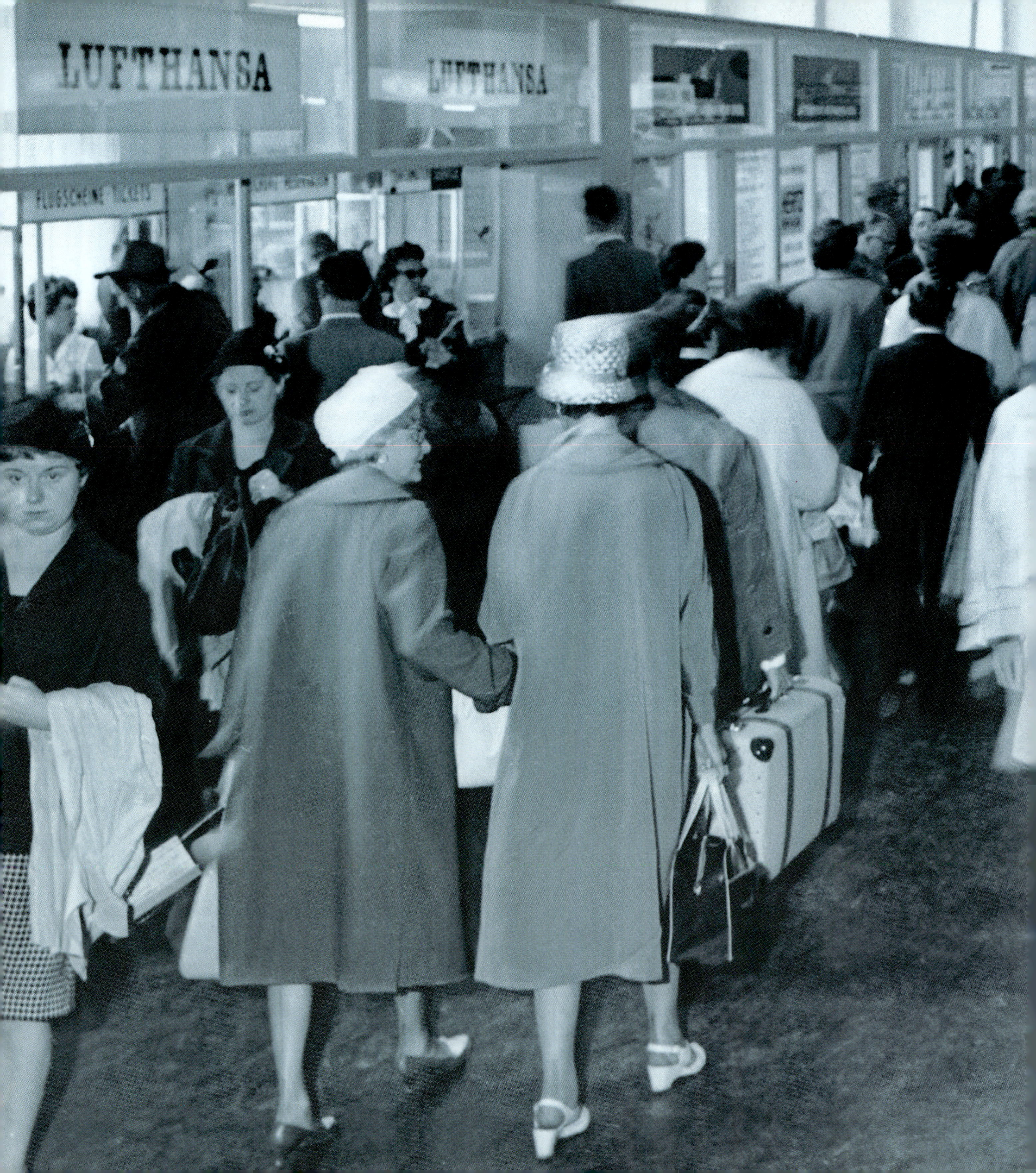
LUFTHANSA
LUFTHANSA

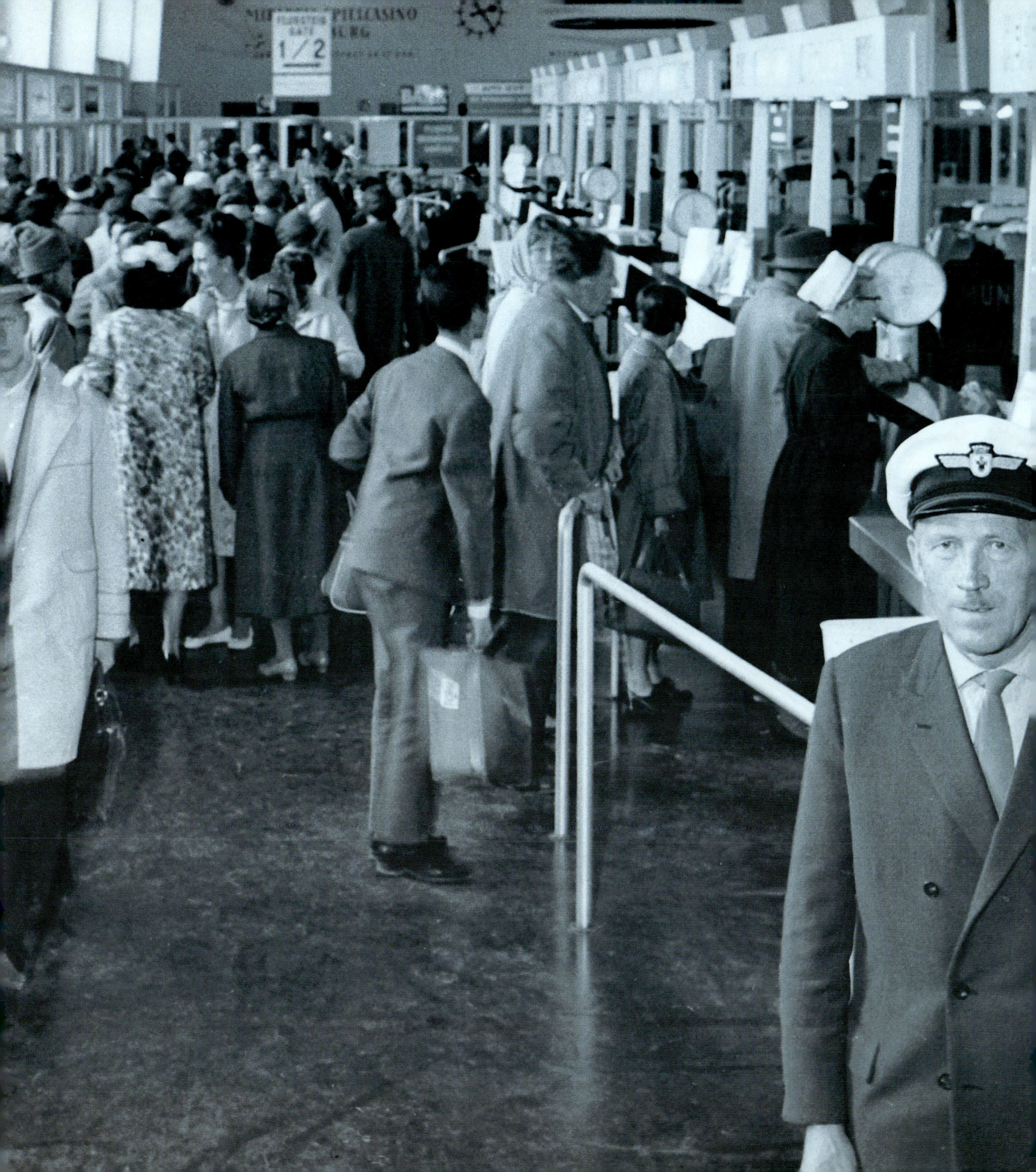
1/2

Die Flughafen München-Riem GmbH ist zu Beginn des Jahres 1955 ein mittelständisches Unternehmen mit 140 Mitarbeitern, davon sind 38 Angestellte und 102 Arbeiter. Sie haben in diesem Jahr alle Hände voll zu tun, um das enorme Verkehrswachstum zu bewältigen. Mit über 26 000 Starts und Landungen wächst die Anzahl der Flugbewegungen um mehr als 91 Prozent. Dies ist die größte Zuwachsrate im Bewegungsaufkommen, die im Münchner Luftverkehr jemals erzielt wurde. Eine der Ursachen des massiven Wachstums ist der gewerbliche Kleinflugzeugverkehr, der nach der Rückgabe der Lufthoheit sofort wiederauflebt und insgesamt fünfmal so viele Starts und Landungen wie im Vorjahr hervorbringt.

Auch die Passagierzahlen legen 1955 noch einmal kräftig zu. Über 270 000 Fluggäste werden in Riem gezählt, 100 000 mehr als im Vorjahr. Zu den prominentesten Passagieren des Jahres 1955 gehören Schah Resa Pahlewi und Kaiserin Soraya, Prinz Bernhard der Niederlande (mit eigenhändig geflogener DC-3), der amerikanische Präsidentenberater Nelson Rockefeller nebst Gattin und die Hollywood-Diva und Gründerin der Filmgesellschaft United Artists, Mary Pickford.

Der Riemer Flughafen wird unterdessen in immer stärkerem Maße auch zu einem beliebten Ausflugsziel der Münchner. Die Zahl der Besucher auf den Zuschauerbalkonen steigt 1955 um über 50 Prozent auf 214 000. Da sich in Stoßzeiten bereits Warteschlangen vor dem Eingang bilden, installiert die FMG zwei zusätzliche Drehkreuzautomaten, die den Gästen Zugang zum Besucherrundgang verschaffen. Gleichzeitig wird die Besuchergebühr verdoppelt – sie steigt von 10 auf 20 Pfennig.

Das von Wulf-Diether Graf zu Castell verkündete Ende des Wiederaufbaus bedeutet nicht etwa, daß die Bautätigkeit auf dem Flughafen 1955 zum Erliegen kommt. Vielmehr verhält es sich so, daß der Wiederaufbau nahtlos in den Ausbau der Verkehrsanlage übergeht. Das Image der ewigen Baustelle wird den Riemer Airport noch bis zu seinem letzten Betriebstag begleiten. 1955 wird die Empfangshalle umgebaut und erweitert. Gleichzeitig entstehen in der großen Abfertigungshalle wegen des chronischen Büromangels vier Doppelboxen, die an die Luftverkehrsgesellschaften vermietet werden. Auch der Ausbau des Gaststättengebäudes und der Bau eines neuen Tankdienstgebäudes beginnen noch in diesem Jahr.

Wichtiger als solche Einzelmaßnahmen ist aber die Frage nach der generellen Ausbauperspektive für den Riemer Flughafen, die sich jetzt auch im Hinblick auf die zu erwartenden neuen Anforderungen durch den Düsenverkehr stellt. Bereits im November 1954 hatte das Stuttgarter Ingenieurbüro Gerlach in einem im Auftrag der FMG erstellten Gutachten über die Ausbaumöglichkeiten den Bau einer parallelen zweiten Startbahn im Abstand von zwei Kilometern zur bestehenden Bahn und mit einer Länge von drei bis vier Kilometern empfohlen. Der Generalausbauplan für den Riemer Flughafen ließ aber gleichzeitig schon erkennen, daß diese Verkehrsanlage langfristig nicht gemäß den Anforderungen des Luftverkehrs ausgebaut werden könne.

Der Vorschlag einer parallelen zweiten Startbahn scheitert zunächst an der Bezirksplanungsstelle der Regierung von Oberbayern, die ihrerseits den Bau eines neuen Großflughafens oder eine zivile Mitbenutzung eines der umliegenden Militärflugplätze favorisiert. Aber nicht nur die zivile Nutzung von Militärflugplätzen, sondern auch die militärische Nutzung des zivilen Riemer Flughafens kommen 1955 wieder ins Gespräch. Die Amerikaner hegen die Absicht, den Riemer Flughafen zu einem NATO-Einsatzhafen für Militärjets auszubauen, und beantragen zu diesem Zweck eine Verlängerung der Start- und Landebahn um 225 Meter. Obwohl man einer Rückkehr der amerikanischen Luftwaffe zum Riemer Flughafen seitens der FMG durchaus mit gemischten Gefühlen entgegensieht, wird in der beantragten Startbahnverlängerung auch eine Chance erkannt. Da sich das militärische Interesse an einer solchen Ausbaumaßnahme teilweise mit den Erfordernissen des zivilen Luftverkehrs deckt, scheint zeitweise sogar eine gemeinsam finanzierte und deutlich über die geplanten 225 Meter hinausgehende Bahnverlängerung möglich.

Im Sommer 1956 billigen sowohl der bayerische Ministerrat als auch der Münchner Stadtrat entsprechende Pläne, die eine Bahnerweiterung um 900 Meter auf insgesamt 2800 Meter vorsehen.

1 Parkplätze in unmittelbarer Nähe der Abfertigungshalle finden die Fluggäste in den fünfziger Jahren noch ohne Probleme.

2 Rund 10 000 ungarische Flüchtlinge gelangen dank der Operation »Save Heaven« von Riem aus in die Vereinigten Staaten.

3 Um die Luftfracht in den »Bauch« des Flugzeugs bringen zu können, läßt sich der Loader samt Gepäckkarren vom Gabelstapler auf die Höhe der Ladeluke hieven.

4 Gepäckausgabe nach Art der fünfziger Jahre: Mitarbeiter des Bodenverkehrsdienstes der FMG händigen den Reisenden nach der Ankunft in München ihre Koffer aus.

1 Am 22. Dezember 1956 informiert sich der amerikanische Vizepräsident Richard Nixon vor Ort über die Luftbrücke für die Ungarnflüchtlinge.

2 Der Flugzeugeinweiser, der die Maschinen zu ihren Abstellpositionen lotst, nutzt den Rollweg als Radweg.

Finanziert werden soll die Maßnahme durch Mittel aus dem Besatzungskostenhaushalt und aus Eigenmitteln der Flughafen München-Riem GmbH. An seine Zustimmung knüpft der Münchner Stadtrat allerdings eine Reihe von Forderungen. So heißt es im Beschluß des Plenums unter anderem: »Die Planung eines künftigen, den zukünftigen Bedürfnissen des zivilen Luftverkehrs entsprechenden Flugplatzes ist sofort in Angriff zu nehmen.«

In der Öffentlichkeit bleiben Sinn und Notwendigkeit der geplanten Startbahnverlängerung zunächst umstritten, zumal die schnellen technischen Veränderungen im Luftverkehr jede langfristige Planung problematisch erscheinen lassen. So schreibt etwa die *Bayerische Staatszeitung* am 26. Juni 1956: »Wer kann zum Beispiel den Gegenbeweis dafür erbringen, daß in zehn Jahren Düsenmaschinen nicht mehr auf überdimensionalen Startbahnen, sondern mit Hilfe einer Katapulteinrichtung senkrecht nach oben aufsteigen werden?«

Die FMG strebt bei den Gesprächen mit der amerikanischen Luftwaffe eine vertragliche Regelung an, die eine militärische Nutzung des Riemer Flughafens in Friedenszeiten auf eine überschaubare Anzahl von Flügen beschränkt, die zudem vom Bundesverkehrsministerium genehmigt werden müssen. Fast zwei Jahre haben FMG und die 12th US Air Force bereits miteinander verhandelt, als sich die Amerikaner im Sommer 1957 überraschend aus dem Projekt zurückziehen. Die heutige Situation, so die lapidare Begründung, erfordere keine Vermehrung der Flugplatzanlagen mehr.

Für die FMG wird es nun um so wichtiger, die angestrebte Startbahnverlängerung möglichst schnell aus eigener Kraft zu verwirklichen. Dabei geht es längst nicht mehr ausschließlich um die Vorbereitung auf den Düsenluftverkehr. Auch die mit Turbinen betriebenen moderneren Propellermaschinen erfordern beim Start mehr Platz als die in Riem verfügbaren 1907 Meter. Flugzeuge vom Typ DC-6, DC-7 und »Super Constellation«, die in Riem mittlerweile regelmäßig starten und landen, müssen auf Langstrecken bereits über 20 Prozent ihrer Ladekapazität ungenutzt lassen, um das für die Bahnlänge noch akzeptable Maximalgewicht nicht zu überschreiten. Am 4. Oktober 1957 genehmigt der Aufsichtsrat der FMG die vom Flughafenbetreiber beantragte Verlängerung der Startbahn, wobei aus Kostengründen jetzt nur noch eine Bahnlänge von 2600 Metern realisiert werden kann. Rund 3 Millionen DM werden allein für die Baukosten veranschlagt, hinzu kommen die Aufwendungen für den Grunderwerb und die begleitenden Infrastrukturmaßnahmen.

Die Stadt, deren Anschluß an das weltumspannende Luftverkehrsnetz in dieser Weise verbessert werden soll, ist unterdessen im Begriff, eine Millionenstadt zu werden. Am Sonntag, den 15. Dezember 1957, um 15.45 Uhr ist es soweit: Thomas Seehaus, der zweite Sohn eines Münchner Kaminkehrers, erblickt kurz nach dem Licht der Welt den Münchner Oberbürgermeister Thomas Wimmer, der den millionsten Einwohner Münchens persönlich in der Pasinger Klinik willkommen heißt. Der Sprung in den exklusiven Zirkel deutscher Millionenstädte erfolgt unmittelbar vor dem Beginn eines großen Münchner Jubiläumsjahres. 1958 kann die bayerische Landeshauptstadt auf eine 800jährige Geschichte zurückblicken. Rechtzeitig zum runden Geburtstag präsentiert sich die Münchner Silhouette wieder weitgehend in vertrauter Form. Die Frauenkirche und der Alte Peter haben ihr historisches Erscheinungsbild wiedererlangt. Seit dem 7. Juni 1957 steht die Alte Pinakothek ihren Besuchern wieder offen. Ein Jahr später, am 21. Juli 1958, öffnet auch die Münchner Residenz ihre Pforten wieder für ein kunstbegeistertes Publikum.

NIXON BESUCHT DIE LUFTBRÜCKE
DEZEMBER 1956

Nachdem der ungarische Volksaufstand am 4. November 1956 durch sowjetische Truppen niedergeschlagen war, kam es zu einer Massenflucht ungarischer Staatsbürger. Der Riemer Flughafen wird im Winter 1956 zum Ausgangspunkt einer amerikanischen Luftbrücke, die den Emigranten den Weg in die Vereinigten Staaten öffnet. Rund zehntausend ungarische Flüchtlinge werden von Riem aus im Rahmen der Operation »Safe Heaven« bis zum Jahresbeginn 1957 in die USA geflogen.

Am 22. Dezember besucht der amerikanische Vizepräsident Richard Nixon die Luftbrücke. Die *Süddeutsche Zeitung* berichtet in ihrer Weihnachtsausgabe: »Hinter den Bullaugen der viermotorigen DC 6 hingen bunte Christbaumkugeln: rote, weiße und grüne Girlanden schmückten den Passagierraum. Von Dutzenden von Photographen umblitzt, hielt Mr. Nixon eine Abschiedsrede an die Flüchtlinge. ›Sie sollen wissen, daß die Herzen der Amerikaner bei Ihnen sind‹, sagte er und ›Sie, die tapferen Ungarn verdienen den Respekt aller freien Menschen in der Welt. Wenn Sie in Amerika ankommen, werden wir alles tun, um Ihnen in den schwierigen kommenden Wochen beizustehen. Ich wünsche Ihnen einen guten Flug, fröhliche Weihnachten und ein glückliches neues Jahr!‹ Die Ungarn antworteten mit einem kräftigen ›Eljen, Eljen!‹ Dann drückte Nixon jedem der 50 Passagiere die Hand. Einen kleinen Buben trug er sogar persönlich über die Treppen in die Maschine, während die Wochenschaukameras surrten.«

1 Passagiere und Passagierzahlen bewegen sich in die gleiche Richtung. 1957 werden erstmals mehr als 400 000 Fluggäste in Riem gezählt.

2 Die Bordverpflegung der in Riem startenden Maschinen kommt in diesen Jahren noch aus dem Flughafen-Restaurant. Im Kennzeichen des Kleinbusses finden sich die Initialen des langjährigen Pächters der Riemer Flughafen-Gaststätten, Leo Lehmeyer. Bereits 1949 hatte Lehmeyer das erste Flughafen-Restaurant eröffnet.

3 Luise Ullrich, bekannte Schauspielerin und Frau des Flughafendirektors Wulf-Diether Graf zu Castell, tauft am 28. Juni 1957 eine Vickers Viking der LTU auf den Namen »München«.

4 Die Disposition der Ladegruppen, Passagierbusse und Versorgungsfahrzeuge wird von einer Station auf dem Vorfeld aus durchgeführt.

3

4

1 »Cleaned for take-off« – Mitarbeiterinnen der Flughafen München GmbH sorgen für saubere Verhältnisse an Bord.

2 Airport-Alltag bei der Bodenabfertigung auf dem Riemer Vorfeld: Im Hintergrund wird eine »Convair Metropolitan« der SWISS AIR auf den nächsten Start vorbereitet.

1

2

3 Auf dem Luftweg erreichen bzw. verlassen 1957 knapp 4000 Tonnen Frachtgut den Riemer Flughafen.

4 Nach der Landung kommt die Ladung. Ein Großteil der 112 Arbeiter, die 1957 bei der FMG beschäftigt sind, wird bei der Flugzeugabfertigung eingesetzt.

5 Die gefragteste Frau am Flughafen an ihrem Arbeitsplatz in der Haupthalle des Airports.

1 Nur noch Trümmer bleiben von der »Airspeed Ambassador« der BRITISH EUROPEAN AIRWAYS nach dem verheerenden Unglück vom 6. Februar 1958. Unter den Opfern der Flugzeugkatastrophe befindet sich fast die komplette Fußballmannschaft von Manchester United.

2 Am 24. März 1958 beginnen die Bauarbeiten zur Verlängerung der Start- und Landebahn, die Ende Oktober 1958 abgeschlossen werden. Die Riemer Runway wird um 700 auf 2600 Meter verlängert.

Auch der Flughafen geht im Jahr 1958 einem Jubiläum entgegen, denn die Wiederaufnahme des zivilen Luftverkehrs auf dem Riemer Airport liegt inzwischen immerhin schon wieder zehn Jahre zurück. Aber nicht dieser Jahrestag, sondern eine tragische Flugzeugkatastrophe bringt den Flughafen im Februar 1958 in die Schlagzeilen.

Eine zweimotorige »Airspeed Ambassador« der BRITISH EUROPEAN AIRWAYS ist am 6. Februar aus Belgrad kommend zu einem Tankstopp in München zwischengelandet. Unter den 44 Insassen befindet sich die gesamte Fußballmannschaft von »Manchester United«, die nach einem erfolgreichen Europacupspiel gegen »Roter Stern Belgrad« auf dem Rückweg nach England ist. Bei wolkenverhangenem Himmel, Schneeregen und Temperaturen um den Gefrierpunkt unternimmt Flugkapitän James Thayn an diesem Nachmittag zunächst zwei erfolglose Startversuche, bei denen die Maschine nicht abhebt. Beim dritten Startversuch, der um 16.03 Uhr beginnt, überläßt er seinem Kopiloten Kenneth Rayment das Steuer. Diesmal hebt sich das Bugrad auf mittlerer Höhe der Startbahn zwar leicht nach oben, aber die Maschine verläßt wieder nicht den Boden. Statt dessen rast die »Ambassador« über die Bahn hinaus, durchbricht den Flughafenzaun und stößt mit der linken Tragfläche gegen ein 275 Meter vom Zaun entferntes Gärtnerhaus.

Aus dem Flugzeug, das bei dem Aufprall ebenso wie das Gebäude in Brand gerät, können 21 Insassen nur noch tot geborgen werden, 14 Personen sind schwer verletzt. Da zwei der Schwerverletzten Wochen später an den Folgen des Flugzeugunglücks sterben – darunter auch der Kopilot Rayment –, erhöht sich die Zahl der Todesopfer auf 23. Fast die gesamte Mannschaft von »Manchester United« wird durch die Katastrophe ausgelöscht: Acht ihrer Fußballstars kommen bei dem Unfall ums Leben. Zu den Überlebenden gehört der zu diesem Zeitpunkt erst 20 Jahre alte Bobby Charlton, der acht Jahre später mit der englischen Nationalmannschaft im Londoner Wembley-Stadion den ersten Weltmeistertitel für England erobert und bis heute zu den großen Fußballegenden Großbritanniens gehört.

Als Ursache der Flugzeugkatastrophe ermittelt das Luftfahrtbundesamt eine Vereisung an den Tragflächen, die eine Beeinträchtigung der aerodynamischen Eigenschaften des Flugzeugs und eine Erhöhung der zum Abheben erforderlichen Geschwindigkeit zur Folge hatte. »Auf der zur Verfügung stehenden Rollstrecke hat [...] das Flugzeug diese Geschwindigkeit unter den zur Startzeit herrschenden Bedingungen nicht erreichen können. Hierin lag die entscheidende Unfallursache«, heißt es in dem Untersuchungsbericht vom 31. März 1959. Daß das Unglück bei einer längeren Startbahn unter Umständen hätte vermieden werden können, deutet Graf Castell später in einem Interview an: »Wenn auch die Startbahn für diesen Flugzeugtyp ausreichte, so wäre eine längere Piste doch möglicherweise lebensrettend gewesen. Der Flugzeugführer hätte dann einen längeren Zeitraum für die Erkenntnis gehabt, daß der Start unter den gegebenen Umständen nicht durchführbar ist.«

Flugkapitän Thayn, der den Unfall leicht verletzt überlebt, bezweifelt das Untersuchungsergebnis des Luftfahrtbundesamtes. Von seiner Seite wie von anderen britischen Stellen wird in erster Linie der Schneematsch auf der Piste für die Katastrophe verantwortlich gemacht. Doch auch die Wiederaufnahme der Untersuchung liefert dafür keine neuen Anhaltspunkte. »Nach wie vor ist als wesentliche Unfallursache die festgestellte Tragflächenvereisung anzusehen«, heißt es in dem Abschlußbericht der für die Wiederaufnahme eingesetzten Untersuchungskommission vom 29. August 1966. Der Schneematsch wird in dem Bericht lediglich als eine »weitere Unfallursache« bezeichnet.

Wenige Wochen nach dem bis dato größten Flugzeugunglück der Münchner Geschichte beginnen die Baumaßnahmen für die Startbahnverlängerung. In siebenmonatiger Bauzeit werden unter anderem 62 000 Kubikmeter Boden abgetragen, 51 000 Kubikmeter Kies als Unterbau eingebracht und 68 000 Kubikmeter Beton in einer Stärke von 26 Zentimetern hergestellt. Am 29. Oktober 1958 kann die auf 2600 Meter verlängerte Bahn pünktlich in Betrieb genommen werden. Zur standesgemäßen Premiere landet an diesem Tag erstmals eine Düsenverkehrsmaschine in Riem – eine »Caravelle« der AIR FRANCE.

Hatte der Riemer Flughafen bis zu diesem Tag zusammen mit Stuttgart die kürzeste Startbahn unter den deutschen Flughäfen, so kehrt er nach der Bahnverlängerung wieder in den Kreis der modernen und zeitgemäß ausgestatteten Airports zurück. Das gilt um so mehr, als zeitgleich mit der Startbahnverlängerung noch weitere Verbesserungen erzielt werden. So können auf dem Vorfeld des Riemer Flughafens, das bisher über acht Flugzeugabstellpositionen verfügte, weitere sieben Positionen eingerichtet werden. Die erste große Unterflurbetankungsanlage auf einem deutschen Flughafen war in Riem bereits im Vorjahr erfolgreich in Betrieb genommen worden.

Zur Steigerung des Verkehrswertes tragen auch zwei große Radaranlagen bei, die zu diesem Zeitpunkt kurz vor ihrer Fertigstellung sind: zum einen das Großraumrundsichtradar, das im südlich des Flughafens gelegenen Gronsdorf installiert wird und einen Radius von 250 Kilometern abdeckt; zum anderen der 40 Meter hohe Gitterturm auf der Anfahrtsseite des Flughafens, dessen Radarantenne den Nahbereich im Umkreis von 80 Kilometern kontrolliert. Der

Turm wird später zu einem der Wahrzeichen des Riemer Flughafens und mit seiner »Telefunken«-Leuchtreklame zugleich einer seiner ersten Werbeträger.

Bei der feierlichen Einweihung der verlängerten Startbahn prophezeit der bayerische Wirtschafts- und Verkehrsminister Otto Schedl dem Riemer Flughafen eine große Zukunft: »Der Flughafen hat nun die Chance, eine überdurchschnittliche Vergrößerung seines Verkehrsvolumens zu erzielen, vor allem, wenn man bedenkt, daß der derzeitige Umfang des internationalen Luftverkehrs von und nach München bei weitem noch nicht der kulturellen, wirtschaftlichen und touristischen Bedeutung der Stadt München entspricht. […] Die bayerische Landeshauptstadt kann sich glücklich schätzen, einen leistungsfähigen Flughafen zu besitzen, der es gestattet, ihm den jeweiligen Verkehrsbedürfnis durch entsprechenden Ausbau anzupassen.«

Diese »Anpassungsfähigkeit« des Riemer Flughafens ist aber keineswegs unumstritten. Längst haben sich zu diesem Zeitpunkt städtische und staatliche Planungsstellen mit der Frage einer möglichen Verlegung des Riemer Flughafens befaßt, ohne dabei jedoch zu einer Lösung gelangt zu sein. Angesichts der dichten Besiedlung des Flughafenumlandes sind die Ausbaumöglichkeiten der Riemer Anlagen begrenzt. Gleichzeitig nimmt das Verkehrsaufkommen und damit auch die Lärmbelastung der Bevölkerung stetig zu.

Als Ergänzung beziehungsweise Alternative zum Riemer Airport ist im Frühjahr 1958 unter anderem das von der Bundeswehr militärisch genutzte Fluggelände in Fürstenfeldbruck ins Gespräch gekommen. Spekulationen über einen möglichen Rückzug der Bundeswehr aus Fürstenfeldbruck werden allerdings bald durch Bundesverteidigungsminister Franz Josef Strauß beendet: »Es ist nicht daran zu denken, daß die Bundeswehr den Flugplatz in Fürstenfeldbruck freigibt«, so Strauß gegenüber der *Münchner Abendzeitung* am 6. Mai 1958.

Wenige Tage später befaßt sich auch der Wirtschaftsausschuß des Bayerischen Landtags mit der Zukunft des Riemer Flughafens.

Aus den Reihen der SPD wurde der Antrag gestellt, eine alsbaldige Verlegung des Münchner Flughafens in den Raum zwischen München und Augsburg auf den Weg zu bringen. Der vom Ausschuß hinzugezogene FMG-Geschäftsführer Graf Castell spricht sich indessen dafür aus, den Flughafen Riem zumindest in den nächsten Jahren beizubehalten. Allerdings werde spätestens in drei Jahren eine zweite Startbahn erforderlich. Sollte dies im Raum München-Riem nicht zu realisieren sein, müsse eine Verlegung des Flughafens ernstlich erwogen werden. »Einen endgültigen Beschluß faßte der Ausschuß jedoch nicht, sondern übertrug die Weiterbehandlung des außerordentlich verwickelten Problems einem Unterausschuß«, berichtet der *Münchner Merkur* am 23. Mai.

Die Frage, ob Riem letztlich ausgebaut oder verlegt werden soll, beschäftigt Politik und Öffentlichkeit noch weit über das Jahr 1958 hinaus. Da die Suche nach einem neuen Flughafenstandort lange Zeit erfolglos bleibt, scheint sich im Jahr 1959 zunächst die Ausbauoption durchzusetzen. Basierend auf einem neuen Gutachten des Generalausbauplaners Carl Emil Gerlach aus dem Jahr 1958 soll die zweite Startbahn nun aber nicht mehr parallel zur bestehenden Runway, sondern im rechten Winkel dazu konzipiert werden. Die geplante vier Kilometer lange Bahn soll zwischen Dornach und Aschheim über unbebautes Gelände führen und ausschließlich für Starts genutzt werden. Damit könnte, so argumentiert die FMG, die bestehende Betonpiste des Riemer Flughafens in eine reine Landebahn umgewandelt werden, wodurch die Lärmbelästigung der Flughafennachbarn deutlich verringert würde.

Unterdessen beginnt in Riem im Frühjahr 1959 endgültig das Zeitalter des Düsenluftverkehrs. Was bisher lediglich als einmaliger Sonderflug zu sehen war, präsentiert sich von jetzt an mit flugplanmäßiger Regelmäßigkeit. Auf dem Besucherbalkon verfolgen am 15. Mai 1959 Hunderte von Schaulustigen fasziniert die Landung der ersten Linienmaschine mit Strahltriebwerken. Die aus Kopenhagen einfliegende »Caravelle« der Luftverkehrsgesellschaft SAS befördert auch eine Reihe von Ehrengästen wie Oberbürgermeister Thomas Wimmer, der seine ersten Reiseeindrücke in einem Düsenverkehrsflugzeug in der ihm eigenen bayerisch-prägnanten Weise auf den Punkt bringt: »Das war ein pfundiger Flug.«

1 Die Bordkartenkontrolle erfolgt unmittelbar am Flugzeug.

2 Bereits im September 1958 wird dieses Reisebüro am Riemer Flughafen eröffnet.

3 Passagiere im Inlandswarteraum des Riemer Flughafens, die auf den Abflug (und eine neue Hutmode) warten.

Zweimal wöchentlich bedient die SAS von nun an mit der zweistrahligen »Caravelle« ihre Verbindung von Skandinavien über München in den Nahen Osten. Noch im selben Jahr fliegt auch Pan American World Airways den Riemer Flughafen im planmäßigen Liniendienst mit einem Düsenverkehrsflugzeug an.

Auf der berühmten Rund-um-die-Welt-Strecke der amerikanischen Airline kommt am 27. Dezember 1959 erstmals der zu dieser Zeit modernste Düsenjet, die Boeing 707, zum Einsatz. Bereits am 8. November präsentiert Pan Am das brandneue Flugzeug erstmals in München-Riem. Angesichts des enormen Besucheransturms sorgt die Luftverkehrsgesellschaft mit einem Lautsprecherwagen für musikalische Unterhaltung der Zuschauer, die bei Graupelschauern und Temperaturen um den Gefrierpunkt rund drei Stunden lang auf die verspätet aus Paris eintreffende B 707 warten müssen. Viermal pro Woche können die Münchner die amerikanische Boeing fortan auf dem Riemer Flughafen bestaunen.

Der erste Jet der Lufthansa – ebenfalls eine Boeing 707 – landet am 20. März 1960 auf dem Riemer Flughafen. Wieder sind Tausende von Münchnern zum Airport gepilgert, um die Landung des aus New York kommenden Flugzeugs zu erleben. Wer zu Hause bleibt, kann am Folgetag in der *Süddeutschen Zeitung* lesen, was ihm entgangen ist: »Als der Riesenvogel mit seiner Spannweite von fast 44 Metern und einer Länge von 46 Metern vor der winkenden Zuschauermenge eine Ehrenrunde gefahren war, mischte sich in das Pfeifen der Düsentriebwerke Pferdewiehern. Ein Viererzug der Löwenbrauerei brachte eine Ladung Bier an die D-ABOB. Eine Oberlandkapelle spielte den bayerischen Defiliermarsch und den Sternenbannermarsch, während die Passagiere mit einer Halben bedacht wurden. Dann wand sich eine Riesenschlange über das Rollfeld und durch den Flugzeugrumpf. Die Lufthansa hatte die Maschine zur Besichtigung freigegeben.«

Das Debüt des Düsenverkehrsflugzeugs der Lufthansa ist zugleich das letzte bedeutende Riemer Ereignis, das in die Amtszeit des Oberbürgermeisters Wimmer fällt. Die großen Verdienste des beliebten Rathauschefs werden später anläßlich seiner Verabschie-

1 Schon vor 30 Jahren erfreuten sich die Besucherrundfahrten über den Münchner Flughafen großer Beliebtheit.

2 Wieder sorgt die PAN AM für eine Premiere: Die vierstrahlige Boeing 707 landet am 8. November 1959 erstmals in München. Vom 27. Dezember an setzt die amerikanische Gesellschaft das bisher größte und schnellste Passagierflugzeug der Welt auch im Riemer Linienverkehr ein.

1 Die erste Boeing 707 der LUFTHANSA, die in Riem landet, kommt am 20. März 1960 aus New York. Eine regelmäßige Direktverbindung von München über Köln nach New York richtet die Kranichlinie aber erst im April 1961 ein.

2 Der Aufsichtsratsvorsitzende der FMG, Thomas Wimmer, der – wie der FMG-Geschäftsführer Wulf-Diether Graf zu Castell (links) – zur Gründergeneration des Unternehmens zählt, wird am Riemer Flughafen feierlich verabschiedet. Im März 1960 war Hans-Jochen Vogel (rechts) zum neuen Münchner Oberbürgermeister gewählt worden. Im Aufsichtsrat der FMG übernimmt Vogel den stellvertretenden Vorsitz.

3 Die Taufe einer Boeing 707 der LUFTHANSA auf den Namen "München" zieht im Oktober 1960 zahlreiche Gäste zum Riemer Flughafen.

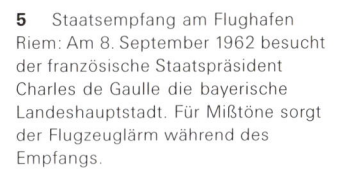

4 Bundeskanzler Konrad Adenauer kommt am 8. August 1960 nach München, um an der Abschlußfeier des Eucharistischen Weltkongresses teilzunehmen.

5 Staatsempfang am Flughafen Riem: Am 8. September 1962 besucht der französische Staatspräsident Charles de Gaulle die bayerische Landeshauptstadt. Für Mißtöne sorgt der Flugzeuglärm während des Empfangs.

dung aus dem Aufsichtsrat der FMG auch vom Riemer Flughafendirektor Graf Castell gewürdigt: »Während seiner langjährigen Amtszeit konnte Thomas Wimmer die Grundlagen für unser München von heute schaffen – ohne daß die Stadt ihren typischen Charakter verlor. Genauso wie er den Altstadtring in die Planungen für München einbeziehen ließ, um eine Ausweichmöglichkeit für den Durchgangsverkehr zu finden, genauso sorgte er für den Ausbau des Flughafens, ohne den eine Millionenstadt einfach undenkbar ist.«

Am 27. März 1960 wählen die Münchner Wimmers »Kronprinzen« Hans-Jochen Vogel mit über 64 Prozent der Stimmen zu ihrem neuen Oberbürgermeister. Auch auf das neue Münchner Stadtoberhaupt wartet in diesem Jahr noch eine LUFTHANSA-Premiere am Riemer Flughafen. Am 12. Oktober wird eine Boeing 707 der LUFTHANSA in Riem feierlich auf den Namen »München« getauft. Die Frau des neuen Rathauschefs darf dem Täufling zur Feier des Tages ein Glas Sekt über die Rumpfnase kippen, während ihr Mann die passenden Worte zu dieser Flugzeugtaufe findet: »Wir sind stolz darauf, daß die Maschine den Namen ›München‹ um die Welt trägt.«

Der Anteil des Düsenverkehrs am Gesamtaufkommen des Luftverkehrs in Riem nimmt jetzt immer mehr zu. Neben der französischen Caravelle und der amerikanischen Boeing 707 zählt inzwischen auch die britische Comet IVb zu den strahlgetriebenen Stammgästen auf dem Vorfeld des Riemer Flughafens. Große Veranstaltungen wie der Eucharistische Weltkongreß in München, die Oberammergauer Festspiele und die Olympischen Spiele in Rom tragen dazu bei, daß das Fluggastaufkommen 1960 abermals um über 35 Prozent auf knapp 800 000 Passagiere anwächst. Im Jahresbericht der FMG heißt es: »München hat sich mit diesen Ergebnissen in die erste Reihe der Verkehrsflughäfen in der Bundesrepublik geschoben und sollte nun besorgt sein, seine Stellung zu halten. Dazu ist ein sofortiger Ausbau seiner Bodeneinrichtungen erforderlich, will man nicht die gewonnene Stellung aufgeben und somit die wirtschaftlichen und kulturellen Verbindungen zur übrigen Welt wieder verlieren.«

Die Diskussion um den Ausbau oder aber die Verlegung des Riemer Flughafens ist unterdessen wieder voll entbrannt. Noch bevor das Raumordnungsverfahren für eine zweite Startbahn in Riem hatte abgeschlossen werden können, war durch das Landratsamt München ein weiteres Gutachten des Stuttgarter Ingenieurbüros Gerlach eingeholt worden, in dem die Eignung des südlich von München gelegenen Hofoldinger Forstes als künftiges Flughafengelände untersucht und grundsätzlich bestätigt wurde. Gestützt auf dieses Gutachten, beantragt das Landratsamt am 3. März 1960 bei der Regierung von Oberbayern, daß »nach den Bestimmungen des Gesetzes über die Landesplanung auch die Fragen in das Raumordnungsverfahren einbezogen werden müssen, ob nicht eine Gesamtverlegung des Flughafens Riem in den Raum Hofoldinger Forst möglich und zweckmäßig wäre und als die beste und weitschauendste Lösung in Betracht gezogen werden müsse«. Tatsächlich hält die Regierung von Oberbayern die vom Landratsamt und den Nachbargemeinden des Riemer Flughafens vorgetragenen Bedenken gegen die geplante zweite Startbahn für so schwerwiegend, daß sie ausdrücklich darum bittet, vor Abschluß des Raumordnungsverfahrens für die zweite Startbahn auch die vom Landratsamt vorgeschlagene Flughafenvariante Hofoldinger Forst zu überprüfen.

In Aying, Brunntal, Höhenkirchen, Hofolding, Peiß, Sauerlach und anderen betroffenen Gemeinden rund um den Hofoldinger Forst formiert sich daraufhin schnell heftiger Widerstand gegen diese Variante. Mehr als 1200 Hektar Wald müßten der Verkehrsanlage an diesem Standort weichen, wodurch der Grundwasserspiegel erheblich absinken würde. Dies aber würde, argumentieren die Gegner des Projektes, nicht nur zu einer Versteppung der Felder führen, sondern auch eine der Hauptquellen der Münchner Wasserversorgung gefährden.

In Anbetracht des ebenso langwierigen wie fruchtlosen Ringens um die Zukunft des Airports sieht der Kommentator des *Münchner Merkurs* die Flughafenplanung im April 1960 in der Sackgasse: »Das Projekt einer zweiten Startbahn in Riem, ohnedies mit allen Zeichen eines schlechten Kompromisses behaftet, droht an Protesten der betroffenen Gemeinden und an gewichtigen Einwänden zu scheitern. Gegen die Ausweichlösung Hofolding, für die manches spricht, marschieren Waldbesitzer, Bauern, Jäger, Forstleute und Naturfreunde auf. Ein endloses Hin und Her steht bevor.«

Tatsächlich zeichnen sich während der folgenden Monate keine Fortschritte bei der Lösung der Flughafenfrage ab. Die endgültige Entscheidung gegen einen dauerhaften Fortbestand und den damit verbundenen Ausbau des Riemer Flughafens wird denn auch erst Jahre später getroffen werden. Wenn das Jahr 1960 dennoch zumindest im Rückblick als entscheidender Wendepunkt in der Kontroverse über die Zukunft des Riemer Airports erscheint, so ist dies auf ein tragisches Flugzeugunglück zurückzuführen. Am 17. Dezember 1960 – 20 Monate nach dem Flugzeugunglück mit der Fußballmannschaft von »Manchester United« – kommt es zur zweiten großen Flugzeugkatastrophe in der Geschichte der Münchner Luftfahrt.

An diesem Samstag, eine Woche vor Heiligabend, startet um 14.05 Uhr eine zweimotorige »Convair 346« mit 20 Insassen, darunter zwölf Studentinnen und Studenten der Münchner Maryland University, zu einem Flug nach England. Wie Augenzeugen später berichten, hatte die Besatzung vor dem Start erhebliche Schwierigkeiten, die beiden Motoren des Flugzeugs in Gang zu bringen. Den Zeugenaussagen zufolge rollte die Convair außerdem mit teilweise vereisten Tragflächen zur Startbahn. Zwei Minuten nach dem Start meldet der Flugkapitän John Connery der Flugsicherung den Ausfall eines Motors und kündigt die Rückkehr seiner Maschine zum Airport an. Wenige Augenblicke spä-

1

VIEL LÄRM UM EINEN STAATSBESUCH
SEPTEMBER 1962

Rund 5000 Besucher strömen am 8. September 1962 zum Riemer Flughafen, um einem hohen Staatsgast ihre Aufwartung zu machen. Mit General Charles de Gaulle besucht erstmals ein französisches Staatsoberhaupt die bayerische Landeshauptstadt. Doch von den beiden Nationalhymnen, die zur Begrüßung intoniert werden, ist ebensowenig zu hören wie von den Ansprachen, die der bayerische Ministerpräsident Hans Ehard und der französische Staatspräsident halten, weil die Zeremonie vom Lärm mehrerer startender und landender Maschinen übertönt wird.

Diese »einzige Panne beim Staatsbesuch von General de Gaulle« *(Münchner Merkur)* kommt später auch im Münchner Stadtrat und im Aufsichtsrat der Flughafen München-Riem GmbH (FMG) zur Sprache. Wie sich bei der Ursachenforschung herausstellt, hatten die Behörden kurzfristig die Anweisung erteilt, die Runway des Riemer Flughafens bereits zehn Minuten vor der Landung der De-Gaulle-Maschine für den übrigen Verkehr zu sperren. Dadurch wurde verhindert, daß die Flugzeuge, die später als Hauptquellen der Lärmstörung in Erscheinung traten, noch vor der Ankunft des französischen Präsidenten planmäßig starten und landen konnten.

1 Nicht nur in München checken immer mehr Passagiere bei der DEUTSCHEN LUFTHANSA ein. Das gesamte Passagieraufkommen der Fluggesellschaft überschreitet am 22. November 1960 – fünfeinhalb Jahre nach dem Start der ersten LUFTHANSA-Maschine – erstmals innerhalb eines Jahres die Millionengrenze.

2 Eine Spur der Verwüstung hinterläßt der Flugzeugabsturz an der Paulskirche vom 17. Dezember 1960 in der Münchner Innenstadt. Der Ruf nach einem neuen Flughafen wird nach dieser Katastrophe immer lauter

1 Beliebter Aussichtspunkt am Airport: Der Besucherbalkon des Riemer Flughafens.

ter streift das Flugzeug das Turmkreuz der Sankt-Pauls-Kirche und stürzt neben einem Straßenbahnzug der Linie 10 in der Martin-Greif-Straße inmitten der Münchner Innenstadt zu Boden. 4000 Liter brennendes Flugbenzin, die sich aus den Trümmern der Maschine auf die Fahrbahn ergießen, verwandeln die Straße in ein flammendes Inferno. Der Anhänger des Straßenbahnzugs wird durch brennende Flugzeugteile in Brand gesetzt. Insgesamt 32 Trambahnfahrgäste und Passanten sowie sämtliche 20 Insassen der Convair kommen bei der Flugzeugkatastrophe ums Leben.

Die Nähe zur Münchner Innenstadt, die vor diesem Unglück noch von vielen zu den großen Vorzügen des Riemer Flughafens gerechnet worden war, hatte sich plötzlich als Quelle tödlicher Gefahr für die Bevölkerung offenbart. Nach dem schwarzen Samstag wird der Ruf nach einer baldigen Verlegung des Flughafens unüberhörbar. Auch Staatsregierung und Stadtverwaltung gehen unter dem Eindruck der Flugzeugkatastrophe auf Distanz zu den Ausbauoptionen für den Riemer Airport. Der bayerische Wirtschafts- und Verkehrsminister Otto Schedl, der inzwischen den Münchner Altoberbürgermeister Thomas Wimmer im Amt des Aufsichtsratsvorsitzenden der Flughafen München-Riem GmbH abgelöst hat, strebt, wie die *Münchner Abendzeitung* am 22. Dezember 1960 meldet, eine Verlegung des Flughafens an. »Das Verkehrsministerium wird dem Kabinett in allernächster Zeit die genauen Pläne vorlegen«, heißt es. Auch im Münchner Rathaus setzt man jetzt ganz auf die Verlegung des Airports. »Die Stadt will sich mit allen Mitteln dafür einsetzen, daß der Flughafen von Riem verschwindet«, meldet die *Süddeutsche Zeitung* am 23. Dezember.

In den kommenden Wochen und Monaten werden von den verschiedensten Seiten immer wieder neue Standortvorschläge für einen künftigen Münchner Flughafen unterbreitet. So wird jetzt unter anderem ein neuer Großflughafen München-Augsburg ins Auge gefaßt, der bei Odelzhausen angesiedelt werden soll. Auch bereits früher diskutierte Standorte wie der Hofoldinger Forst, Fürstenfeldbruck oder Sulzemoos tauchen nun wieder aus den Schubladen auf. Sogar ein langfristiger Fortbestand des Riemer Flughafens wird im Frühjahr 1961 noch einmal diskutiert, nachdem der renommierte Geschäftsführer der Arbeitsgemeinschaft Deutscher Verkehrsflughäfen, Werner Treibel, ein Gutachten vorgelegt hat, in dem diese Option ausdrücklich befürwortet wird. Auch Graf Castell hält an der Forderung nach einer zweiten Startbahn für den Riemer Flughafen fest. »Bis ein neuer Flughafen gebaut ist«, zitiert ihn am 17. April 1962 die *Süddeutsche Zeitung*, »werden noch viele Jahre vergehen.« Zu der nun schon fünf Jahre währenden Diskussion über einen neuen Standort sagt der Riemer Flughafendirektor: »Es werden zwar ständig Untersuchungen angestellt, welches Gelände dafür geeignet ist, aber sie sind zuwenig koordiniert.« Und weiter heißt es dazu in der *Süddeutschen Zeitung*: »Nach Castells Ansicht müßte für diese Frage eine Kommission gegründet werden, die im Umkreis von 40 Kilometern alle geeigneten Flächen aussucht und durch einen genauen Vergleich die geeignetste ermittelt.«

Im Oktober 1962 entscheidet der bayerische Ministerrat endgültig gegen den Bau einer zweiten Startbahn für den Riemer Flughafen. Statt dessen müsse nun, erklärt Minister Schedl am 24. Oktober im Münchner Presseclub, die Suche nach einem neuen Flughafengelände mit allem Nachdruck vorangetrieben werden. Von der Landeshauptstadt München wird diese Entscheidung ausdrücklich begrüßt. Beide Gesellschafter der Flughafen München-Riem GmbH haben sich inzwischen auch mit dem Vorschlag der FMG angefreundet, eine kompetente »Planungskommission für die Standortwahl eines Großflughafens München« einzusetzen.

Die Verkehrsentwicklung am Riemer Flughafen verläuft unterdessen weiterhin steil aufwärts. Das Passagieraufkommen steigt 1962 noch einmal um 20 Prozent und überschreitet zugleich eine wichtige Schallmauer: Fünf Jahre nachdem die Stadt München im Dezember 1957 zur Millionenstadt avanciert ist, folgt ihr auch der Riemer Flughafen über die Millionengrenze. Am 28. Dezember 1962 wird der über Riem einreisende österreichische Fernsehreporter Felix Pflichter als millionster Fluggast des Jahres mit Blasmusik und Blitzlichtern in Riem empfangen. Das Jahresergebnis weist für 1962 insgesamt 1 006 056 Fluggäste aus.

2 Die Millionengrenze überschreitet das Passagieraufkommen am Riemer Flughafen erstmals am 28. Dezember 1962. Als millionster Fluggast wird der Österreicher Felix Pflichter vom Münchner Bürgermeister Albert Bayerle willkommen geheißen.

3 »Herald of the Alps« ist der schöne Name dieser Maschine der Bavaria-Fluggesellschaft, die gerade im Begriff ist, sonnenhungrige Urlauber in den Süden zu fliegen.

18.4.1956 Die Hochzeit des Jahres: Im Fürstentum Monaco geben sich die Schauspielerin Grace Kelly und Fürst Rainer III. das Jawort. Grace Kelly nennt sich fortan Gracia Patricia.

17.5.1956 Eröffnung des erweiterten Restaurants und einer neuen »Espresso-Bar« in der umgebauten Empfangshalle des Riemer Flughafens.

23.5.1956 Prinz Bernhard der Niederlande trifft mit selbstgeflogener DC-3 in München-Riem ein.

9.7.1956 Der Bundestag stimmt nach heftigen Debatten und außerparlamentarischen Auseinandersetzungen für die Wiedereinführung der Wehrpflicht.

13.10.1956 Großflugtag mit über 100 000 Zuschauern in Riem. Aufsehen erregt die Pilotin Jacqueline Auriol, die als »schnellste Frau der Welt« einen Düsenjäger vom Typ Mystère IV steuert.

23.10.1956 Beginn des Ungarn-Aufstands, der am 4.11. durch sowjetische Panzer niedergeschlagen wird.

11.12.1956 Unter dem Namen »Safe Heaven« richtet der amerikanische Military Air Transport Service eine Luftbrücke für ungarische Flüchtlinge ein, die über München-Riem in die Vereinigten Staaten gebracht werden. Innerhalb von drei Wochen werden etwa 10 000 Flüchtlinge auf diesem Weg in die USA geflogen. Am 24.12. wird die Super-Constellation von Präsident Dwight D. Eisenhower für den Flüchtlingstransport von Riem in die USA eingesetzt.

12.12.1956 Das von Sammy Drechsel gegründete Kabarett »Münchner Lach- und Schießgesellschaft« steht zum erstenmal auf der Bühne.

25.3.1957 In Rom werden von sechs europäischen Staaten die Verträge zur Gründung der europäischen Wirtschaftsgemeinschaft (EWG) unterzeichnet. Die Mitgliedsstaaten der ersten Stunde sind Frankreich, Italien, Belgien, die Niederlande, Luxemburg und die Bundesrepublik Deutschland.

7.6.1957 Die Alte Pinakothek in München wird wiedereröffnet.

4.10.1957 Der Aufsichtsrat der FMG beschließt eine Startbahnverlängerung auf insgesamt 2600 Meter.

1.11.1957 Die Prostituierte Rosemarie Nitribitt wird in Frankfurt ermordet aufgefunden. Im Zuge der polizeilichen Ermittlungen wird bekannt, daß die Nitribitt mit zahlreichen prominenten Persönlichkeiten verkehrte.

15.12.1957 Thomas Seehaus, der um 15.45 Uhr in einer Pasinger Klinik zur Welt kommt, ist der millionste Einwohner Münchens.

6.2.1958 Ein schweres Flugzeugunglück auf dem Riemer Flughafen fordert 23 Todesopfer. Unter den Toten befinden sich auch acht Spieler der englischen Fußballmannschaft »Manchester United«.

6.3.1958 Erste Landung einer viermotorigen Super-Constellation der DEUTSCHEN LUFTHANSA in München.

24.3.1958 Beginn der Bauarbeiten zur Startbahnverlängerung am Riemer Flughafen.

25.3.1958 Die israelische Gesellschaft EL AL eröffnet eine neue wöchentliche Verbindung von Tel Aviv über München nach Paris. Damit wird Riem inzwischen von 13 Airlines im Liniendienst angeflogen.

1.10.1958 Ankunft des amerikanischen Soldaten Elvis Presley in Bremerhaven.

29.10.1958 Zur Eröffnung der auf 2600 Meter verlängerten Runway landet erstmals ein Düsenverkehrsflugzeug in München-Riem. Das Jet-Zeitalter wird durch eine Caravelle der AIR FRANCE eröffnet.

16.5.1959 Premiere der Strahltriebwerkstechnik im Riemer Linienverkehr: Die SAS fliegt mit der Caravelle zweimal wöchentlich von Skandinavien über München in den Nahen Osten.

23.5.1959 Beginn des Umbaus des Riemer Kontrollturms.

1.7.1959 Heinrich Lübke wird in Berlin von der Bundesversammlung zum neuen Bundespräsidenten gewählt.

19.9.1959 Im südlichen Turm des Münchner Isartors eröffnet Hannes König das »Valentin-Musäum«.

7.12.1959 Erste Landung einer Boeing 707 der PAN AMERICAN in München mit anschließenden Rundflügen für geladene Gäste.

27.3.1960 Kommunalwahlen in München. Hans-Jochen Vogel wird neuer Münchner Oberbürgermeister.

21.6.1960 Armin Hary läuft mit 10,0 Sekunden über 100 Meter einen neuen Weltrekord.

21.7.1960 Die Flugsicherungs-Nahkontrolle, die ein Jahr lang provisorisch untergebracht war, kann ihre Arbeit im nunmehr umgebauten Kontrollturm des Riemer Flughafens wiederaufnehmen. Am 16.8. zieht auch die neu geschaffene Vorfeldkontrolle der FMG in den Kontrollturm.

18.8.1960 Erster Auftritt der Beatles in Hamburg. Sie spielen im Stripteaselokal »Indra« in St. Pauli.

17.12.1960 Schweres Flugzeugunglück in der Münchner Innenstadt. Eine Convair der amerikanischen Luftwaffe prallt kurz nach dem Start bei schlechter Sicht gegen den Turm der Paulskirche. Die Katastrophe fordert 52 Todesopfer.

12.4.1961 Der sowjetische Luftwaffenmajor Juri Gagarin umkreist als erster Mensch im Weltall mit dem Raumschiff Wostok I die Erde.
13.8.1961 In der Nacht zum 13.8. beginnt mit der Abriegelung des sowjetisch besetzten Berliner Sektors der Mauerbau.
1.9.1961 Die LUFTHANSA eröffnet im Auftrag der Deutschen Bundespost mit vier Convair 440 und einer Viscount 814 den Nachtluftpostdienst. In München-Riem starten pro Woche zunächst fünf nächtliche Postflüge.
7.11.1961 Konrad Adenauer wird mit den Stimmen der Koalitionsparteien CDU, CSU und FDP erneut zum Bundeskanzler gewählt, nachdem die Union bei den Bundestagswahlen am 17.9. ihre absolute Mehrheit verloren hatte.

17.2.1962 Die Jahrhundertflut an der Nordsee fordert an der Küste und in Hamburg Hunderte von Todesopfern.
4.5.1962 UNITED ARAB AIRLINES eröffnet eine neue Verbindung von München über Athen nach Kairo und setzt Maschinen vom Typ Comet 4C auf dieser Strecke ein.
4.6.1962 In einem spektakulären Indizienprozeß wird die Angeklagte Vera Brühne vom Münchner Schwurgericht des Mordes an ihrem Geliebten, dem Arzt Otto Praun, und seiner Haushälterin Elfriede Kloo für schuldig befunden und zu einer lebenslangen Zuchthausstrafe verurteilt.
23.6.1962 Straßenschlachten zwischen Jugendlichen und der Polizei in Schwabing. Die Schwabinger Krawalle werden erst nach Tagen beigelegt.
27.10.1962 Eine Polizeiaktion gegen Journalisten und Herausgeber des Nachrichtenmagazins *Der Spiegel* löst heftige Proteste in der Öffentlichkeit aus. Die Folgen der sogenannten Spiegel-Affäre führen zum Bruch der Bonner Koalitionsregierung.
11.12.1962 Alfons Goppel wird vom Bayerischen Landtag zum neuen Ministerpräsidenten gewählt. In Bonn kommt es am selben Tag zur Neubildung der Koalition aus CDU, CSU und FDP.
28.12.1962 Erstmals erreicht das Münchner Passagieraufkommen innerhalb eines Jahres die Millionengrenze. Der aus Wien eintreffende Passagier Felix Pflichter wird als millionster Fluggast in Riem feierlich begrüßt.

1961 1962

3. KAPITEL

FLUGHAFEN SUCHT **LANDEPLATZ**

FLUGHAFEN SUCHT LANDEPLATZ

Am 8. März 1963 tritt die vom Freistaat Bayern und von der Landeshauptstadt München gemeinsam eingesetzte »Planungskommission für einen neuen Großflughafen« zu ihrer ersten Sitzung zusammen. Das neue Gremium, an dessen Arbeit sich große Erwartungen knüpfen, besteht aus insgesamt zehn Sachverständigen des Finanzministeriums, der Obersten Baubehörde, des Landtags, der Regierung von Oberbayern, der Stadt München und der Bundesanstalt für Flugsicherung. Den Vorsitz führt der ehemalige bayerische Arbeitsminister Richard Oechsle, weshalb später auch von der »Oechsle-Kommission« die Rede sein wird.

Eineinhalb Jahre und 70 Sitzungen nach ihrer Gründung wird die Kommission einen detaillierten Bericht vorlegen, in dem drei potentielle Flughafen-Standorte vorgeschlagen werden. Doch vor diesem Abschlußbericht stehen umfangreiche Untersuchungen. Insgesamt 20 Standorte werden unter die Lupe genommen, darunter auch der Raum Erding-Nord, der Jahrzehnte später tatsächlich zur Heimat des neuen Flughafens werden wird. Alle 20 in Betracht gezogenen Standorte sind – das war ein wesentliches Auswahlkriterium – vom Münchner Stadtzentrum aus innerhalb einer dreiviertel Stunde zu erreichen. Die Gutachter führen Exkursionen zu sämtlichen Standorten durch, werten Fachliteratur und Statistiken aus, holen ergänzende Gutachten zu speziellen Fragen ein – etwa meteorologischen oder wasserwirtschaftlichen Aspekten – und besichtigen darüber hinaus andere europäische Flughäfen, um sich über aktuelle Entwicklungstrends in der internationalen Flughafenlandschaft zu informieren.

Während die Oechsle-Kommission Standort um Standort unter den Gesichtspunkten der Verkehrserschließung, Topographie, Bodenbeschaffenheit, Wasserwirtschaft, Wetterverhältnisse, Hindernisfreiheit, Besiedlungsdichte, Lärm- und Naturschutzkriterien sowie im Hinblick auf die Ziele von Raumordnung und Landesplanung untersucht, werden in München zur gleichen Zeit auch andere wichtige verkehrspolitische Weichen gestellt.

Unter der Leitung des Stadtplaners Herbert Jensen erarbeitet ein Team aus Stadtplanern, Architekten, Juristen und einem Soziologen einen Stadtentwicklungsplan, der die Gesamtform der künf-

1 Eine Boeing 727 beim Landeanflug auf den Riemer Flughafen.

2 Airport »alpin«: Bei Föhnlagen entsteht in dieser Perspektive der Eindruck, als sei das Vorfeld des Riemer Flughafens zugleich das Vorfeld der Alpen.

tigen Stadt, die Gliederung ihrer Flächen und die Verkehrsführung beinhaltet. Die in München endenden Autobahnen sollen nach dem Willen der Planer durch zwei Stadtschnellstraßen miteinander verbunden werden, um eine bessere Verteilung des Fernverkehrs bei gleichzeitiger Entlastung der Innenstadt zu erreichen. Das neue Ringstraßensystem soll dazu dienen, den enorm gewachsenen Flächenbedarf des Verkehrs zu decken, ohne dabei andere wichtige Aspekte wie die Erhaltung des Stadtbildes und des wertvolles Baubestandes, den Schutz der Fußgänger und so weiter zu vernachlässigen.

Innerhalb des Altstadtrings sieht der im Oktober 1963 von einer deutlichen Stadtratsmehrheit gebilligte Plan ein »hochleistungsfähiges unterirdisches Massenverkehrsnetz« zur Ergänzung des Straßennetzes vor, denn in der Innenstadt soll dem öffentlichen Verkehr gegenüber dem Individualverkehr Priorität eingeräumt werden. Auch die Anlage von Trabantenstädten – zum Beispiel im Raum Perlach – ist in dem Plan bereits enthalten. Als lebensfähige Subzentren sollen diese neuen Stadtteile um das Kerngebiet angeordnet und durch ausreichende Grün- und Erholungsflächen aufgelockert werden.

Der Stadtentwicklungsplan macht deutlich, daß München in dieser Phase im Begriff ist, in das noch etwas ungewohnte Gewand einer Millionenstadt hineinzuwachsen. Der Abschied von den fünfziger Jahren manifestiert sich insbesondere bei der jungen Generation, aber auch in einem neuen Lebensgefühl, veränderten Interessen und Verhaltensweisen. Erste Brüche und Konflikte in Stadt und Gesellschaft sind bereits am 23. Juni 1962 deutlich geworden, als sich in Schwabing Hunderte von Jugendlichen heftige Straßenschlachten mit der Polizei lieferten. Ausgelöst wurden die Krawalle durch einen Polizeieinsatz am Schwabinger Wedekindplatz, bei dem drei Straßenmusikanten von einem Streifenwagen abgeholt wurden, nachdem sich ein Anwohner über die Lärmbelästigung beschwert hatte.

Die sogenannten Schwabinger Krawalle, die erst nach Tagen beigelegt wurden, gaben bereits einen Vorgeschmack auf die Studentenunruhen der späten sechziger Jahre. Wenngleich der Anlaß banal und die Motivation der Jugendlichen eher unpolitischer Natur war, erkannte Oberbürgermeister Hans-Jochen Vogel im Rückblick auf seine Amtszeit in den Demonstrationen auch schon einen »unartikulierten Protest gegen die Wohlstandsgesellschaft und das Wirtschaftswunder. Das Bedürfnis gegen irgend etwas, das

KEINE »STARTFREIGABE« FÜR MANDY
JANUAR 1964

Bundesweite Schlagzeilen erntet der Münchner Flughafendirektor Graf Castell im Januar 1964, als er einen geplanten Presseempfang für Mandy Rice-Davies aus Großbritannien im Riemer Flughafenrestaurant untersagt. Die drakonische Maßnahme gilt einer jungen Frau, die kurz zuvor als eine der Schlüsselfiguren im sogenannten Profumo-Skandal nicht nur in England für Furore gesorgt hatte. Der britische Heeresminister John Profumo war 1963 über seine engen Beziehungen zu einem Callgirl namens Christine Keeler gestürzt. Als Freundin, Kollegin und Mitbewohnerin der Keeler war auch Mandy Rice-Davies anschließend durch ihre Zeugenaussagen zu einer gewissen Berühmtheit gelangt. Während Christine Keeler im Dezember 1963 eine neunmonatige Haftstrafe antreten muß, plant Mandy Rice-Davies einen beruflichen Neubeginn als Sängerin in deutschen Nachtklubs. Auftakt ihres Gastspiels auf dem europäischen Festland soll der Presseempfang auf dem Riemer Flughafen sein, der seitens der Flughafendirektion unterbunden wird. »Unser Restaurant ist zwar verpachtet, wir haben als Inhaber aber das Recht, eine Veranstaltung für derart fragwürdige Personen zu untersagen«, zitiert die Welt den Münchner Flughafendirektor am 10. Januar 1964. Nachdem diese Episode in etlichen Tageszeitungen kolportiert worden war, erhielt Graf Castell Fanpost aus ganz Deutschland. »Damit haben Sie der Öffentlichkeit bewiesen, daß Sie Unsitte von Anstand durchaus noch unterscheiden können, was man beileibe nicht mehr von jedem Deutschen erwarten kann. Sie waren damit beispielgebend für das ganze Volk«, heißt es in einer Zuschrift, die keineswegs untypisch für den Tenor der Briefe ist.

Zollgepäck
Customs Baggage

Zollgepäck-Ausgabe
Customs Baggage Claim

1 Die Wandverzierung dieser Abflughalle, in der die Reisenden auf den Aufruf ihres Fluges warten, wurde offensichtlich vom Zeitgeist der sechziger Jahre inspiriert.

2 Wie der Passagierverkehr wächst auch das Frachtaufkommen: Im Jahr 1962 werden in Riem erstmals über 10 000 Tonnen Luftfracht umgeschlagen.

allzu glatt und problemlos zu laufen schien, Widerstand zu leisten. Überspitzt könnte man es einen Aufstand der Individualität gegen die Straßenverkehrsordnung nennen, einen ersten vehementen Hinweis darauf, daß eine Straße nicht nur für den Verkehr, sondern auch zum Flanieren, zum Musizieren, zum Tanzen da ist.«

In Bonn kündigt sich im Frühjahr 1963 das Ende der Ära Adenauer an. Am 23. April nominiert die CDU/CSU-Bundestagsfraktion Ludwig Erhard, den Vater des Wirtschaftswunders, zum Nachfolger Adenauers. Im Oktober übergibt der erste Kanzler der Bundesrepublik das Amt an seinen Nachfolger. Während es in Deutschland aber zunächst bei einem Wechsel der Personen bleibt, ändern sich in anderen westlichen Ländern auch die politischen Inhalte. Die Amerikaner, nach wie vor Trendsetter und Vorbild für die Bundesbürger, haben bereits 1960 mit der Wahl eines neuen Präsidenten den Aufbruch in eine neue Epoche vollzogen. John F. Kennedy personifiziert mit seinem jugendlich-modernen Habitus und dem offen zur Schau getragenen moralisch-reformistischen Anspruch eine programmatische Neuorientierung der Politik. Bei seinem Staatsbesuch in Deutschland schlagen dem amerikanischen Präsidenten im Juni 1963 hohe Wogen der Sympathie entgegen. 400 000 Menschen hören die Ansprache vor dem Schöneberger Rathaus, die mit dem vielzitierten Bekenntnis endet: »Ich bin ein Berliner.« Nach der Ermordung Kennedys am 22. November 1963 artikulieren Tausende von Studenten in vielen deutschen Universitätsstädten spontan Trauer und Protest.

In München werden 1963 erstmals mehr Fluggäste als Einwohner registriert. Mit annähernd 1,2 Millionen Passagieren verzeichnet der Flughafen eine Steigerung von 18 Prozent gegenüber dem Vorjahr. Die Flughafen München-Riem GmbH hat inzwischen 337 Beschäftigte, davon 233 Arbeiter und 104 Angestellte. Die für die Zukunft des Unternehmens entscheidende Frage nach dem künftigen Flughafenstandort bleibt indessen auch 1963 weiterhin unbeantwortet. Im Herbst 1964 geht der lang erwartete Abschlußbericht der Oechsle-Kommission bei den beiden Gesellschaftern der FMG ein, dem Freistaat Bayern und der Landeshauptstadt München.

1 Die im Oktober 1965 fertiggestellte Düsenflugzeughalle des Riemer Flughafens.

2 Der »Platzanweiser« des Flughafens bei der Arbeit. Für die Einweiskelle des Marschallers ...

3 ... gibt es auf dem Dienstfahrrad eine eigene Halterung. Die Tage der radelnden Flugzeugeinweiser sind allerdings gezählt, denn...

4 ... inzwischen kommen in Riem bereits die ersten Follow-me-Fahrzeuge zum Einsatz.

Die Gutachter nennen drei Standorte, die sich nach ihrer Auffassung am besten für die Ansiedlung eines neuen Flughafens eignen: Hörlkofen an der Bahnstrecke München–Mühldorf, Sulzemoos an der Autobahn München–Augsburg und den Hofoldinger Forst. Ebenfalls noch in die engere Wahl der Kommission fielen darüber hinaus die Standorte Mammendorf (westlich von Fürstenfeldbruck) und Erding-Nord (nordöstlich von München). Zum Standort Erding-Nord wurde festgestellt, daß diesem keine Rangstelle zuerkannt werden konnte, da es bisher noch nicht möglich gewesen sei, die meteorologischen Verhältnisse hinreichend zu klären. Ferner sei dieser Standort, der im übrigen gut beurteilt wurde, mit dem militärischen Luftverkehr in Erding unvereinbar.

Nach Ansicht der Kommission soll der Bau des neuen Flughafens in drei Stufen erfolgen. Mit Abschluß der ersten Baustufe könne bereits in sechs bis acht Jahren eine Startbahn einschließlich der notwendigen Bodenorganisation in Betrieb genommen werden. Dadurch werde der Riemer Flughafen entlastet und die von ihm ausgehende Lärmbelästigung der Bevölkerung wesentlich vermindert. Eine Verminderung der Lärmbelastung würde nach Auffassung der Gutachter auch durch den Bau einer zweiten Startbahn am Riemer Flughafen erreicht. Dennoch spricht sich die Kommission gegen diese zusätzliche Runway aus, vor allem weil der Kostenaufwand angesichts der voraussichtlich sehr kurzen Nutzungsdauer zu hoch erscheint. Andere Baumaßnahmen auf dem Riemer Flughafen seien dagegen unvermeidlich, um bis zum Zeitpunkt der Inbetriebnahme des neuen Flughafens auch weiterhin eine störungsfreie Abwicklung des Flugbetriebs gewährleisten zu können.

Eine dieser notwendigen Baumaßnahmen ist die Errichtung einer »Düsenflugzeughalle« für die DEUTSCHE LUFTHANSA, die der Aufsichtsrat der FMG im Juli 1963 beschließt. In dieser Halle sollen später unter anderem die neuen Mittelstreckenmaschinen vom Typ Boeing 727 der LUFTHANSA gewartet werden. Die erste von insgesamt zwölf von der LUFTHANSA bestellten Maschinen dieses Typs wird am 15. April auf dem Riemer Flughafen der Öffentlichkeit präsentiert und auf den Namen »Augsburg« getauft. Mit ihren drei Strahltriebwerken erreicht die Boeing 727, die bei der LUFTHANSA schnell als »Europa-Jet« firmiert, eine Geschwindigkeit von 970 Stundenkilometern. Die Ehrengäste zeigen sich bei einem Rundflug sichtlich von dem hochmodernen Fluggerät angetan. Die *Abendzeitung* schreibt am folgenden Tag: »Besonderen Spaß machte es dem Augsburger Burgermeister Dr. Ludwig Wegele, seine Stadt von oben zu sehen. Er murmelte bei diesem Anblick: ›Kinder, fliegts nicht zu tief, sonst werden meine Beamten wach!‹«

Eineinhalb Jahre nach dem Baubeginn wird die neue Düsenflugzeughalle am Riemer Flughafen fertiggestellt. Der mit einem Kostenaufwand von 9,5 Millionen DM realisierte, 100 Meter lange, 60 Meter breite und 16 Meter hohe Hangar bietet Platz zur gleichzeitigen Unterbringung und Wartung von vier Boeing 727. »Damit wurde es der LUFTHANSA ermöglicht«, sagt Flughafenchef Graf Castell bei der feierlichen Inbetriebnahme am 25. Oktober 1965, »München als Ausgangs- und Endpunkt einer Reihe von Europa-Jet-Strecken zu wählen.«

1 Flugzeugtaufe auf dem Riemer Flughafen: Der Augsburger Bürgermeister Ludwig Wegele begrüßt die Boeing 727 der LUFTHANSA, die am 15. April 1964 auf den Namen seiner Heimatstadt getauft wird.

2 Die LUFTHANSA ist die erste europäische Gesellschaft, die die Boeing 727 in Dienst nimmt.

3 Ankunft der Rolling Stones auf dem Riemer Flughafen im September 1965.

Mit einem Passagierzuwachs von 330 000 Fluggästen beziehungsweise 25 Prozent verbucht Riem 1965 abermals ein Rekordergebnis. Die rasante Verkehrsentwicklung läßt aber gleichzeitig auch die Schwachstellen und Kapazitätsengpässe des Flughafens immer deutlicher zutage treten. So schreibt der *Münchner Merkur* am 27. Januar 1965 unter der Überschrift: »Zu wenig Platz für Passagiere«: »Die Abfertigungshalle gleicht einem Wartesaal dritter Klasse. In der zugigen Haupthalle ist es Glückssache, ob man einen Sitzplatz erwischt. […] Ganz übel sieht es jedesmal aus, wenn gleichzeitig zwei Chartermaschinen (300 Menschen) abgefertigt werden müssen. Landen dann noch normale Flugzeuge des Linienverkehrs, ist der Flughafen am Ende seiner Kapazitäten. […] Das Gerücht, daß eine Luftverkehrsgesellschaft Flüge von ihrem Programm streichen will, entpuppte sich leider als Tatsache. Es ist die DEUTSCHE LUFTHANSA, die wegen mangelnder Passagierabfertigung gleich mehrere Flüge in Frage gestellt hat.«

Auch die einzige verfügbare Start- und Landebahn ist mit ihren 2600 Metern inzwischen bereits wieder viel zu kurz. In einer Publikation der Flughafen München-Riem GmbH aus dem Jahr 1965 heißt es dazu: »Bei den Mustern Boeing 727 und DC-8 kann infolge der 2600 Meter langen Startbahn nur etwa die Hälfte der möglichen Non-stop-Entfernungen geflogen werden. […] Für eine volle Ausnutzung der möglichen Non-stop-Entfernungen wäre in München eine Startbahn von mindestens 4000 Meter Länge erforderlich.«

In einem Gastkommentar der Münchner *Abendzeitung* beschreibt Graf Castell am 23. Oktober 1965 das Dilemma der FMG: »Alle Maßnahmen, insbesondere im Abfertigungsbereich, werden zur Zeit nur unter dem Gesichtspunkt durchgeführt, mit Hilfe von unumgänglichen Zwischenlösungen die Verkehrssteigerungen aufzufangen. Erst nach der endgültigen Entscheidung über den Standort eines neuen Münchner Großflughafens können die voraussichtliche Betriebsdauer für München-Riem und damit auch die noch erforderlichen großen Ausbaumaßnahmen festgelegt werden.«

Im selben Blatt schaltet sich vier Wochen später auch Oberbürgermeister Vogel in die öffentliche Debatte über den Flughafen

---

»NO SATISFACTION«
SEPTEMBER 1965

Eher unbefriedigend verläuft die Ankunft auf dem Flughafen München-Riem am Vormittag des 14. September 1965 für die Musiker der Rolling Stones. Nachdem das Eintreffen der »härtesten Beat-Band der Welt« *(Süddeutsche Zeitung)* zuvor in Hamburg und Düsseldorf jeweils zu tumultartigen Szenen geführt hatte, waren in Riem umfangreiche Vorkehrungen für die »einrollenden Steine« getroffen worden. Über die Ankunft der »fünf langhaarigen Londoner« schreibt die *Süddeutsche Zeitung* am 14. September: »Es war alles so gut organisiert. Zu gut. Auf der Zufahrt zum Flughafengelände standen große rote Tafeln mit Pfeilen: ›Ankunft Rolling Stones‹. Sie sollten die erwartenden Massen Münchner Beat-Fans zu einer Nebenausfahrt des Flughafengeländes leiten. Man hatte diesen ›Künstlerausgang‹ vorsorglich gewählt, um den normalen Flugbetrieb nicht zu stören. Ein Lautsprecherwagen war aufgefahren, um mit den neuesten Beat-Platten die Stimmung aufzuheizen. Aber der ganze Aufwand wäre nicht nötig gewesen. Ein Polizist schätzte die Anzahl der Wartenden auf ›vielleicht achtz'g Deppate‹. Geduldig harrten sie im strömenden Regen aus, um einen Blick auf ihre Idole zu erhaschen. Was an Fans zuwenig kam, war an Polizisten zuviel da. Die ganze Gegend des Flughafens sah aus, wie wenn vor der Ankunft eines südamerikanischen Diktators die Drohung eingegangen wäre, es sei ein Attentat geplant. 160 Polizisten waren in Grüppchen auf strategisch wichtige Punkte verteilt. Zwei Wasserwerfer, ein Dutzend Polizeireiter und Hundeführer warteten – dezent hinter Gebäuden versteckt – auf Ausschreitungen.« Die angesichts des ungewohnt kühlen Empfangs sichtlich enttäuschten Musiker seien, so die *Süddeutsche Zeitung* weiter, allerdings am Abend durch die Begeisterung ihrer Fans im Circus Krone wieder versöhnt worden. Nicht so der Reporter der *Süddeutschen Zeitung*: »Der Lärm war unbeschreiblich. Wer gekommen war, um den berühmten ›London Sound‹ der fünf zu hören, hätte sich besser Schallplatten gekauft. Oft merkte man nur an den weit aufgerissenen Mündern, daß sie sangen.«

---

ein und plädiert abermals für eine baldige Entscheidung über den neuen Großflughafen: »München kann allerdings das Flughafenproblem nicht allein bewältigen. Vielmehr müssen auch hier Bund, Land und Stadt einträchtig zusammenarbeiten. […] Erfreulicherweise hat der Freistaat Bayern bereits die Initiative für eine solche Zusammenarbeit ergriffen. Es bleibt nur zu hoffen, daß es bald zu konkreten Entscheidungen und Vereinbarungen kommt. Viel Zeit ist nicht mehr zu verlieren.«

In einem Grundsatzbeschluß des Münchner Stadtrats war diese Position des Oberbürgermeisters bereits am 11. November 1965 bestätigt worden: »Die Landeshauptstadt München ist grundsätzlich bereit, trotz ihrer bereits sehr hohen Verschuldung, einen ihrer Haushaltslage angemessenen Beitrag zur Finanzierung der Kosten des Flughafenneubaues zu leisten. Dieser finanzielle Beitrag wird sich höchstens bis zu einem Drittel der Gesamtkosten

1 Der Siegeszug der Strahltriebwerke beschleunigt das Verkehrswachstum und verschärft damit zugleich …

2 … die Kapazitätsprobleme des Riemer Flughafens. Es wird eng in der Abfertigungshalle.

bewegen können«, heißt es in dem einstimmig gefaßten Beschluß, der im übrigen auch eine klare Maßgabe für alle Ausbauvorhaben in München-Riem enthält: »In diesem Rahmen sind Bauinvestitionen zur Vermeidung unwirtschaftlicher Aufwendungen auf ein Mindestmaß zu beschränken.«

Der Bund hatte unterdessen bereits seine Bereitschaft signalisiert, sich am Bau und Betrieb des neuen Flughafens zu beteiligen. Insofern ist es nur folgerichtig, daß in dem »Arbeitskreis Flughafen München«, der am 19. September 1965 erstmals zusammentrifft, um die Vorschläge der Oechsle-Kommission auszuwerten, neben Vertretern des Freistaats und der Landeshauptstadt auch ein Vertreter des Bundesverkehrsministeriums mitwirkt. Der Arbeitskreis, der später auch unter dem Namen »Behördenkommission« bekannt wird, überprüft und aktualisiert in den folgenden Wochen und Monaten systematisch die Ergebnisse der vorausgegangenen Untersuchung.

Auch auf einem ganz anderen Feld bahnt sich im Herbst 1965 eine Standortentscheidung an, die für die weitere Entwicklung der bayerischen Landeshauptstadt außerordentlich weitreichende Folgen haben wird. Auf Anregung des Vorsitzenden des Nationalen Olympischen Komitees, Willi Daume, ergreift Oberbürgermeister Vogel die Initiative zu einer Münchner Bewerbung um die Austragung der Olympischen Spiele des Jahres 1972. Nachdem Vogel sowohl die bayerische Staatsregierung als auch die Bundesregierung für das Vorhaben gewinnen konnte, beschließt der Münchner Stadtrat am 20. Dezember 1965 einstimmig, sich um die Ausrichtung der Spiele zu bewerben. Daß eine Münchner Olympiade auch Konsequenzen für den Flugbetrieb haben würde, ist dem Chef des Münchner Rathauses dabei durchaus bewußt. Noch vor der besagten Stadtratssitzung hat er die Direktion des Münchner Flughafens um eine Einschätzung des Verkehrsaufkommens und der damit verbundenen Anforderungen an den Flughafen gebeten. Am 25. April 1966 kann sich München bei der Sitzung des Internationalen Olympischen Komitees (IOC) in Rom überraschend mit absoluter Mehrheit gegen die Mitbewerber Detroit, Madrid und Montreal durchsetzen.

An Bord einer zweimotorigen »Herald« der Bavaria Flug-Gesellschaft, die bereits mit den olympischen Ringen verziert wurde, trifft die von Oberbürgermeister Vogel angeführte Delegation am nächsten Vormittag aus Rom kommend auf dem Riemer Flughafen ein und wird hier von drei Blaskapellen und Hunderten von begeisterten Münchnern in Empfang genommen. Das olympische Feuer hat in der bayerischen Landeshauptstadt schon jetzt eine enorme Begeisterung entfacht.

Frei nach dem Motto »Dabei sein ist alles« lassen sich Stadtplaner, Hoteliers und Bauunternehmer vom olympischen Geist inspirieren. Am Münchner Flughafen weckt die Standortwahl des IOC die Hoffnung, daß nun endlich auch über die Zukunft des Münchner Luftverkehrs entschieden wird: »Ich rechne mir eine Chance aus, daß jetzt die Flughafenprobleme schnell und zügig gelöst werden«, zitiert der *Münchner Merkur* am 27. April 1966 den FMG-Geschäftsführer Graf Castell. In derselben *Merkur*-Umfrage kommt auch der Leiter der Riemer Pan-American-Niederlassung, George Snyder, zu Wort: »Ich beglückwünsche die bayerische Landeshauptstadt zu ihrem Erfolg. Wir werden genügend Maschinen haben, um den zu erwartenden starken olympischen Verkehr über den Nordatlantik bewältigen zu können. Die neuen Großflugzeuge vom Typ Boeing 747 – knapp 500 Passagiere – werden uns dabei helfen.«

Unmittelbar nach der Vergabe der Olympischen Spiele an die bayerische Landeshauptstadt leitet die FMG eine Reihe von Untersuchungen ein, um die zu erwartenden Anforderungen des Luftverkehrs während der Sommerspiele zu ermitteln. Nach ersten Schätzungen ist während der Olympischen Spiele mit einem Bewegungsaufkommen von über 300 Starts und Landungen und rund 22 000 Passagieren pro Tag zu rechnen. In der Hoffnung auf eine baldige Realisierung des neuen Münchner Flughafens geht man zunächst davon aus, daß der Olympiaverkehr auf zwei Flughäfen mit jeweils einer Start- und Landebahn abgewickelt wird.

Wo der neue Flughafen entstehen soll, ist zu diesem Zeitpunkt indessen noch immer unklar. Im Sommer 1966 verdichten sich allerdings die Hinweise darauf, daß der Hofoldinger Forst zum Standort des neuen Großflughafens wird. So berichtet die Münchner *Abendzeitung* am 16. Juni 1966: »In Ministerien, Ausschüssen und Behörden steht seit kurzem endgültig fest, wo Münchens zukünftiger Großflughafen gebaut werden muß. Es steht fest, weil er nur an dieser einen Stelle errichtet werden kann, weil es keine andere Möglichkeit mehr gibt: in Hofolding!«

Tatsächlich spricht sich auch die sogenannte »Behördenkommission« am 28. Juli 1966 für den Standort Hofolding aus. Andere Standorte, die von der Oechsle-Kommission seinerzeit ebenfalls als geeignet erachtet wurden, werden vom Arbeitskreis dagegen verworfen. Der Hörlkofener Wald scheidet wegen seiner ungünstigen Lage, der unbefriedigenden Flugsicherungssituation und der ungeeigneten Geländeform und Bodenbeschaffenheit aus. Auch der Standort Sulzemoos wird von den Gutachtern abgelehnt, weil der Betrieb eines Verkehrsflughafens in diesem Raum die Auflassung des Militärflugplatzes Fürstenfeldbruck voraussetze, die aber vom Bonner Verteidigungsministerium nicht zu erwarten sei.

Am 18. Oktober 1966 beschließt der bayerische Ministerrat, ein Raumordnungsverfahren für den Standort Hofoldinger Forst einzuleiten. »Damit ist eine wichtige Vorentscheidung für den Bau des Interkontinental-Flughafens geschaffen worden, auf dessen Landebahn die überseeischen Gäste der Olympischen Spiele 1972 in München ankommen werden«, schreibt die *Süddeutsche Zeitung* am folgenden Tag.

HEIMLICHE HAUPTSTADT DER LEBENSLUST
MAI 1966

Münchens erfolgreiche Bewerbung um die Ausrichtung der olympischen Sommerspiele im Jahr 1972 beschäftigt am 2. Mai 1966 auch ein bekanntes Hamburger Nachrichtenmagazin. Mit einem Unterton widerwilliger Bewunderung schreibt der *Spiegel* über die »heimliche Hauptstadt bundesdeutscher Lebenslust«: »Es ist, wie das US-Magazin Time einmal schrieb, die ›spitzgiebelige, kopfsteingepflasterte Ecke des Himmels, überschäumend von Doppelbier und bekränzt mit Weißwürstln‹, wo einst der Marsch auf die Feldherrenhalle stattfand. Es ist die Stadt, die sich laut offizieller Olympia-Bewerbung, ›inmitten eines beziehungsreichen und strahlungskräftigen Zentrums europäischer Kultur‹ sieht und gleichwohl nicht übersehen kann, daß Dachau vor ihren Toren liegt.« Eine »Mixtur aus diplomatischer Emsigkeit und bayrischem Rauhcharme«, so der *Spiegel* weiter, habe der deutschen Delegation in Rom den Weg zum Erfolg gegenüber den Mitbewerbern aus Montreal, Detroit und Madrid geebnet: »Als die Präsentation (die Werbevorführungen der Olympia-Kandidaten) sich verzögerte und die lauschenden IOC-Delegierten um ihr abendliches Buffet zu bringen drohte, schalteten die Deutschen blitzschnell: Daume kürzte seine Zehn-Minuten-Rede auf 120 Sekunden, und Vogel sprach statt der vorgesehenen 15 nur sechs Minuten. Erschöpft von den Eigenlobliedern der Spanier, Kanadier und Amerikaner und beglückt von der Disziplin der Deutschen eilten die IOC-Herren an das kalte Buffet im Tagungshotel Excelsior.«

1 Dieses Flugzeug erinnert nicht nur an die »tollkühnen Männer in ihren fliegenden Kisten«, sondern es spielt in dem gleichnamigen Film sogar eine Titelrolle. Anläßlich der Filmpremiere startet der nachgebaute Avro-Dreidecker am 14. September 1965 in Riem zum Etappenflug nach Paris.

2 Nur 14 Flugzeug-Abstellpositionen auf dem Vorfeld des Riemer Flughafens stehen den Airlines 1965 zur Verfügung.

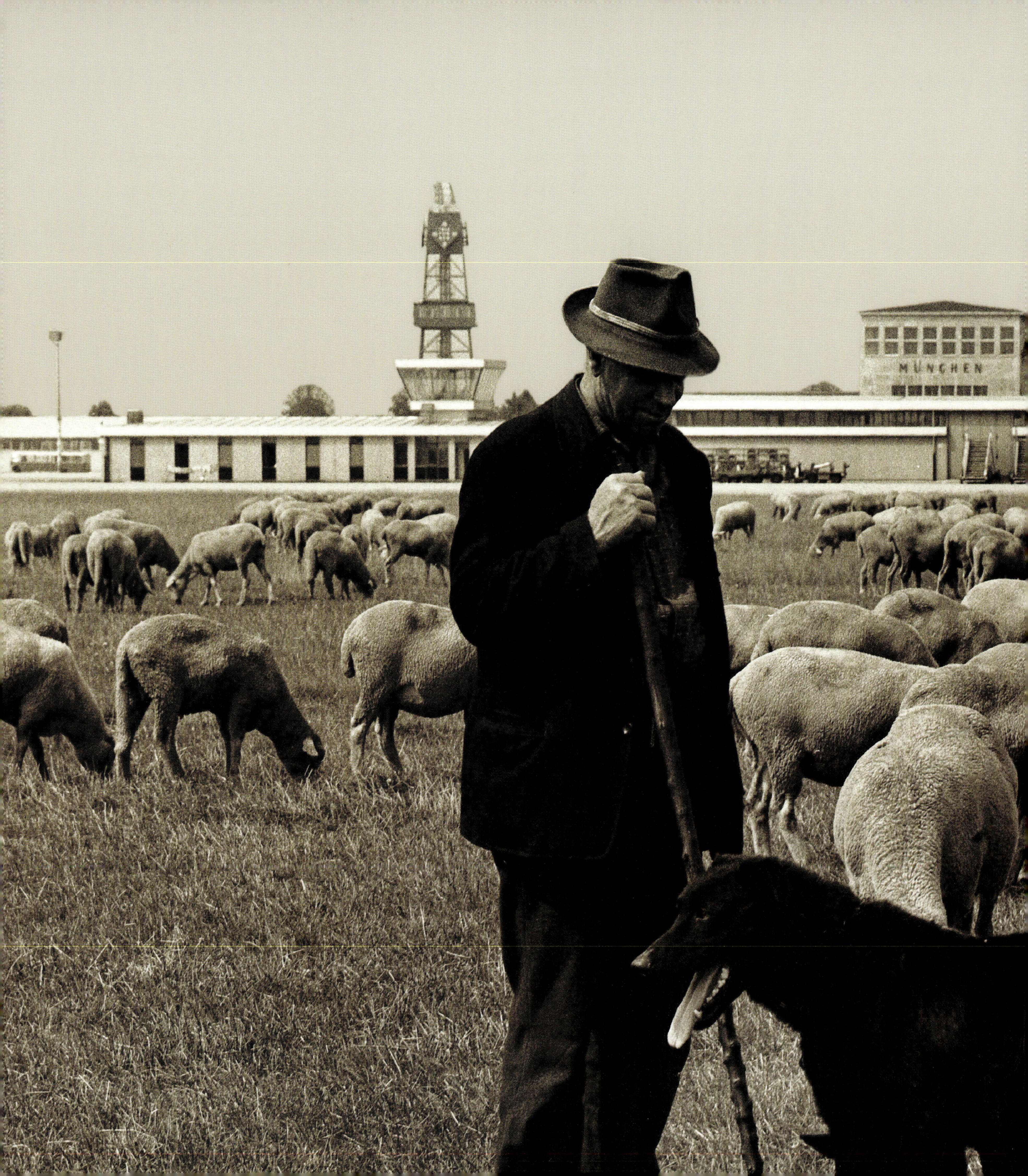
MÜNCHEN

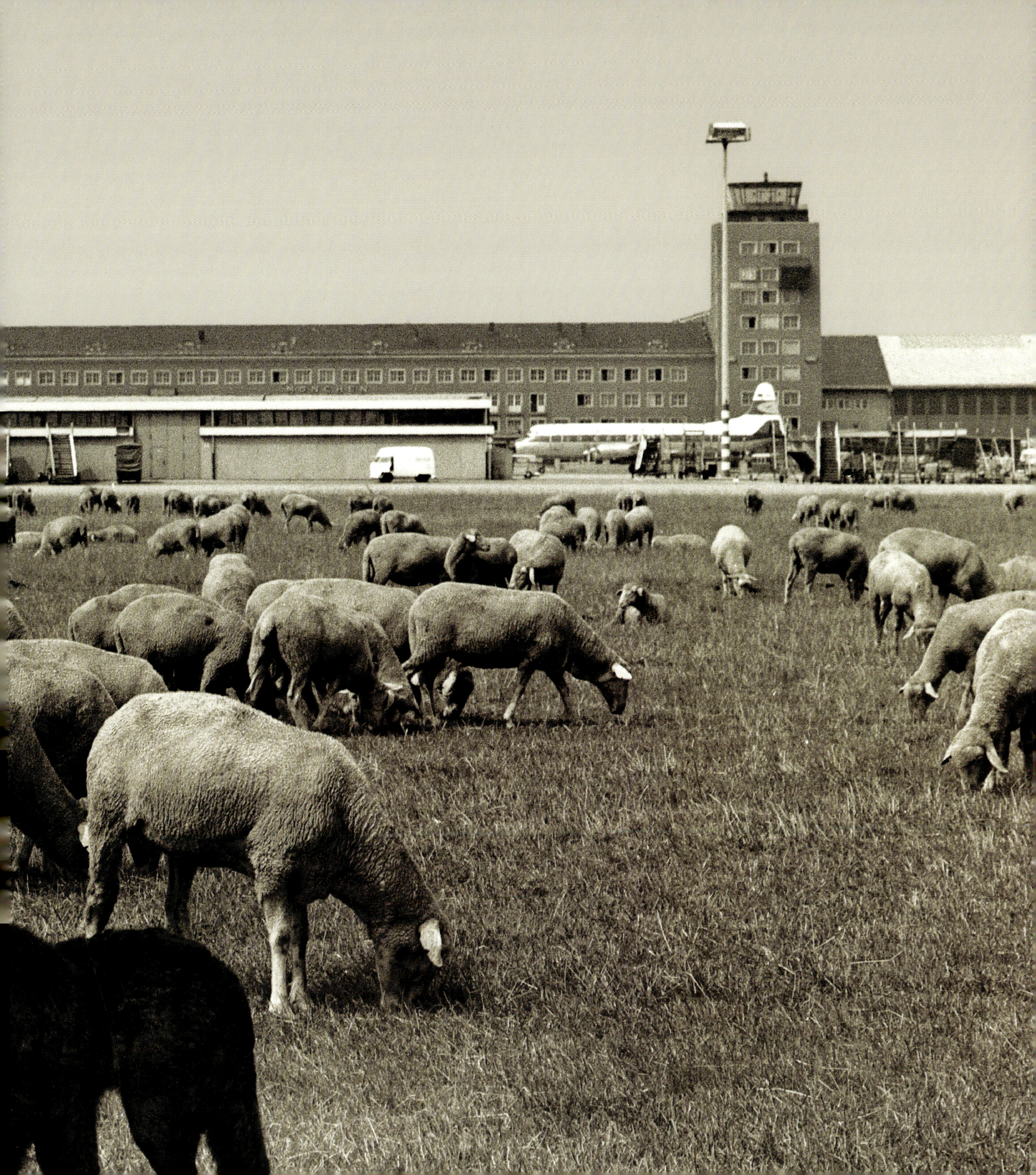

1 Eine Convair der 1953 gegründeten Südflug GmbH, die später in der Chartergesellschaft »Condor« aufgeht.

2 Im Inlandsverkehr hat die LUFTHANSA inzwischen das »Gate-Check-In-Verfahren« eingeführt. Fluggäste, die nur mit Handgepäck reisen, können direkt am Gate einchecken.

3 Bereits Anfang 1960 wurde die Gepäckausgabe bei der Einreise aus dem Ausland auf »Selbstbedienung« umgestellt. Die neue Ankunftshalle mit jeweils drei Gepäckbändern für den Inlands- und Auslandsverkehr, die im Dezember 1966 in Betrieb genommen wird, ermöglicht allen Flugreisenden den direkten »Zugriff« auf ihre Koffer.

4 Blickkontakt zu den Boeings halten die Besucher auf dem Balkon und im Biergarten.

Doch in den Reihen der FMG schwindet der Glaube an eine so schnelle Realisierung des neuen Flughafens. Gegenüber der *Abendzeitung* erklärt Graf Castell am 10. November 1966: »Bestenfalls könnte 1980 mit der Fertigstellung dieses interkontinentalen Verkehrsflughafens gerechnet werden. Spätestens zehn Jahre vorher müssen wir aber damit rechnen, daß Riem den dann anfallenden Luftverkehr nicht mehr bewältigt. Bis dahin muß München – um als Wirtschaftszentrum und Weltstadt bestehen zu können, zumindest eine interkontinentale Landebahn fertiggestellt haben.«

Im Bereich der Passagierabfertigung können 1966 einige Verbesserungen auf dem Riemer Flughafen erzielt werden. So wird im Zuge der Erweiterung der Abfertigungsanlagen am 20. Dezember eine neue Gepäckausgabehalle mit einer Fläche von 885 Quadratmetern in Betrieb genommen. Den aus dem Inland und Ausland zurückkehrenden Passagieren stehen hier jeweils drei Gepäckausgabebänder mit einer Länge von 15 Metern zur Verfügung. Für diese und alle weiteren Ausbauschritte zur Erhöhung der Kapazität – wie die im Februar 1967 abgeschlossene Erweiterung des Ausländerwarteraums – gilt der im Jahresbericht der FMG für das Jahr 1966 formulierte Vorbehalt: »Bis zur Entscheidung über die Verlegung des Flughafens und über deren Zeitpunkt werden nur Maßnahmen durchgeführt, die zur Aufrechterhaltung des Flugbetriebs und der Sicherheit in der Gegenwart und in der nahen Zukunft notwendig sind.«

Unterdessen formieren sich die von der Standortwahl betroffenen Gemeinden im Hofoldinger Forst abermals zum Protest. Die Schutzgemeinschaft Hofoldinger Forst, die im April 1967 bereits 41 Gemeinden aus drei Landkreisen vertritt, artikuliert auf etlichen Veranstaltungen ihren Widerstand gegen den neuen Flughafen und findet bei den Medien viel Unterstützung. Aber nicht nur am potentiellen zukünftigen Flughafenstandort, sondern auch im Umfeld des Riemer Flughafens wächst der Unmut der Bevölkerung. Längst ist die Lärmbelastung, die in den letzten Jahren mit dem Verkehrsaufkommen erheblich zugenommen hat, zum Thema Nummer eins bei den Bürgerversammlungen und Bezirksausschußsitzungen der Stadtteile Trudering, Berg am Laim und Ramersdorf-Perlach geworden.

Die Grundsteinlegung für die »Entlastungsstadt« Perlach, die am 12. Mai 1967 gefeiert wird, liefert noch einmal zusätzliche Argumente für eine baldige Verlegung des Flughafens. In einer Bauzeit von sieben bis zehn Jahren sollen in der neuen Trabantenstadt 20 000 Wohnungen für 80 000 Menschen sowie Supermärkte, Kaufhäuser, Kinos, Hotels, Sportanlagen, Krankenhäuser, Schulen und Kindergärten entstehen. Die Freude über dieses »derzeit größte Wohnungsbauprojekt Europas« *(Süddeutsche Zeitung)* wird jedoch schon in der Bauphase von der Gewißheit getrübt, daß die Nachbarschaft der neuen Siedlung zu dem alten Flughafen eine erhebliche Lärmbelastung zur Folge haben wird.

Während das laufende Raumordnungsverfahren für den Hofoldinger Forst immer mehr Gegner mobilisiert, kommen im Sommer 1967 auch wieder neue beziehungsweise altbekannte Standortvarianten für den künftigen Flughafen ins öffentliche Gespräch. Ein abermaliger Münchner Vorstoß beim Bonner Verteidigungsministerium mit dem Ziel, eine Freigabe des militärischen Flugplatzes Fürstenfeldbruck zu erwirken, um entweder hier oder am Standort Sulzemoos einen Verkehrsflughafen zu errichten, verursacht zwar beträchtliche Aufregung im Fürstenfeldbrucker und Dachauer Raum, wird aber von der Hardthöhe zurückgewiesen. Mehr Entgegenkommen signalisiert man dem bayerischen Ministerpräsidenten Alfons Goppel jedoch im Fall des Fliegerhorstes Erding. Hier könne – so die Auskunft des Ministeriums – der Flugbetrieb wesentlich eingeschränkt beziehungsweise der Platz sogar gänzlich aufgegeben werden, sofern sich der Standort Erding-Hallbergmoos in einem Raumordnungsverfahren als geeigneter Platz für den künftigen internationalen Flughafen München erweise. Am 11. Oktober 1967 dehnt das bayerische Staatsministerium für Wirtschaft und Verkehr das Raumordnungsverfahren deshalb auf den Standort Erding-Nord aus und führt zur Begründung neben der jetzt »in greifbare Nähe« gerückten Stillegung des Erdinger Militärflugplatzes auch eine Neubewertung der Wetterverhältnisse in dieser Region an.

Veranlaßt wurde diese Neubewertung durch den bayerischen Landtagspräsidenten und entschiedenen Gegner des Standortes Hofolding, Rudolf Hanauer. In einem vorausgegangenen Gut-

1 Während die Anrainer des Riemer Flughafens auf eine schnelle Verlagerung des Flugbetriebs drängen, ...

2 ... formiert sich an den dafür in Frage kommenden neuen Flughafenstandorten ebenfalls frühzeitig massiver Protest.

1

achten des Deutschen Wetterdienstes war prognostiziert worden, daß der Flugbetrieb im Erdinger Moos an 60 Prozent mehr Tagen wegen Nebels eingestellt werden müßte als in München-Riem. Dagegen heißt es jetzt: »Zusammenfassend kann gesagt werden, daß das Flugklima in Erding-Nord zwar nicht günstiger, aber keinesfalls in gravierender Weise ungünstiger ist als in München-Riem.« Die *Süddeutsche Zeitung* schreibt dazu am 13. Oktober 1967: »Landtagspräsident Hanauer hat, wie er auf Anfrage erklärt, das Gutachten des Wetterdienstes ›Personen zuleiten lassen, von denen ich annahm, sie verstehen etwas davon‹. Hanauer schickte die ›Kommentierung, Glossierung, Richtigstellung des Gutachtens vom Wetterdienst‹, die er daraufhin erhalten habe, an Regierungsdirektor Baumgärtner im Wirtschaftsministerium. In der Landesplanungsstelle wird diese Darstellung jetzt als ›neues und positiveres Wettergutachten‹ geführt.«

Der Protest der potentiellen Flughafenanrainer, der sich bisher an jedem in Betracht kommenden Standort schnell formierte, läßt auch im Erdinger Moos nicht lange auf sich warten. Noch im Dezember 1967 wird die »Schutzgemeinschaft Erdinger Moos und Umgebung« unter Vorsitz des Oberdinger Bürgermeisters Franz Schweiger ins Leben gerufen. Am 22. März 1968 werden auf einer Großkundgebung der Flughafengegner bereits 5000 Teilnehmer gezählt. Massiver Widerstand regt sich zur gleichen Zeit aber auch rund um den alten Münchner Flughafen. Nur fünf Tage nach den Protesten auf dem Freisinger Marienplatz kommt es auf dem Riemer Flughafengelände zu einer Kundgebung von etwa 1000 Anwohnern aus den östlichen Stadtgebieten und den angrenzenden Gemeinden. Der Unmut der Demonstranten gilt dem Aufsichtsrat der Flughafen München-Riem GmbH, der zu dieser Stunde am Flughafen zusammengekommen ist, um »die Aufrechterhaltung der technischen Einsatzbereitschaft des Flughafens München-Riem in den kommenden Jahren« zu erörtern.

Diese technische Einsatzbereitschaft wird vor allem durch den Zustand der 19 Jahre alten Start- und Landebahn beeinträchtigt. Daß die mit einer Vielzahl provisorisch »geflickter« Schadstellen versehene Runway saniert werden muß, ist unstrittig. Da für eine solche Bahnerneuerung aber der Flugbetrieb mehrere Wochen ruhen müßte, diskutiert der Aufsichtsrat auch über die Möglichkeit, vor der Sanierung eine Ersatzbahn zu errichten. Erörtert wird ferner die Frage, ob und in welcher Größenordnung die Runway im Zuge der Sanierung verlängert werden soll. Die gegenwärtige Länge von nur 2600 Metern schränkt die Einsatzmöglichkeiten der im Fernreiseverkehr operierenden großen Maschinen erheblich ein.

Der Aufsichtsrat, der vor Beginn seiner Sitzung eine Protestresolution der »Aktionsgemeinschaft gegen den Flughafen München-Riem« entgegennimmt, beschließt, daß vor einer endgültigen Entscheidung über die künftige Runway noch weitere Gutachten über den Zeit- und Kostenaufwand der Sanierung eingeholt werden sollen. Die Entscheidung fällt dann auf der folgenden Sitzung am 20. September 1968. Einstimmig beschließt der Aufsichtsrat der Flughafen München-Riem GmbH eine dreiwöchige totale Sperrung des Riemer Airports im August des kommenden Jahres. Nur noch Baumaschinen sollen für die Dauer der Sanierungsmaßnahme eine »Startfreigabe« bekommen. Eine Mehrheit der Aufsichtsräte billigt auch den zusätzlichen Antrag der FMG, die Startbahn im Zuge der Bauarbeiten um 204 Meter nach Osten zu verlängern. Die Stadt München schließt sich diesem Votum im November nach einer entsprechenden Entscheidung des Stadtrats an.

Die Hoffnung, den Münchner Luftverkehr im Olympiajahr 1972 auf einem neuen Flughafen abwickeln zu können, hat sich in-

1

zwischen weitgehend verflüchtigt. »Selbst vom Olympiaturm aus«, so die *Abendzeitung* am 24. Oktober 1968, »vermögen die Münchner noch nirgends auch nur die Umrisse eines künftigen Großflughafens zu erkennen.« Zwei Wochen später fällt allerdings eine Vorentscheidung über den Standort dieses Flughafens. Als erste Planungsinstanz spricht sich die Regierung von Oberbayern am 6. November 1968 nach Abschluß beider in diesem Zusammenhang durchgeführten Raumordnungsverfahren für den Standort Erding-Nord und gegen den Standort Hofoldinger Forst aus. »Die endgültige Entscheidung über den Standort, bei der das Votum der Bezirksregierung ausschlaggebend sein dürfte, wird nun zunächst das Wirtschaftsministerium und dann die bayerische Staatsregierung zu treffen haben«, schreibt die *Süddeutsche Zeitung* am 13. November 1968. Ausschlaggebend für die Empfehlung der Regierung von Oberbayern war ein Beschluß der Bezirksplanungsgemeinschaft. Dieses der Bezirksplanungsstelle zugeordnete Gremium, in dem unter anderem die Stadt München, die Gewerkschaften, die Industrie- und Handelskammer, die Flughafen-Riem GmbH, die Kirchen und der Bauernverband vertreten sind, hatte sich bei nur einer Gegenstimme – der des Bauernverbands – für »Erding-Nord« ausgesprochen.

Die Flughafengegner im Erdinger Moos reagieren mit massiven Protesten auf das Votum der Bezirksregierung. Am 18. November blockieren Demonstranten für über vier Stunden mit Traktoren, Lastwagen und Autos die Staatsstraße 2083 an der Landkreisgrenze zwischen Erding und Freising. Drei Wochen später legen etwa 500 Moosbauern mit 150 Fahrzeugen drei Stunden lang die Erdinger Innenstadt lahm. Mit einem leichten Anklang von Frontberichterstattung schreibt die *Abendzeitung* am 13. Dezember 1968 unter der Überschrift »Erding von Bauern überfallen«: »Der Krieg der Erdinger Bauern, die den Großflughafen lieber im Hofoldinger Forst hätten, hat ein neues Stadium erreicht. ›Den zweiten Grad‹, sagt Landwirt Josef B. vom hohen Traktor herunter. ›Denn bisher haben wir nur protestiert, jetzt wird demonstriert und was dann noch kommt, ist geheim.‹«

Die FMG vollzieht unterdessen – zumindest in ihrem Firmennamen – bereits einen ersten Abschied von Riem: Auf Beschluß

»WEG MIT DEN PISTEN«
APRIL 1968

Vor dem Hintergrund der anhaltenden öffentlichen Diskussion über einen künftigen Flughafenstandort überrascht die Münchner *Abendzeitung* ihre Leser im Frühjahr 1968 mit einem radikalen Vorstoß: »Die Zeit drängt, und die Vernunft fordert ein offenes Wort. Nach langem Ringen hat sich die *AZ* zu folgender Meinung durchgerungen: München braucht keinen Großflughafen, auch das einpistige Riem scheint uns in hohem Maße überflüssig. Deswegen sind wir ab sofort gegen jeglichen Flughafen. Weg mit den Pisten! heißt die Parole.« Die Leser werden im selben Artikel aufgefordert, sich der *AZ*-Kampagne gegen jeglichen Flughafen im oberbayerischen Raum anzuschließen und den nebenstehenden Coupon mit dem Aufdruck »Großflughafen NEIN« auszuschneiden und an die Redaktion zu schicken. Die Erklärung für die plötzliche Kurskorrektur des Blattes liefert das Erscheinungsdatum, der 1. April. Am folgenden Tag bekennt sich die *AZ* denn auch zu ihrem Aprilscherz: »*AZ*-Leser, die schon die Schere ergriffen haben, um ihr NEIN auszuschneiden und abzuschicken, bitten wir um Verständnis: Sagen Sie bitte mit uns JA zum Großflughafen.« Daß dennoch insgesamt 721 ausgeschnittene Coupons von Anhängern eines flughafenfreien Oberbayerns bei der *AZ* eingehen, berichtet das Blatt am 5. April und schließt mit den Worten: »Die *Abendzeitung* indes bleibt dabei: nur am 1. April sind wir gegen den Fortschritt – und einen Großflughafen.«

1 Luftfracht aus dem Nahen Osten bei der Ankunft in München-Riem. Mit der Maschine der EL AL kommen frische Schnittblumen aus Israel in die bayerische Landeshauptstadt.

2 Betankung einer LUFTHANSA-Maschine auf dem Riemer Flughafen.

3 Verkehrsflugzeuge mit drei unterschiedlichen Antriebstechnologien treffen hier auf dem Riemer Vorfeld zusammen. Die beiden Convair-Metropolitan der SWISSAIR im Vordergrund fliegen noch mit Kolbenmotoren, die Vickers Viscount der AUSTRIAN AIRLINES verfügt bereits über turbinengetriebene Propeller, und die beiden Boeing 727 von LUFTHANSA und PAN AM im Hintergrund gehören zu den modernen strahlgetriebenen Jets.

1 Das Aufgebot rund um die BAC-1-11 der BRITISH EUROPEAN AIRWAYS illustriert die verschiedenen Aktivitäten, die dem nächsten Start der Maschine vorausgehen: vom Catering über Betankung, Gepäck- und Frachtabfertigung bis zum Passagiertransport.

2 Nächtliches Abfertigungsgeschehen auf dem Riemer Vorfeld: Im Hintergrund ist das Leitwerk einer Boeing 707 zu erkennen, das in der Wartungshalle des Riemer Flughafens keinen Platz mehr findet. Die Szene dokumentiert eindrucksvoll die Raumnot des Riemer Flughafens.

der Gesellschafterversammlung vom 17. Dezember 1968 wird die Flughafen München-Riem GmbH mit Wirkung vom 1. Januar 1969 in Flughafen München GmbH umbenannt. Auch der Unternehmenszweck wird in der geänderten Fassung des Gesellschaftervertrags neu definiert: »Gegenstand des Unternehmens sind Anlegung, Ausbau, Unterhaltung und Betrieb des Verkehrsflughafens München-Riem sowie Planung, Errichtung, Ausbau, Unterhaltung und Betrieb des Flughafens München II.«

Das Fluggastaufkommen in München liegt 1968 bei rund 2,7 Millionen. Damit haben sich die Passagierzahlen seit dem Jahr 1963, in dem die Oechsle-Kommission mit der Standortsuche begann, bereits verdoppelt. 1969 setzt sich die steile Wachstumsentwicklung mit verschärfter Geschwindigkeit fort. Die Zahl der Fluggäste nimmt im ersten Quartal des neuen Jahres um 22 Prozent zu, das Luftfrachtaufkommen steigt sogar um 38 Prozent. »Jeder Flughafendirektor«, so zitiert die Münchner *Abendzeitung* am 23. April 1969 den FMG-Geschäftsführer Graf Castell, »müßte darüber vor Freude an die Decke springen, bei uns ist es genau umgekehrt.«

Nach Graf Castells Einschätzung werden sich die Passagiere in München im Olympiajahr 1972 am Riemer Flughafen – so die *Abendzeitung* – »gegenseitig auf die Füße treten, sie müssen stundenlang auf die Abfertigung warten und werden am Zoll Schlange stehen wie nach dem Krieg vor den Lebensmittelgeschäften.« Der Münchner Flughafen sei »auf dem besten Weg, ein Primitivflughafen ersten Ranges zu werden«. Pläne für den dringend gebotenen Ausbau der Abfertigungseinrichtungen liegen zwar längst auf dem Tisch, an eine Umsetzung ist aber noch nicht zu denken. Die *Abendzeitung*: »Mit Blick auf einen künftigen Großflughafen wurden alle baulichen Maßnahmen in Riem gestoppt, auf diesen Großflughafen aber werden die Münchner mindestens noch zehn Jahre warten müssen.«

Sorgen bereiten dem langjährigen Riemer Flughafenchef auch die neuen Großraumflugzeuge vom Typ Boeing 747. Erste Erprobungsflüge mit diesem Fluggerät, das als Jumbo-Jet bald Luftfahrtgeschichte schreiben wird, wurden im Februar in den Vereinigten Staaten durchgeführt. Die über 300 Tonnen schweren Fluggeräte sollen bis zu 490 Fluggäste befördern. Auf einen derart konzentrierten Ansturm der Passagiere aber ist der Riemer Airport in keiner Weise eingerichtet.

Im Sommer 1969 steht indessen weniger die Luftfahrt als die Raumfahrt im Blickpunkt der Weltöffentlichkeit. Um 3.56 Uhr mitteleuropäischer Zeit betritt der Astronaut Neil Armstrong am 21. Juli als erster Mensch den Mond. Drei Tage später endet die spektakuläre Mondexpedition der »Apollo XI« mit der erfolgreichen Wasserung am vorberechneten Landeplatz im Pazifik.

Ein Echo auf den Mondflug der »Apollo XI« ist auch im Erdinger Moos zu vernehmen. Bei einer großen Protestkundgebung in Pulling erklärt ein Landwirt aus dem Schwaigermoos am 20. Juli: »Wenn der Flughafen nach Hallbergmoos kommt, dann müssen die Politiker auf den Mond geschossen werden. Auf dem Weg dorthin soll es aber die Rakete zerreißen. Denn sonst unterlaufen ihnen auf dem Mond die gleichen Fehlplanungen.«

Auslöser für die schärfer werdenden Töne im Erdinger Moos sind Pressemeldungen, nach denen der bayerische Wirtschaftsminister Otto Schedl dem Ministerrat die Empfehlung unterbreiten werde, den neuen Flughafen am Standort Erding-Nord zu bauen. Tatsächlich liegt ein entsprechendes Votum des Wirtschaftsministers zwei Wochen später auf dem Kabinettstisch.

Am 5. August 1969 tritt der bayerische Ministerrat zu seiner letzten Sitzung vor der Sommerpause zusammen. Auf dieser Sitzung wird die jahrzehntelange Kontroverse über den Standort des künftigen Münchner Flughafens mit einer eindeutigen Standortentscheidung endgültig beendet. Wörtlich heißt es im Beschluß des Ministerrats: »Die Staatsregierung nimmt von dem vom Minister für Wirtschaft und Verkehr vorgetragenem Ergebnis der Standortuntersuchungen, in dem die Errichtung des Verkehrsflughafens München II am Standort Erding-Nord vorgeschlagen wird, zustimmend Kenntnis. Die zuständigen Ministerien werden beauftragt, unverzüglich alle für die Errichtung des Verkehrsflughafens München II an dem Standort Erding-Nord erforderlichen Maßnahmen zu treffen und die gesetzlich vorgeschriebenen Verwaltungsverfahren vorzubereiten.«

Zur Begründung der Standortwahl führt der bayerische Ministerpräsident Alfons Goppel gegenüber der Presse aus, daß die standortabhängigen Kosten im Falle Hofolding um rund 314 Millionen DM höher wären als in Erding-Nord. Außerdem hätten Gesichtspunkte der Landesplanung eindeutig für den Standort Erding-Nord gesprochen. An der Finanzierung des Großprojekts soll sich neben dem Freistaat Bayern und der Landeshauptstadt München auch der Bund beteiligen.

1963

31.1.1963 Die 200 000. Wohnung, die nach dem Krieg in München wiederaufgebaut wurde, kann übergeben werden.

8.3.1963 Gründung der Kommission »Standort Großflughafen München«, die unter dem Vorsitz von Richard Oechsle 20 potentielle Areale für einen neuen Airport überprüft.

8.8.1963 Bei einem minuziös geplanten Überfall auf den Postzug Glasgow–London erbeuten britische Posträuber 2,5 Millionen Pfund, das sind rund 28,5 Millionen DM.

24.8.1963 Erster Spieltag in der neu gegründeten Fußball-Bundesliga. Nach einem 4:1-Erfolg in Karlsruhe setzt sich der MSV Duisburg als erster Tabellenführer an die Spitze der neuen Liga.

11.10.1963 Bundeskanzler Konrad Adenauer reicht seinen Rücktritt beim Bundespräsidenten Heinrich Lübke ein, der am 15.10. formell bestätigt wird.

16.10.1963 Ludwig Erhard, der Vater des Wirtschaftswunders, wird vom Deutschen Bundestag als Konrad Adenauers Nachfolger zum neuen Bundeskanzler gewählt.

19.10.1963 Beim Tag der offenen Tür werden auf dem Riemer Flughafen 12 000 Besucher gezählt, von denen 1800 an Rundflügen teilnehmen.

21.11.1963 Mit einem Festakt und mit Richard Strauss' Oper *Der Rosenkavalier* wird in München das wiedererbaute Nationaltheater eröffnet.

22.11.1963 John F. Kennedy, Präsident der Vereinigten Staaten, wird im texanischen Dallas Opfer eines Mordanschlags. Der mutmaßliche Täter, Lee Harvey Oswald, wird zwei Tage später bei seiner Überführung in ein Gefängnis ebenfalls erschossen.

1964

25.2.1964 Der Boxer Cassius Clay, der sich später Muhammad Ali nennt, wird durch K.o.-Sieg über Sonny Liston in Miami Beach zum neuen Weltmeister im Schwergewicht.

15.4.1964 Die DEUTSCHE LUFTHANSA stellt am Flughafen München-Riem ihre erste Boeing 727 vor.

28.8.1964 Das umstrittene Hertie-Hochhaus an der Münchner Leopoldstraße wird eröffnet.

26.10.1964 Die sogenannte Oechsle-Kommission übergibt ihren Abschlußbericht, in dem drei für die Ansiedlung eines Flughafens in Frage kommende Standorte vorgeschlagen werden.

1965

1.1.1965 Die Flughafen München-Riem GmbH wird Mitglied des Airport Operators Council International, des internationalen Dachverbands der Flughafenbetreiber.

1.2.1965 In München wird der Grundstein für die erste neue städtische U-Bahn der Nachkriegszeit in der Bundesrepublik Deutschland gelegt. Auf der Nord-Süd-Linie soll die Bahn später zwischen Freimann und Sendling verkehren.

18.3.1965 Als erster Mensch der Welt schwebt der russische Kosmonaut Alexei Leonow zehn Minuten lang im All.

21.5.1965 Im Rahmen eines mehrtägigen Staatsbesuchs kommt die britische Königin Elisabeth II. – auf dem Landweg – nach München. Zehntausende säumen die Straßen und bereiten der Queen einen begeisterten Empfang.

14.9.1965 Ein nachgebauter Avro-Dreidecker aus der Frühzeit der Luftfahrt startet in Riem zum Etappenflug nach Paris. Anlaß für das Gastspiel des nostalgischen Flugzeugs ist die für denselben Tag angesetzte deutsche Erstaufführung des Films *Die tollkühnen Männer in ihren fliegenden Kisten*, in dem der Oldtimer eine tragende Rolle spielt.

25.10.1965 Die neue Düsenflugzeughalle am Münchner Flughafen wird ihrer Bestimmung übergeben.

1966

13.3.1966 Bei den Münchner Kommunalwahlen wird Hans-Jochen Vogel mit 78 Prozent der Stimmen als Oberbürgermeister bestätigt.

26.4.1966 Auf seiner Sitzung in Rom vergibt das Internationale Olympische Komitee die Olympischen Sommerspiele 1972 nach München.

28.5.1966 Der TSV 1860 München wird Deutscher Fußballmeister. Eine Woche später gewinnt der FC Bayern München den DFB-Pokal.

28.7.1966 Der Arbeitskreis Flughafen München spricht die Empfehlung aus, den neuen Münchner Flughafen im Hofoldinger Forst anzulegen.

30.7.1966 Mit einem 4:2-Sieg gegen die Auswahl des Deutschen Fußballbundes wird der Gastgeber England erstmals Fußballweltmeister. Die Anerkennung des dritten Tors der Briten, das der Stürmer Geoffrey Hurst erzielt, ist bis heute die meistdiskutierte Schiedsrichterentscheidung der Fußballgeschichte. Nach einhelliger Überzeugung aller deutschen Fans hat der Ball nie die Torlinie überschritten.

29.8.1966 Letzter gemeinsamer Auftritt der Beatles bei einem Konzert in San Francisco.

18.10.1966 Der Bayerische Ministerrat leitet das Raumordnungsverfahren für den neuen Flughafen am Standort Hofoldinger Forst ein.

30.11.1966 Bundeskanzler Ludwig Erhard tritt zurück.

1.12.1966 Kurt Georg Kiesinger wird als neuer Bundeskanzler und Regierungschef einer großen Koalition aus CDU und SPD vereidigt.

20.12.1966 Inbetriebnahme einer neuen Gepäckausgabehalle auf dem Riemer Flughafen.

31.12.1966 Mit einem Fluggastaufkommen von 2,009 Millionen überschreitet der Riemer Flughafen 1966 erstmals die Zwei-Millionen-Grenze.

1967

8.1.1967 Die irische AIR LINGUS eröffnet einen neuen Liniendienst von München nach Dublin.

31.5.1967 Der FC Bayern München gewinnt in Nürnberg durch einen 1:0-Erfolg nach Verlängerung gegen Glasgow Rangers den Europapokal der Pokalsieger.

2.6.1967 Beim Besuch des Schahs Resa Pahlewi in Berlin kommt es zu schweren Auseinandersetzungen zwischen der Polizei und den Demonstranten. 60 Personen werden verletzt, der Student Benno Ohnesorg wird von einem Kriminalbeamten erschossen. Die Berliner Ereignisse lösen eine Welle von Protestaktionen in allen deutschen Universitätsstädten aus.

25.8.1967 ARD und ZDF beginnen anläßlich der Eröffnung der Berliner Funkausstellung mit der regelmäßigen Ausstrahlung eines Farbfernsehprogramms.

3.9.1967 Schweden stellt den Straßenverkehr um. Statt Linksverkehr gilt ab sofort der Rechtsverkehr.

11.10.1967 Das Raumordnungsverfahren für den neuen Flughafen wird auf den Standort Erding-Nord ausgedehnt.

3.12.1967 Der Herzchirurg Christiaan Barnard transplantiert im Groote-Schur-Hospital in Kapstadt erstmals ein Herz. Obwohl die Transplantation gelingt und der Empfänger der Organspende sich zunächst schnell zu erholen scheint, stirbt der 55jährige Südafrikaner Louis Washkansky 18 Tage später an den Folgen einer Lungenentzündung.

10. 2. 1968 Als erste Luftverkehrsgesellschaft der Welt setzt die DEUTSCHE LUFTHANSA ein neues zweistrahliges Fluggerät aus dem Hause Boeing ein. Die Boeing 737 ist vom ersten Tag an auch in München-Riem Stammgast.

11. 4. 1968 Rudi Dutschke, Führer des Sozialistischen Deutschen Studentenbundes und Vordenker der sogenannten Außerparlamentarischen Opposition (APO), wird bei einem Revolverattentat auf dem Berliner Kurfürstendamm von einem 23jährigen Berliner Anstreicher schwer verletzt.

6. 6. 1968 Senator Robert Kennedy, Bruder des 1963 ermordeten Präsidenten John F. Kennedy und aussichtsreicher Kandidat für das amerikanische Präsidentenamt, stirbt an den Folgen der Schußverletzungen, die ihm bei einem Attentat in Los Angeles am Vortag zugefügt worden waren.

17. 8. 1968 Den Vorbereitungen der Olympischen Sommerspiele muß das alte Flughafengebäude auf dem Oberwiesenfeld weichen. Bei strömendem Regen wird das 76 Meter lange Empfangsgebäude des ersten Münchner Flughafens gesprengt. Nach dem Zweiten Weltkrieg hatten die Sportflieger das Oberwiesenfeld zu ihrem Domizil gemacht. Die letzte Maschine, die hier abhob, war eine zweimotorige Do 27 »Skyservant«, die am 28. 2. 1968 startete.

20. 8. 1968 Blutiges Ende des Prager Frühlings – durch den Einmarsch von Truppen der UdSSR, Polens, Bulgariens, Ungarns und der DDR wird das Experiment der neuen tschechoslowakischen Staatsführung, einen »Sozialismus mit menschlichem Antlitz« zu entwickeln, abrupt beendet.

18. 10. 1968 Der Amerikaner Bob Beamon stellt bei den Olympischen Spielen in Mexiko-City mit 8,90 Meter einen neuen Weitsprungweltrekord auf, der über Jahrzehnte Bestand haben wird. Sein Landsmann Dick Fosbury gewinnt im Hochsprung mit einer neuen Sprungtechnik, bei der die Latte zuerst mit dem Rücken überquert wird, ebenfalls die Goldmedaille.

5. 11. 1968 Richard Nixon wird zum neuen Präsidenten der Vereinigten Staaten gewählt.

17. 12. 1968 Die Gesellschafterversammlung der Flughafen München-Riem GmbH beschließt die Umbenennung des Unternehmens in Flughafen München GmbH. Die Gesellschaft erhält zugleich den Auftrag, den neuen Flughafen München II zu planen und zu bauen.

9. 2. 1969 Das größte Passagierflugzeug der Welt, die Boeing 747, startet in den USA zu einem ersten Versuchsflug.

2. 3. 1969 Jungfernflug des englisch-französischen Überschallflugzeugs Concorde.

5. 3. 1969 Als erster Sozialdemokrat wird Gustav Heinemann in Berlin von der Bundesversammlung zum neuen Bundespräsidenten gewählt.

7. 6. 1969 Bayern München beendet die Bundesligasaison erstmals als Deutscher Meister und legt damit den Grundstein für eine Serie großer Erfolge.

21. 7. 1969 Der amerikanische Astronaut Neil Armstrong betritt um 3.56 Uhr Mitteleuropäischer Zeit als erster Mensch den Mond.

5. 8. 1969 Die bayerische Staatsregierung trifft die endgültige Standortentscheidung für den neuen Münchner Flughafen. Der künftige Flughafen soll am sogenannten Standort Erding-Nord – 29 Kilometer nordöstlich von München – gebaut werden.

11. 8. 1969 Beginn der Baumaßnahmen zur Erneuerung und Verlängerung der Start- und Landebahn des Riemer Flughafens. Für drei Wochen ruht der Flugbetrieb.

14. 8. 1969 Die FMG beantragt die luftrechtliche Genehmigung für den neuen Verkehrsflughafen im Erdinger Moos.

15. 8. 1969 In Woodstock bei New York beginnt ein dreitägiges Popfestival, das insgesamt rund 400 000 Besucher anzieht und als Kultereignis seine Spuren im kollektiven Gedächtnis der Flower-Power-Bewegung hinterläßt.

21. 10. 1969 Willy Brandt wird vom Deutschen Bundestag zum neuen Bundeskanzler gewählt. SPD und FDP hatten sich zuvor auf die Bildung der ersten sozialliberalen Bundesregierung verständigt.

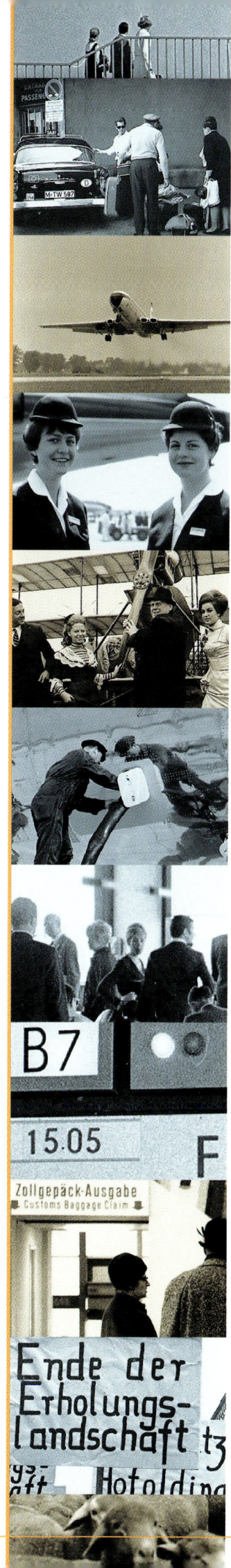

1968   1969

4. KAPITEL

IM SPAGAT
zwischen RIEM und ERDING

IM SPAGAT ZWISCHEN RIEM UND ERDING

Um eine Standortbestimmung geht es in den sechziger Jahren nicht nur im Hinblick auf den Münchner Flughafen. Das Aufbegehren der studentischen Jugend, die zunehmende Kritik an politischen und gesellschaftlichen Verkrustungen, aber auch das Ende des Wirtschaftswunders und die erste große Rezession in der Bundesrepublik tragen dazu bei, daß immer mehr vermeintliche Gewißheiten aus der Adenauer-Zeit in Frage gestellt werden. Es sind die Jahre, in denen die Rockmusik ihren Siegeszug antritt, der Minirock erfunden wird, die Fernsehbilder laufen lernen, die ersten Wohngemeinschaften gegründet werden, die Antibabypille eine sexuelle Revolution einleitet und der »Neue Deutsche Film« seine Anfänge nimmt. Es sind zugleich auch die Jahre einer von den Universitäten ausgehenden Politisierung der Öffentlichkeit, die etwa bei den Protesten gegen die Notstandsgesetze oder den Vietnamkrieg zu spektakulären Massendemonstrationen führt.

In Bonn manifestiert sich der gesellschaftliche Umbruch zunächst in der Bildung der Großen Koalition, die der SPD 1966 zu ihrem Debüt als bundespolitische Regierungspartei verhilft. Mit der Wahl Gustav Heinemanns zum neuen Bundespräsidenten wird im März 1969 erstmals ein Sozialdemokrat mit dem höchsten Staatsamt betraut. Ein halbes Jahr später konstituiert sich die sozialliberale Koalition unter dem neuen Bundeskanzler Willy Brandt. Brandts Anspruch, mehr Demokratie wagen zu wollen, und die unter seiner Führung eingeleitete neue Ostpolitik stehen in unmittelbarem Kontext zu den inneren Veränderungen, die die Bundesrepublik in den sechziger Jahren erfahren hat.

In der bayerischen Landeshauptstadt haben die Umwälzungen der späten sechziger Jahre zudem eine städtebauliche Dimension. Im Zuge der Vorbereitungen auf die Ausrichtung der Olympischen Spiele müssen nicht nur über 60 neue Objekte im Stadtgebiet – darunter das Olympiastadion, die Radrennbahn, das Olympische Dorf, Basketball- und Ringerhalle sowie die Reit- und Schießanlage in Riem – errichtet, sondern auch enorme Baumaßnahmen im Verkehrsbereich durchgeführt werden – darunter U-Bahn und S-Bahn, Teile des Mittleren Rings, Altstadtring und Fußgängerzone. München wird zur größten Baugrube Europas – Kiesberge, Trampelpfade für Fußgänger, Straßensperren und Umleitungen prägen das Bild der Innenstadt. »So rüstet sich München«, hatte der *Spiegel* schon 1966 geschrieben, »unter olympischem Termindruck aus eigener Kraft und mit fremder Hilfe in sechs Jahren ein gigantisches städtebauliches Programm abzuwickeln, das zu vollenden unter normalen Umständen etwa zwei Jahrzehnte dauern würde.«

In den Reigen spektakulärer Münchner Großbaustellen reiht sich im Sommer 1969 auch der Riemer Flughafen ein. Am 11. August 1969, sechs Tage nach der Standortentscheidung für den neuen Münchner Flughafen, wird der Flugbetrieb auf dem Riemer Airport eingestellt. 630 Arbeiter arbeiten in den folgenden drei Wochen im Schichtsystem rund um die Uhr an der Erneuerung und Verlängerung der einzigen Start- und Landebahn. 125 000 Tonnen Beton müssen gemischt und aufgetragen werden. Die 18 bis 24 Zentimeter dicke Schwarzdecke – sie ist zu den Seiten hin leicht abschüssig, damit das Regenwasser ablaufen kann – wird gleichzeitig mit 370 tellergroßen Löchern für die neue Befeuerung versehen. Der *Münchner Merkur* illustriert am 5. August die Dimensionen der Bauarbeiten: »In den 21 Tagen werden innerhalb der Baustelle 1,2 Millionen Liter Heizöl verbraucht. Damit könnte man eine Drei-Zimmer-Wohnung 345 Jahre lang ununterbrochen beheizen. An Benzin verschlingt die Baustelle in derselben Zeit 520 000 Liter. Ein Volkswagen könnte damit 130 mal rund um die Erde fahren.«

Der Münchner Luftverkehr wird in den folgenden drei Wochen über Stuttgart und Nürnberg geführt. Der Bundesverteidigungsminister hat überdies für die Dauer der Sanierungsmaßnahme eine zivile Mitbenutzung des Neubiberger Militärflugplatzes genehmigt, die in erster Linie zur Abwicklung des Charterverkehrs und des Linienverkehrs nach Berlin genutzt wird. Auch Abfertigungsgeräte und Büroeinrichtungen des Riemer Flughafens werden für drei Wochen zu den Ausweichflughäfen gebracht, damit dort das gesteigerte Verkehrsaufkommen bewältigt werden kann. Durch die dreiwöchige Sperrung verliert der Riemer Flughafen 1969 nach Schätzungen der FMG insgesamt rund 150 000 Fluggäste und 1200 Tonnen Luftfracht.

1 Eine Boeing 707 bei der Landung auf dem Riemer Flughafen.

2 Bauarbeiten für das Verbindungsgebäude zwischen der neuen Ankunftshalle und dem Abflugbereich des Riemer Flughafens. Hier entstehen sechs »Warteräume«, die über Fluggastbrücken direkt mit den abgestellten Flugzeugen verbunden sind.

1 Der Hauptbahnhof als Airport-Ersatz: Während der Bauarbeiten für die Bahnverlängerung im August 1969 bleibt der Riemer Flughafen drei Wochen lang geschlossen. Die Fluggäste müssen auf Schienen- und Straßenwege ausweichen.

2 Das neue Teilstück der Riemer Start- und Landebahn sowie der dazugehörige Rollweg (untere Bildhälfte) sind auf dieser Luftaufnahme deutlich zu erkennen.

Obwohl anhaltende Regenfälle den Zeitplan für die Bauarbeiten erheblich durcheinanderwirbeln, kann die erneuerte und verlängerte Start- und Landebahn des Riemer Flughafens am 1. September 1969 planmäßig in Betrieb genommen werden. Der *Münchner Merkur* schreibt am nächsten Tag: »Sechzig Sekunden nach Mitternacht setzte die erste Maschine auf der fast drei Kilometer langen 14-Millionen-Mark-Piste auf. Es war Flugkapitän Loewe, der den ›Holiday-Jet‹ vom Typ BAC 1-11 sicher zu Boden brachte. Flugkapitän Loewe zur Ankunft des Flugs 723 aus Palma de Mallorca: ›Eine phantastisch glatte und weiche Landung ohne die Hoppelei der alten Piste.‹«

Am 14. August 1969, drei Tage nach dem Beginn der Flughafensperrung, stellt die Flughafen München GmbH beim bayerischen Staatsministerium für Wirtschaft und Verkehr den Antrag auf die luftrechtliche »Genehmigung zur Anlegung und zum Betrieb des Flughafens München II«. »Hierfür waren neben dem medizinischen und technischen Lärmgutachten umfangreiche Planungsunterlagen zu erstellen«, heißt es im Jahresbericht der FMG für das Jahr 1969. Schon im Zusammenhang mit der Standortsuche und dem Raumordnungsverfahren hatte die FMG den Behörden zahlreiche Prognosen, Gutachten und andere Unterlagen bereitgestellt.

Zu diesen Vorbereitungen für den neuen Airport gehörte auch die grundsätzliche Entscheidung für ein Start- und Landebahnsystem, deren Zustandekommen der spätere Planungschef des Münchner Flughafens, Manfred Steffen, in einem Jahre später publizierten Aufsatz wie folgt beschreibt: »Am 19. Juni 1968 kamen im Dienstzimmer des damaligen Flughafen-Geschäftsführers Wulf Diether Graf zu Castell ein paar Fachleute zusammen, um – nach einer Serie von Vorbesprechungen – über ein optimales Start- und Landebahnsystem für den neuen Flughafen München am Standort Erding-Nord/Freising zu beraten. Eine Besprechung wie viele andere – und doch anders, weil die Beteiligten wohl die Bedeutung der Stunde spürten. Man einigte sich nach einer letzten kleinen Korrektur der Bahnrichtung auf das Bahnsystem, das anschließend seinen langen, letztlich erfolgreichen Weg durch die Verwaltungsverfahren und auch durch die gerichtlichen Verfahren antrat.«

Mit dem Startbahnsystem – das bereits zwei 4000 Meter lange parallele und gegeneinander versetzte Hauptpisten vorsah – war der äußere Rahmen für den neuen Flughafen vorgegeben. Nach der endgültigen Standortentscheidung gilt es nun, auf dieser Basis ein überzeugendes Grundkonzept für den Gesamtflughafen zu entwickeln. Die Erarbeitung eines solchen Masterplans soll nach dem Willen der Flughafen München GmbH in drei Phasen erfolgen. Der erste Schritt ist die Erstellung eines Geländenutzungs- und Funktionsplans (kurz: GNF-Plan) für die theoretische Endkapazität mit Darstellung der Anlagen und Einrichtungen der ersten Ausbaustufe. Die Systemplanung der Einzelanlagen wie etwa des Passagierterminals oder des Frachtbereichs erfolgt dann in der zweiten Phase in Gestalt eines detaillierten Raum- und Funktionsprogramms. Erst in der dritten Phase ist schließlich die eigentliche Bauplanung der Hochbauten vorgesehen.

Die konkrete Arbeit für den Masterplan beginnt 1970. Nach einer Vorausscheidung beauftragt die FMG am 26. März 1970 sechs flughafenerfahrene Arbeitsgemeinschaften aus deutschen und internationalen Planungsbüros damit, Vorschläge für die Flughafenbebauungszone mit dem Kernstück Terminalbereich zu erarbeiten. Auf diese Weise soll, wie Steffen es formuliert, »ein Konzept gefunden werden, bei dem sich die drei Verkehrsmittel, Flugzeug, Bahn und Automobil, auf möglichst effiziente Weise treffen können. Der geometrische Ort des Zusammentreffens ist der Terminalbereich. Außerdem müssen die Bereiche Fracht und Post, Hangars, Lager und Werkstätten, Verwaltung, Verpflegungsbetriebe, Flugbetriebsstoffversorgung, Wärme-, Kälte- und Stromversorgung, Feuerwehren usw. optimal situiert und einander zugeordnet werden.« Zu den weiteren Zielvorgaben für den GNF-Plan zählen unter anderem die leistungsfähige Verkehrserschließung über Straße und Schiene, kurze Wege und leichte Orientierung für Passagiere, Flexibilität im Hinblick auf künftige Entwicklungen sowie ein hochwertiges Gesamterscheinungsbild im Hinblick auf Städtebau, Architektur und Landschaftsgestaltung. Neun Monate haben die sechs Arbeitsgemeinschaften Zeit, um ein Planungsgutachten zu entwerfen, das den komplexen Anforderungen genügt.

Während sich die FMG mit großem Zeit- und Personalaufwand an der Planung des neuen Flughafens beteiligt, ist sie zugleich auch in Riem immer stärker gefordert. Die Kapazität des Riemer Airports beläuft sich seit den letzten Ausbaumaßnahmen des Jahres 1967 auf drei Millionen Fluggäste. In einer Vorlage an die Mitglieder des Münchner Stadtrats hatte die FMG schon am 30. Juni 1969 nachdrücklich darauf hingewiesen, daß diese Kapazität keinesfalls ausreiche, um das bis zur Inbetriebnahme des neuen Großflughafens zu erwartende Fluggastaufkommen bewältigen zu können: »Bei Beibehaltung des derzeitigen Ausbauzustandes würden im Bereich der Passagierabfertigung am Flughafen München-Riem unträgliche Verhältnisse eintreten, mit der weiteren Folge, daß die Entwicklung des Linien- und Charterverkehrs stagnieren oder sogar rückläufig werden würde.«

Unter besonderem Hinweis auf die bevorstehende Ausrichtung der Olympischen Spiele sowie die bereits 1970 zu erwartenden ersten Großraumflugzeuge vom Typ Boeing 747 mit bis zu 400 Fluggästen appellierte der Flughafenbetreiber deshalb eindringlich

1 Ein glimpfliches Ende nimmt der gescheiterte Startversuch der Comet C 4 der UNITED ARAB AIRLINES am 9. Februar 1970.

an die Stadträte, einer Reihe von Überbrückungsmaßnahmen zur Kapazitätserweiterung im Passagierbereich zuzustimmen.

Im Münchner Stadtrat findet dieser Vorstoß angesichts der ohnehin zu leistenden Investitionen für den neuen Münchner Flughafen erwartungsgemäß keine einhellige Zustimmung. Hinzu kommt, daß insbesondere im Münchner Osten die Befürchtung herrscht, durch solche Erweiterungsmaßnahmen könne die Betriebszeit des Riemer Flughafens über das notwendige Maß hinaus verlängert werden. Dennoch kann sich die Mehrheit des Plenums den gewichtigen Argumenten, die für einen Ausbau der Passagierabfertigung sprechen, letztlich nicht verschließen. Am 19. November 1969 gibt der Münchner Stadtrat deshalb »nach zweistündiger Redeschlacht« *(tz)* grünes Licht für die »Überbrückungsmaßnahmen am Flughafen München-Riem«, mit denen der Airport in die Lage versetzt werden soll, das bis zur Inbetriebnahme eines neuen Großflughafens zu erwartende Verkehrsaufkommen zu bewältigen.

Die vom Stadtrat freigegebene Ausbauplanung verschafft der FMG beste Voraussetzungen für einen guten Start in die siebziger Jahre. Es sind jedoch zwei gänzlich ungeplante Ereignisse, die den Riemer Flughafen zu Beginn des neuen Jahrzehnts in den Blickpunkt der Öffentlichkeit rücken. Der Riemer Rosenmontag vom 9. Februar 1970 verläuft ohne besondere Vorkommnisse, bis gegen 20.00 Uhr eine »Comet C4« der United Arab Airlines zum Start rollt. Die Maschine, die mit 14 Passagieren und neun Besatzungsmitgliedern über Athen nach Kairo fliegen soll, sackt unmittelbar nach dem Start ab und stürzt aus geringer Höhe unweit der ersten Häuser des Münchner Vororts Kirchtrudering auf einen Acker. Die beiden linken Triebwerke geraten in Brand, aber bevor das Feuer auf die Kabine übergreifen kann, ist die Flughafenfeuerwehr zur Stelle, um die Flammen zu löschen und die Insassen der Maschine über Notrutschen zu bergen. »Außerdem machten die Feuerwehrmänner Jagd auf eine Pythonschlange, die zur Fracht gehörte«, berichtet die *Süddeutsche Zeitung* am folgenden Tag. »Man befürchtete, daß das Tier ausgekommen sei. Erst nach einer Weile stellte sich heraus, daß die Besitzerin mit der Schlange im Unfallrettungswagen saß.«

1 Bayerische Milchkühe werden mit dieser Maschine von Riem aus nach Norditalien befördert.

2 Die erste Boeing 747 der LUFT-HANSA trifft am 8. Juli 1970 in Riem ein und wird hier von Gertraud Goppel, der Frau des bayerischen Ministerpräsidenten, auf den Namen »Bayern« getauft.

3 Im Vorfeld der Münchner Sommerspiele von 1972 tragen LUFT-HANSA-Maschinen die olympische Botschaft in die Welt.

Bis auf drei Besatzungsmitglieder, die bei dem Flugzeugabsturz leichte Verletzungen erleiden, bleiben alle Insassen der Comet unversehrt. Als die *Abendzeitung* am Faschingsdienstag, den 10. Februar 1970, unter der Schlagzeile »Das Wunder von Riem« über den Flugzeugabsturz berichtet, bahnt sich am Flughafen indessen bereits ein zweiter Zwischenfall an, der ein nicht so glimpfliches Ende nehmen soll. 16 Stunden nach dem mißglückten Start der Comet C4 landet eine aus Tel Aviv kommende Boeing 707 der israelischen Fluggesellschaft EL AL in Riem, die nach ihrem Zwischenstopp in München nach London weiterfliegen soll. Um 12.50 Uhr werden die im Transitraum wartenden Passagiere – darunter Assaf Dayan, der Sohn des amtierenden israelischen Verteidigungsministers – für den Weiterflug der Maschine nach London aufgerufen. Die ersten Passagiere besteigen einen vor dem Transitraum wartenden Passagierbus. Flugkapitän Uriel Cohan, Dayan und die Schauspielerin Hanna Meron gehören zu den letzten, die den Transitraum verlassen.

Bevor die Gruppe den Ausgang erreicht, baut sich plötzlich ein Araber, der sich ebenfalls im Transitraum befand, vor dem israelischen Piloten auf. Er hantiert mit einem Gegenstand und schreit: »I have bomb. I have gun. You have no chance.« Gleichzeitig wird dem Flugkapitän von einem zweiten Attentäter von hinten eine Pistole in den Rücken gedrückt. Die Terroristen wollen den Kapitän dazu zwingen, mit ihnen zum Flugzeug zu fahren und die Maschine zu starten. Wie sich später herausstellt, planen sie, das Flugzeug zu einem libyschen Flughafen zu entführen, um mit den Passagieren als Geiseln inhaftierte Palästinenser freizupressen.

»Ich drehte mich um«, erinnert sich Cohan später, »packte den Kerl mit der Granate und schob ihn vor den zweiten mit der Pistole, ehe er abdrücken konnte. Wir beide fielen zu Boden. Offenbar verlor der andere die Granate. Dann war Feuer und eine Erschütterung, und ich bin eigentlich erst im Krankenhaus wieder zu mir gekommen.« Einige Fluggäste werfen sich nach der Explosion auf den Boden, andere – wie Dayan – entkommen ins Freie. Als ein dritter Terrorist daraufhin eine Handgranate in den Passagierbus schleudert, versucht der 32jährige Fluggast und Kriegsveteran Arie Katzenstein den Sprengkörper abzufangen und kommt bei der anschließenden Detonation ums Leben. Erst nach einem Schußwechsel mit den herbeigeeilten Polizeibeamten sowie einer weiteren Detonation im Transitraum können die Attentäter überwältigt werden. Die traurige Bilanz des Terroranschlags: ein Todesopfer und 18 zum Teil schwer Verletzte. Die Schauspielerin Hanna Meron, die einst als Filmkind in Fritz Langs Klassiker *M* mit Peter Lorre debütierte und später von den Nazis in die Emigration getrieben wurde, verliert durch den Terroranschlag ein Bein.

Der blutige Faschingsdienstag auf dem Riemer Flughafen markiert eine Zeitenwende in der deutschen Zivilluftfahrt. Bis in die späten sechziger Jahre war der für die Verkehrsflughäfen erforderliche Sicherheitsaufwand in der Bundesrepublik vergleichsweise bescheiden. Am Riemer Flughafen nahm ein im Hauptgebäude stationierter Ein-Mann-Posten der Polizei die wenigen Diebstahlsanzeigen entgegen und begab sich sporadisch auf Streifengang. Fluggäste betraten mit ihrem Handgepäck ohne Visitation das Vorfeld, und stehengelassene Gepäckstücke wurden grundsätzlich als Fundsachen behandelt. Nachdem es 1968 in Beirut und Athen zu ersten Terrorakten gegen israelische Flugzeuge gekommen war, wurden auf dem Riemer Flughafen erstmals »vier uniformierte Beamte der Schutzpolizei und zwei Kriminalbeamte in Zivil als Spezialschutzwache eingesetzt, um Landung, Start und Aufenthalt der Maschinen israelischer und arabischer Fluggesellschaften zu überwachen« (*Abendzeitung* vom 9. Januar 1969). Nach dem Terroranschlag vom 10. Februar werden die Sicherheitsmaßnahmen auf den Flughäfen bundesweit verstärkt. Für Riem bedeutet dies, daß der im Flughafen bislang ausschließlich für den Paßkontrolldienst zuständigen bayerischen Grenzpolizei 40 Beamte und 40 Hostessen des Polizeipräsidiums München zugeordnet werden, um einen umfassenden Sicherheitscheck aller Passagiere und des von ihnen mitgeführten Handgepäcks zu gewährleisten. Passagiere, Flugzeuge, Abfertigungsschalter und Büros der im Nahostverkehr operierenden Fluggesellschaften werden jetzt kontinuierlich polizeilich bewacht. Der Besucherbalkon wird gesperrt und der Zugang zum Vorfeld für unbefugte Personen durch Kontrollen erschwert.

Das weltweite Bemühen von Flughäfen, Fluggesellschaften und Behörden, den Terrorismus im Luftverkehr durch verbesserte Sicherheitsmaßnahmen auszuschalten, bleibt aber zunächst ohne den erhofften Erfolg. Eine ganze Serie von Terrorakten und Flugzeugentführungen führt 1970 zu nachhaltiger Verunsicherung bei Passagieren und Besatzungsmitgliedern. Ihren Höhepunkt erreicht die Luftpiraterie am 6. September 1970, als arabische Terroristen gleich drei Verkehrsmaschinen, die von Frankfurt, Zürich und Amsterdam aus nach New York fliegen sollten, in ihre Gewalt bringen. Nach einem wochenlangen Nervenkrieg gelingt es den Geiselnehmern schließlich, sieben in europäischen Gefängnissen einsitzende Gesinnungsgenossen – darunter die drei Attentäter des Riemer Anschlags freizupressen.

Noch bevor die sieben freigepreßten Terroristen am 1. Oktober 1970 nach Kairo ausgeflogen werden, wird auch der Riemer Flughafen zum Schauplatz einer Flugzeugentführung. Eine zweistrahlige Maschine vom Typ BAC 1-11 der rumänischen Luftverkehrsgesellschaft TAROM, die sich mit 90 Passagieren auf dem Weg von Budapest nach Prag befand, als der Pilot unter Waffengewalt zur Kurskorrektur gezwungen wurde, landet am 14. September gegen 19.00 Uhr auf dem Riemer Flughafen. Es ist die erste, aber es bleibt nicht die einzige Verkehrsmaschine, die nach München entführt wird. Unmittelbar nach der Landung in Riem stellen sich die Geiselnehmer der Polizei. Es handelt sich um vier Ungarn, darunter ein Ehepaar mit zwei kleinen Kindern, die mit der Entführung ihre Flucht in den Westen erzwingen wollten. Während des ungeplanten Aufenthalts auf dem Riemer Flughafen ändert auch noch ein 31jähriger Fluggast aus der DDR seine Reise- und Lebensplanung. Der Ingenieur aus Ost-Berlin nutzt die unverhoffte Gelegenheit, um in der Bundesrepublik zu bleiben.

Nicht von Entführern, sondern aufgrund des dichten Nebels über London war am 29. Januar 1970 eine aus New York kommende Boeing 747 der PAN AMERICAN nach Frankfurt umgeleitet worden. Der außerplanmäßige Flug über den Kanal leitete die erste Landung eines Jumbo-Jets auf deutschem Boden ein. Ein halbes Jahr später beginnt auch in München-Riem das Jumbo-Zeitalter. Am 8. Juli 1970 landet eine Boeing 747 der deutschen LUFTHANSA auf dem Riemer Airport, um hier auf den Namen »Bayern« getauft zu werden. Noch ist der Flughafen nur bedingt »jumbotauglich«, von den drei bestellten Spezialtreppen steht erst eine zur Verfügung. Um dennoch einen bequemen Heckeinstieg zu ermöglichen, werden mit bewährtem Riemer Improvisationsgeschick zwei herkömmliche Fluggasttreppen mittels einer Hebebühne kombiniert.

Ein Schatten der Verunsicherung, die wegen der zahlreichen Terroranschläge auf den Luftverkehr lastet, fällt auch auf diese Premierenfeier. Nur die geladenen 400 Ehrengäste dürfen der Flugzeugtaufe beiwohnen, die durch Gertraud Goppel, die Frau des bayerischen Ministerpräsidenten, vorgenommen wird. Aus Sicherheitsgründen bleibt der Besucherbalkon auch an diesem Tag gesperrt. Dennoch gelingt es vielen Münchnern, einen Blick auf den Riesenvogel zu werfen. »Bei Start und Landung des Jungfernfluges«, berichtet die *Abendzeitung* am nächsten Tag, »bildeten sich lange Autoschlangen an der Riemer Straße. Der Verkehr brach teilweise ganz zusammen.«

3

Das zweite Gastspiel der auf den Namen »Bayern« getauften B 747 in Riem ist zugleich die »Jumbopremiere« im Münchner Liniendienst der LUFTHANSA. Am 1. November 1970 um 12.05 Uhr startet der Jumbo-Jet erstmals auf der neuen täglichen Verbindung von München über Köln-Bonn nach New York. Der Flughafen verfügt inzwischen über die passenden Fluggasttreppen und ist auch sonst gut auf die neuen Anforderungen vorbereitet. Waren bisher sämtliche Gepäckstücke in die Frachträume der Flugzeuge befördert worden, so werden jetzt zum erstenmal Container verladen, die zuvor mit Koffern gefüllt wurden. Neben diesen Containern mußten aber auch neue und entsprechend leistungsstarke Hebebühnen, Schlepper und Transporter zur Be- und Entladung des größten Verkehrsflugzeugs der Welt angeschafft werden. Natürlich müssen sich, wie die *Abendzeitung* berichtet, auch die Mitarbeiter von FMG und LUFTHANSA umstellen: »Dem Bodenpersonal bleibt [...] nach der Landung nicht mehr Zeit als bei kleineren Maschinen. Dementsprechend mußte die Zahl der Flugzeugwarte, die sich nun auf den Jumbo stürzen, von acht auf 22 erhöht werden. Keiner der Warte, die jetzt den Jumbo betreuen, tut dabei einen untrainierten Handgriff. Alle Warte mußten noch einmal auf die Schule und zwölf bis 20 Wochen lang das Innenleben des Ungetüms studieren und acht Prüfungen bestehen.«

Fünf Tage nach dem ersten Riemer Linienflug ihrer Boeing 747 kann die LUFTHANSA am 6. November eine weitere Premiere auf dem Münchner Flughafen feiern. Willi Daume, der Präsident des Olympischen Komitees, und der Münchner Oberbürgermeister Hans-Jochen Vogel enthüllen gemeinsam das neue Olympia-Emblem, das den Rumpf einer Boeing 707 der LUFTHANSA ziert. 70 LUFTHANSA-Maschinen werben in den kommenden Monaten auf 95 Flughäfen in 39 Ländern der Erde für die Spiele in München. Die Enthüllung des ersten Emblems verhilft Vogel gleichzeitig zu einem Wiedersehen mit einer »alten Bekannten«, denn es handelt sich hier um das Flugzeug, das der Münchner Oberbürgermeister zehn Jahre zuvor auf den Namen »München« getauft hatte.

Mit einem Passagieraufkommen von über 3,5 Millionen Fluggästen verbucht der Riemer Airport 1970 einen Zuwachs von 37 Prozent. Die rasante Wachstumsentwicklung unterstreicht noch einmal die

1

Notwendigkeit der Überbrückungsmaßnahmen, die den Flughafen vor einem »Verkehrsinfarkt« bewahren sollen.

Im Februar 1971 stellt die FMG die verschiedenen Bauprojekte – die zum Teil bereits kurz vor der Fertigstellung stehen – auf einer Pressekonferenz der Öffentlichkeit vor. Zur Aufstockung der Abfertigungskapazität werden eine neue Ankunftshalle mit 8200 Quadratmeter Grundfläche und neun Gepäckbändern sowie eine Umschlaghalle für abgehendes Gepäck errichtet. Die Abflugbereiche im Inlands- und Auslandsverkehr werden um insgesamt 2400 Quadratmeter erweitert und bieten damit Platz für jeweils sechs zusätzliche Warteräume. Auch der Check-in-Bereich der Abfertigungshalle wird durch einen Anbau um 1100 Quadratmeter ausgedehnt. Ein weiterer wichtiger Neubau ist ein 288 Meter langes dreistöckiges, vorgelagertes Verbindungsgebäude zwischen der neuen Ankunftshalle und dem Abflugbereich. Mit diesem Gebäude erhält der Riemer Flughafen erstmals sechs sogenannte »Gate-Warteräume«, die über Fluggastbrücken direkt mit den am Gebäude parkenden Maschinen verbunden sind. »Mit diesen Baumaßnahmen ist dann in Riem endgültig Feierabend. Weiter können wir nun nicht mehr ausbauen«, erklärt der FMG-Geschäftsführer Graf Castell anläßlich der Präsentation der Erweiterungsmaßnahmen. Zu diesem Zeitpunkt herrscht allerdings noch die Annahme, daß der neue Flughafen bereits in sechs bis acht Jahren den Betrieb aufnehmen wird.

Bei der Planung dieses neuen Flughafens fällt Ende April 1971 eine wichtige Vorentscheidung. Eine internationale Prüfungskommission, der neben den Vertretern der FMG auch Experten anderer großer Airports sowie Repräsentanten von Luftverkehrsgesellschaften und Behörden angehören, befaßt sich vom 26. bis zum 30. April intensiv mit den Planvorschlägen, die von den sechs Arbeitsgemeinschaften als Entwürfe für das Grundkonzept des neuen Flughafens eingereicht wurden. Nach intensiven Beratungen empfehlen die Sachverständigen drei der eingereichten Gutachten als Grundlage der weiteren Flughafenplanung. Die Arbeitsgemeinschaften »Becker–Kivett & Myers«, »Dorsch–Gerlach–Weidle« sowie die »Projektgemeinschaft für Flughafenplanung« hatten nach Auffassung der Experten jeweils die besten Lösungen zu Teilaspekten des Gesamtkonzepts geliefert. Die Empfehlung der Prüfungskommission lautet deshalb, diese drei Plangutachten zu einem neuen Prototyp des Geländenutzungs- und Funktionsplans zu kombinieren.

Mit dieser Empfehlung verbindet sich die Grundsatzentscheidung für eine lineare Passagierabfertigungsanlage. Die *Süddeutsche Zeitung* schreibt dazu am 3. Mai 1971: »Im Gegensatz zu allen bestehenden Flughafenbauten sollen beim künftigen Großflughafen München II die Passagierabfertigungshallen nicht wie bisher parallel, sondern im rechten Winkel zu den Startbahnlängsachsen gebaut werden. Außerdem sollen alle Flughafengebäude in einem geschlossenen Komplex in der Mitte des künftigen Flughafens zwischen den vier Start- und Landebahnen errichtet werden. Mitten durch die Flughafenbebauungszone wird unterirdisch eine aus Straße und Schiene bestehende Verkehrsachse in Ost-West-Richtung gelegt. Außerdem soll die Flughafenbebauungszone von einem ringförmigen Straßensystem umschlossen werden. Wesentlicher Vorteil dieser Anordnung ist, daß bei bestmöglicher Ausnutzung des zur Verfügung stehenden Geländes der größtmögliche Planungsspielraum für künftige Erweiterungen verbleibt.«

Während das Projekt »München II« vor dem Abschluß seiner ersten Planungsphase steht, nähert sich der Riemer Airport bereits der Vollendung seiner vermeintlich letzten Ausbaustufe. Bereits am 21. April 1971 waren die neue Ankunftshalle und die ebenfalls neu errichtete Gepäckverteilhalle in Betrieb genommen worden. Die bisherige Ankunftshalle wird nun umgebaut und kann vom 24. September an als neue Abflughalle für den Charterverkehr genutzt werden. Auch die Ausbaumaßnahmen im Bereich der Warteräume für den Auslands- und Inlandsverkehr werden im Juni beziehungsweise im November desselben Jahres planmäßig beendet. Am 5. Mai 1972 meldet die *tz*: »München-Riem ist für den Olympiabetrieb startklar.« Am Vortag war die letzte der Überbrückungsmaßnahmen abgeschlossen und das neue Verbindungsgebäude zwischen dem Ankunfts- und dem Abflugbereich in Betrieb genommen worden. Von den sechs hier eingerichteten Warteräumen aus gelangen die Fluggäste jetzt über fahrbare Fluggastbrücken direkt in die Maschinen. Mit einem Kostenaufwand von 36 Millionen DM und in einer Bauzeit von nur zwei Jahren ist es damit dreieinhalb Monate vor Beginn der Olympischen Spiele gelungen, die Kapazität des Riemer Flughafens auf sechs bis sieben Millionen Fluggäste zu erhöhen.

Vier Tage später, am 8. Mai 1972, geht in München die Olympialinie U3 in Betrieb. Bereits am 19. Oktober 1971 war München zur U-Bahn-Stadt geworden, als die erste Strecke vom Goetheplatz bis zum Kieferngarten für den Verkehr freigegeben worden war. Die ersten S-Bahn-Züge kommen am 28. April 1972 zwischen dem Hauptbahnhof und dem Ostbahnhof zum Einsatz. Auch der Bau der olympischen Anlagen und der Ausbau der Ringstraßen werden termingerecht abgeschlossen. Die große Fußgängerzone zwischen dem Marienplatz und dem Karlsplatz wird von Oberbürgermeister Vogel am 30. Juni der Öffentlichkeit übergeben. Der scheidende Oberbürgermeister, der später als Bundesminister nach Bonn wechselt, hinterläßt seinem Nachfolger Georg Kronawitter eine bayerische Landeshauptstadt, die ihren städtebaulichen Marathonlauf rechtzeitig über die Ziellinie gebracht hat.

1 Die begehrtesten »Startplätze« im Flughafenrestaurant liegen an der Fensterfront. Von hier aus haben die Gäste freie Sicht über das Vorfeld.

2 Startklar für den Olympia-Betrieb präsentiert sich der Riemer Airport nach Abschluß der Überbrückungsmaßnahmen im Frühjahr 1972. Deutlich im Bild zu erkennen ist das neue Verbindungsgebäude mit den sechs direkten Übergängen zu den abgestellten Flugzeugen.

3 Im Erdinger Moos wächst der Widerstand gegen den geplanten Flughafenbau. Im Oktober 1971 artikulieren die Flughafengegner ihren Protest vor der Haustür der Flughafengesellschaft in Riem.

Die Olympischen Spiele, die am 26. August 1972 in München eröffnet werden, finden als die »heiteren Spiele« aufgrund ihrer freundlich-gelösten Atmosphäre zunächst in aller Welt eine begeisterte Resonanz. Um so größer ist der Schock, als das Quartier der israelischen Mannschaft im Olympischen Dorf am 5. September von palästinensischen Terroristen überfallen wird. Zwei Sportler werden getötet und weitere neun Athleten als Geiseln genommen. Bei dem Versuch, die Israelis zu befreien, kommen am 6. September auf dem Militärflughafen Fürstenfeldbruck alle Geiseln sowie ein Polizist und fünf der arabischen Terroristen ums Leben. Noch am selben Tag nehmen 80 000 Menschen an einer Trauerfeier im Olympiastadion teil. Ein Abbruch der Spiele wird erwogen, aber vom Internationalen Olympischen Komitee schnell verworfen. »The games must go on«, erklärt der IOC-Präsident Avery Brundage.

Eine Sondermaschine der EL AL startet am 8. September um 8.10 Uhr auf dem Riemer Flughafen, um die 17 Überlebenden der israelischen Olympiamannschaft und die Särge mit den ermordeten Sportlern nach Tel Aviv zu bringen. Die Sicherheitsmaßnahmen auf dem Airport werden nach dem Terroranschlag noch einmal drastisch verschärft. »Allein die Münchner Stadtpolizei«, schreibt die *Süddeutsche Zeitung* am 11. September, »hat eine Hundertschaft von Schutzpolizisten zum Flughafen beordert. Alle ausfliegenden und fast alle einfliegenden Maschinen werden kontrolliert und die Fluggäste unter die Lupe genommen. Der Zoll durchsucht alles Gepäck nach Waffen.«

Obwohl die verschärften Kontrollen zu einigen Verzögerungen in der Abfertigung führen, verläuft die Abwicklung des Olympiaverkehrs auf dem Riemer Flughafen insgesamt reibungslos. Das Verkehrsaufkommen während der Spiele war allerdings auch deutlich unter der prognostizierten Größenordnung geblieben. Rund 60 000 Besucher der Wettkämpfe, so bilanziert die FMG in ihrem Abschlußbericht über den Olympiaverkehr, kamen mit Linien- und Chartermaschinen nach München. Es wurden insgesamt 1171 »olympische« Starts und Landungen verzeichnet. Zur erfolgreichen Bewältigung des zusätzlichen Luftverkehrs trugen neben der Aufstockung der Abfertigungskapazitäten auch die vorübergehende Verlegung der Allgemeinen Luftfahrt auf verschiedene Ausweichplätze und die zivile Mitbenutzung des Militärflugplatzes Fürstenfeldbruck bei.

Zu einem der traurigsten Tage in der Geschichte des Riemer Flughafens wird der 11. Dezember 1972. In Gegenwart von Bundespräsident Gustav Heinemann und dem bayerischen Ministerpräsidenten Alfons Goppel nehmen an diesem Tag 3000 Gäste eines Trauerakts in der großen LUFTHANSA-Werft von den Opfern einer Flugzeugkatastrophe Abschied, die sich am 2. Dezember auf dem Flughafen von Teneriffa ereignet hatte. Eine vierstrahlige Passagiermaschine vom Typ »Convair Coronado 990« der spanischen Chartergesellschaft SPANTAX war um 6.30 Uhr mit 148 bayerischen Urlaubern und sieben Besatzungsmitgliedern an Bord auf dem Flughafen Santa Cruz zum Rückflug nach München gestartet und kurz nach dem Abheben abgestürzt und explodiert. Dabei waren sämtliche Insassen der Unglücksmaschine ums Leben gekommen.

Mit dem Jahr 1972 endet die Ära des Flughafendirektors Wulf-Diether Graf zu Castell. »Der Commodore des zivilen Münchner Rollfelds, ein populärer Graf aus altem Nürnberger Bleistiftgeschlecht«, wie ihn Blasius alias Siegfried Sommer einmal in der *Abendzeitung* apostrophiert hatte, scheidet nach fast 27 jähriger Tätigkeit am Flughafen München-Riem im Alter von 67 Jahren aus der Geschäftsführung. Der neue Mann an der Spitze der FMG ist der Jurist und vormalige stellvertretende Generalsekretär des Olympischen Komitees, Hermann Reichart, der sich seine ersten Meriten im bayerischen Finanzministerium erworben hatte. Ihm steht mit dem Diplomingenieur Klaus Nitschke ein neuer technischer Geschäftsführer zur Seite. Nitschke hatte sich zuvor als langjähriger technischer Leiter und Prokurist der FMG bereits den Ruf eines erfahrenen Praktikers und kompetenten Flughafeningenieurs erworben. Schon im Juli 1972 war der Ministerialrat Roman Rittweger aus dem bayerischen Finanzministerium als kaufmännischer Geschäftsführer in die Unternehmensführung berufen worden. Auch Rittweger, der im Ministerium das Flughafenressort führte und dem Aufsichtsrat der FMG angehörte, war bereits mit den komplexen Aufgaben vertraut, die die FMG

1 Abflug in Fürstenfeldbruck: Während der Olympischen Sommerspiele wird ein Teil des Olympiaverkehrs über den Militärflugplatz geführt.

2 Wohl kein Ereignis der Nachkriegszeit war für die Entwicklung der bayerischen Landeshauptstadt so bedeutend wie die Ausrichtung der Olympiade im Sommer 1972.

3 Bei der Frachtverladung kommen inzwischen moderne Lifter zum Einsatz, mit denen auch schwerstes Transportgut in den Laderaum der Flugzeuge befördert werden kann.

im Spannungsfeld zwischen dem Riemer Alltag und der Zukunft im Erdinger Moos zu bewältigen hatte.

Das neue Dreigestirn in der Unternehmensleitung wird durch neue Köpfe im Aufsichtsrat ergänzt. Auf seiner Sitzung am 29. Juni 1972 hatte das Aufsichtsgremium Ludwig Huber, den bayerischen Staatsminister der Finanzen, als Nachfolger von Otto Schedl zum neuen Vorsitzenden gewählt. In derselben Sitzung ging der stellvertretende Vorsitz von Hans-Jochen Vogel auf den neuen Münchner Oberbürgermeister Georg Kronawitter über. Rückenwind erhält die neue Führungscrew der FMG in ihrem Bemühen um eine zügige Durchführung der Genehmigungsverfahren für den neuen Flughafen im April 1973 aus zwei bayerischen Ministerien. Im Rahmen des luftrechtlichen Genehmigungsverfahrens kommen sowohl das Innenministerium als auch das Staatsministerium für Landesentwicklung und Umweltfragen nach umfangreichen Untersuchungen zu dem Ergebnis, daß der vorgesehene Standort Erding-Nord/Freising der »relativ beste« Standort für die Errichtung des Flughafens München II ist. Dieser Ansicht schließt sich im August 1973 auch das federführende Staatsministerium für Wirtschaft und Verkehr an. »Der 230 Seiten umfassende luftrechtliche Genehmigungsbescheid wird jetzt umgehend dem Bundesverkehrsministerium zugeleitet. Sollte Bonn – wie allgemein erwartet – keine Einwände haben, wird aus dem Entwurf der formelle luftrechtliche Genehmigungsbescheid«, meldet die *Süddeutsche Zeitung* am 2. August.

Die Bundesrepublik Deutschland ist unterdessen im Begriff, sich auch als neuer Kapitaleigner der Flughafen München GmbH an dem projektierten Flughafen zu beteiligen. Nach langjährigen Vorbereitungen und Verhandlungen tritt der Bund im Herbst 1973 als dritter Gesellschafter der FMG bei. Mit dem Eintrag ins Handelsregister beim Amtsgericht München wird der Beitritt am 15. November 1973 rechtsgültig. In der neu geordneten Flughafengesellschaft hält der Freistaat Bayern jetzt 51 Prozent der Anteile, die Bundesrepublik Deutschland 26 Prozent und die bayerische Landeshauptstadt München 23 Prozent. Die drei Gesellschafter haben sich in einem Konsortialvertrag unter anderem dazu verpflichtet, Planung, Bau und Finanzierung des Flughafens München II gemeinsam zu tragen. »Die Anteile der Vertragspartner an der Finanzierung richten sich nach dem Verhältnis ihrer Beteiligung am Stammkapital der Gesellschaft«, heißt es in dem Vertrag, der vom Bundesverkehrsminister Lauritz Lauritzen am 26. September 1973 unterzeichnet wird. Die bayerische Staatsregierung und die Landeshauptstadt München hatten die Übereinkunft bereits am 29. Juni 1972 unterzeichnet.

ABSCHIED VOM GROSSEN GRAFEN
DEZEMBER 1972

Mit außergewöhnlicher Hochachtung verabschiedet München den ersten Geschäftsführer der FMG zum Jahresende 1972 in den Ruhestand. Als einen »Allround-Mann von fliegerischer Erfahrung und menschlicher Größe« würdigt die *Bayerische Staatszeitung* den scheidenden Flughafenchef. Die *Süddeutsche Zeitung* nennt Graf Castell einen »Mann der Praxis, der auch dann mitreden konnte, wenn es um technische Probleme beim Bau der Frachthalle ging«. »Oft war er ein Zauberer, der über Nacht Mittel aus dem Hut holen mußte«, schreibt die *Abendzeitung*. Bei der Verabschiedung im Aufsichtsrat der FMG weist der Vorsitzende, der bayerische Finanzminister Ludwig Huber, darauf hin, daß Graf Castells Qualitäten sogar in einem amerikanischen Bestseller hervorgehoben werden. In dem Roman *Airport* von Arthur Hailey wird Graf Castell den fünf Leuten »mit der größten Phantasie über Flughäfen und die Zukunft« zugerechnet. Graf Castell selber kündigt an, daß er seine Zeit künftig vor allem seiner Familie und der Forellenzucht widmen möchte. Luise Ullrich, die Schauspielerin und Ehefrau Graf Castells, ist übrigens 1972 gerade als fidele Großmutter und Rentnerin in Rainer Werner Faßbinders Fernsehserie *Acht Stunden sind kein Tag* auf den Bildschirmen der Nation zu sehen. Auch Graf Castell hält die Abstinenz von seiner beruflichen Leidenschaft nicht lange aus. Zwei Jahre nach seinem Riemer Abschied wird der große Luftfahrtpionier in Berlin zum Vorsitzenden eines neu gegründeten Clubs pensionierter Flughafenchefs gewählt.

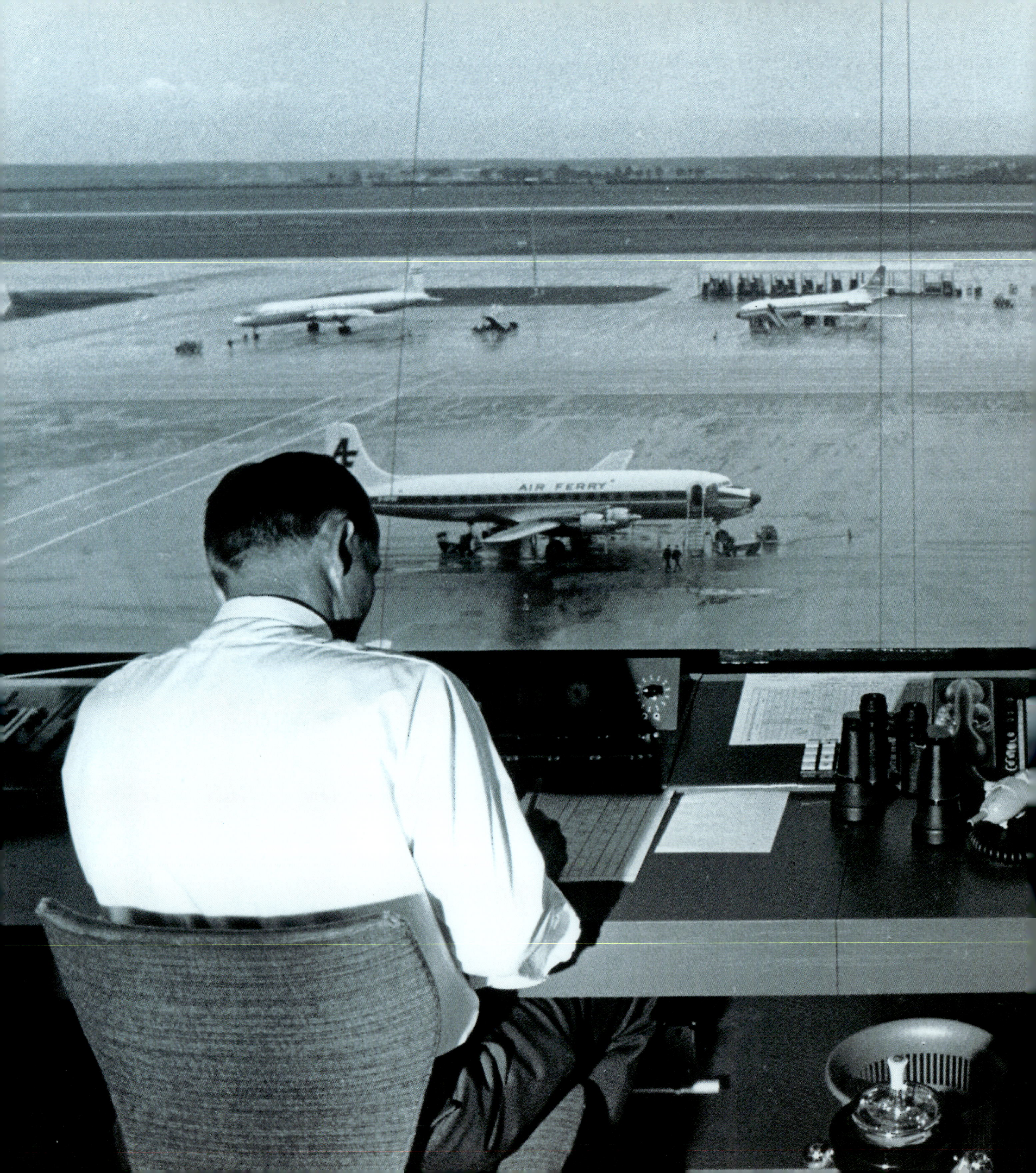
AIR FERRY

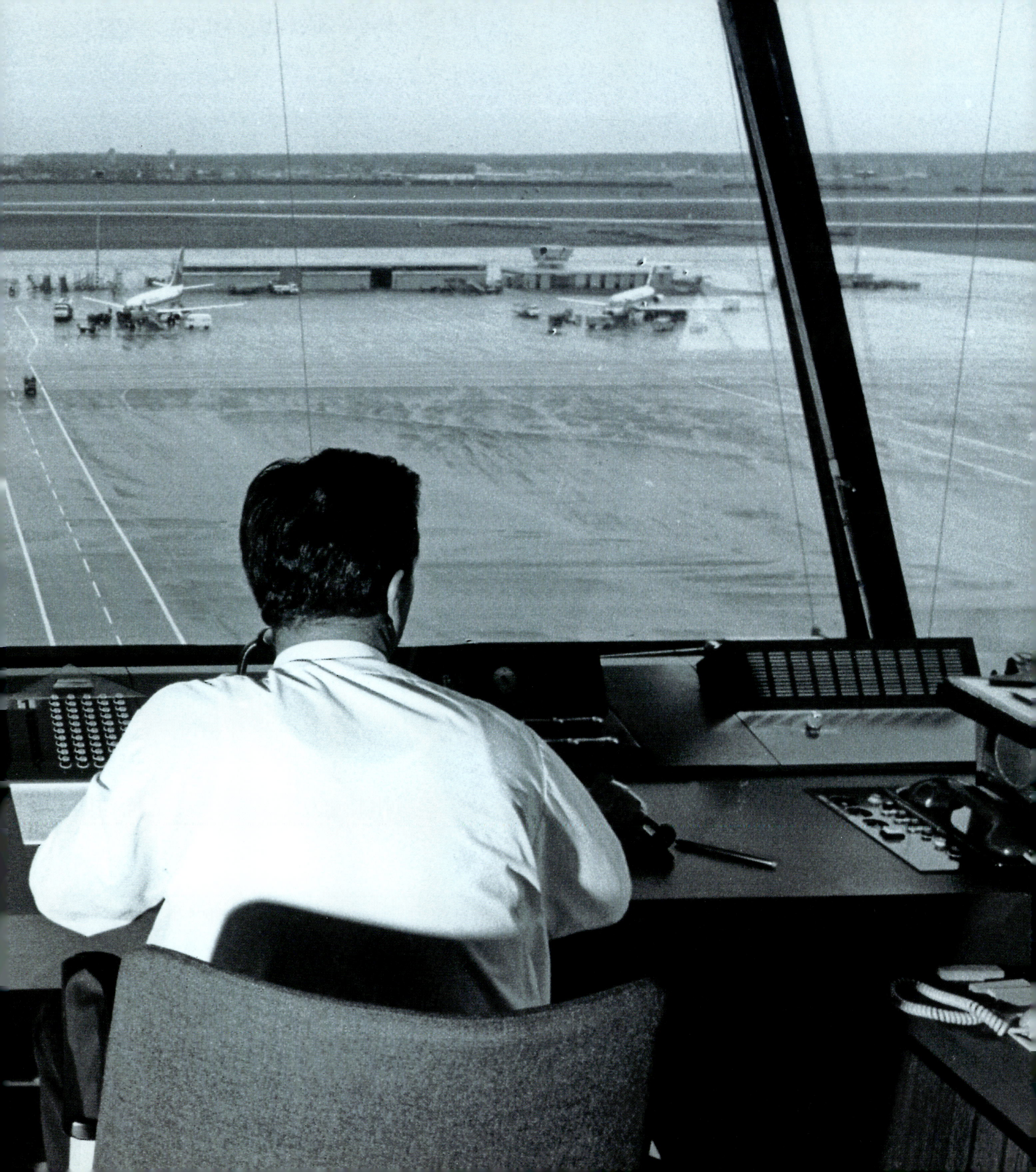

Die lang erwartete Freigabe des Bonner Verkehrsministeriums für den luftrechtlichen Genehmigungsbescheid wird dem bayerischen Wirtschaftsministerium am 8. Mai 1974 übermittelt. Noch am nächsten Tag erteilt der bayerische Wirtschafts- und Verkehrsminister Anton Jaumann der Münchner Flughafengesellschaft die offizielle und »sofort vollziehbare« Genehmigung für den Bau und Betrieb des neuen Flughafens. Damit ist zwar eine wesentliche, aber noch keineswegs die letzte Anforderung erfüllt, die das Luftverkehrsgesetz für die Anlage eines neuen Flughafens vorschreibt. Der nächste Schritt auf der Langstrecke zum neuen Flughafen ist die Einleitung eines Planfeststellungsverfahrens. »Dies ist die letzte große Hürde, ehe die Bautrupps mit den Arbeiten für die Betonpisten beginnen können«, schreibt die *Süddeutsche Zeitung* am 14. Mai 1974 und damit fast genau 18 Jahre vor der Inbetriebnahme des neuen Airports.

Die Erteilung des luftrechtlichen Genehmigungsbescheids hatte Wirtschaftsminister Jaumann mit der Ankündigung von strengen Auflagen – insbesondere im Bereich des Lärmschutzes – verbunden. Die Staatsregierung stellte der künftigen Flughafenregion außerdem umfassende Strukturhilfen – etwa beim Straßenbau – in Aussicht. Ungeachtet dessen stößt der Genehmigungsbescheid im Erdinger Moos auf scharfen Protest. In der betroffenen Region, in der sich der Widerstand gegen den neuen Flughafen seit der nunmehr fast fünf Jahre zurückliegenden Standortentscheidung in unzähligen Demonstrationen, Versammlungen, Eingaben und Klagen artikuliert hatte, kündigen die Flughafengegner eine Fortsetzung ihres Abwehrkampfes an. »Mit allen rechtlichen Mitteln«, berichtet der *Münchner Merkur* am 16. Mai, »wollen sich die vereinigten Bürgerinitiativen gegen den Großflughafen im Erdinger Moos zur Wehr setzen. Wie bei einer Versammlung erklärt wurde, solle das folgende Planfeststellungsverfahren nach Kräften behindert werden.« Den Antrag für dieses Planfeststellungsverfahren reicht die FMG am 4. Juni 1974 bei der Regierung von Oberbayern ein.

Die luftrechtliche Weichenstellung, die am künftigen Flughafenstandort die Gemüter erhitzt, wird im Umland des Riemer Flughafens mit Genugtuung zur Kenntnis genommen, zumal inzwischen feststeht, daß der Riemer Airport nach der Eröffnung des neuen Airports komplett geschlossen werden soll. Schon im August 1973 hatten die Münchner Stadträte Josef Wirth und Hermann Memmel den Antrag gestellt, das Riemer Flughafengelände auf seine Eignung als Messestandort überprüfen zu lassen.

Der Flughafen München-Riem ist inzwischen zu einer Arbeitsstätte mit 4281 Beschäftigten herangewachsen. Diese Zahl veröffentlicht die FMG nach einer Arbeitsstättenerhebung im November 1973. Größter Arbeitgeber ist demnach die FMG mit rund 1200 Mitarbeitern. Seit dem 1. Juni 1973 hat die Flughafengesellschaft auch eine erste Tochtergesellschaft: Die Flughafen Handelsgesellschaft München GmbH betreibt mit rund 100 Mitarbeitern die Einzelhandelsgeschäfte und den Duty-Free-Shop auf dem Riemer Flughafen. Die Verkaufskioske in der Wappenhalle werden jetzt durch »begehbare« Läden ersetzt. Im Zuge der Umbaumaßnahmen, die im Herbst 1974 abgeschlossen werden, vergrößert sich die Verkaufsfläche von 33 auf 120 Quadratmeter.

Am 1. April 1974 geht mit der »Muc Air Services Gesellschaft für Luftverkehrsabfertigungen mbH« eine weitere Tochter der FMG an den Start. Die MucAir übernimmt mit 14 Beschäftigten im Auf-

DAS FLUGHAFENBABY
FEBRUAR 1973

Am 17. Februar 1973 »landet der Klapperstorch« auf dem Riemer Flughafen. Das Ehepaar Schmidt war aus Trostberg nach München gekommen, um eine aus Hamburg eintreffende Freundin vom Flughafen abzuholen, die von der werdenden Mutter als Patentante auserkoren worden war. Während das Flugzeug aus Hamburg noch in der Warteschleife kreist, wird die junge Frau von den ersten Wehen überrascht. Nur wenig später bringt Sieglinde Schmidt in der Impfstation des Flughafens eine gesunde, sieben Pfund schwere Tochter zur Welt. FMG-Chef Hermann Reichart besucht Mutter und Tochter vier Tage danach im Schwabinger Krankenhaus – in dem die Kleine unter dem Spitznamen »Jumbo-Jette« geführt wird –, um einen Blumenstrauß und ein Sparbuch mit 500 DM zu überreichen. Die Flughafen München GmbH ist von jetzt an »Patentante« der kleinen Sabine und geizt auch in den folgenden Jahren nicht mit Geschenken. Auf Einladung der FMG fliegen Mutter und Tochter, die inzwischen in Hamburg leben, 1981 zu Sabines achtem Geburtstag nach München. Sabine lernt neben dem Olympiapark und dem Circus Krone auch den Tower und natürlich ihren »Startplatz« kennen, die Impfstation des Riemer Flughafens. Im März 1985 schreibt Sabine in einem Brief an den Paten: »Ich habe Sie, lieber Herr Reichart, im Fernsehen gesehen. Es freut mich, daß es nun endlich mit dem neuen Flugplatz vorangeht.« In einem weiteren Dankschreiben für ein Geburtstagsgeschenk der jetzt 14jährigen Sabine heißt es zwei Jahre später: »Ich weiß nun genau, was ich später werden will: Stewardeß, danach werde ich meinen Pilotenschein machen. Wenn es klappt, werde ich Pilotin, wenn nicht, eben Stewardeß.« Nach dem Abitur vertieft Sabine ihre Beziehung zur Flughafenwelt durch ein Praktikum beim Hamburger Airport. Letztlich nabelt sich das Riemer Flughafenbaby aber dann doch von der Luftfahrt ab. Heute arbeitet Sabine Schmidt als gestandene Industriekauffrau in einem Hamburger Unternehmen.

trag jener Luftverkehrsgesellschaften, die keine eigene Station in Riem unterhalten, die Abfertigung von Flugzeugen, Fluggästen und Reisegepäck. 15 Monate später hat sich der Personalstand der MucAir bereits verdreifacht, und die FMG-Tochter dehnt ihre Geschäftstätigkeit auf die Frachtabfertigung aus.

Der Flughafen München-Riem sieht sich zu Beginn des Jahres 1974 mit einem ungewohnten Phänomen konfrontiert: Erstmals seit der Wiederaufnahme des zivilen Luftverkehrs wird für das Jahr 1973 rückläufiges Passagieraufkommen ermittelt. Der Rückgang der Fluggastzahlen um fast fünf Prozent geht in erster Linie auf den Bummelstreik der Fluglotsen zurück, der vom 31. Mai bis zum 24. November 1973 dauerte. Der »Dienst nach Vorschrift«, mit dem der Verband Deutscher Flugleiter eine bessere Ausbildung und Besoldung seiner Mitglieder erzwingen wollte, hatte zur Folge, daß in Deutschland über 50 000 Flüge ausfielen. Allein auf dem Riemer Flughafen mußten während des Streiks annähernd 6000 Flüge gestrichen werden. Über 170 Millionen DM Verlust entstehen der DEUTSCHEN LUFTHANSA infolge des Streiks. Auch die FMG verliert Einnahmen in Höhe von 5 Millionen DM und muß im letzten Quartal 1973 für 540 Arbeiter des Bodenverkehrsdienstes vorübergehend Kurzarbeit einführen.

Zu einer weiteren großen Belastung für den Luftverkehr wird die weltweite Energiekrise, die sich im Winter 1973 immer mehr zuspitzt. Die Nachwirkungen des Streiks und der Ölkrise prägen auch das magere Verkehrsergebnis, das der Riemer Flughafen im ersten Halbjahr 1974 erzielt. Abermals muß in Riem ein Passagierrückgang von fünf Prozent konstatiert werden. Vor allem der Charterverkehr verzeichnet erhebliche Einbrüche. In den vorausgegangenen Winterperioden hatte sich Riem immer stärker zu einem Drehkreuz der Skitouristen aus Großbritannien und Skandinavien entwickelt, die vom Münchner Flughafen aus mit Bussen zu den bayerischen, vor allem aber österreichischen Pisten weiterreisten. In diesem Winter war der Touristenstrom jedoch ausgeblieben. Die *Süddeutsche Zeitung* schreibt dazu am 16. August 1974: »Die Briten, denen während der Drei-Tage-Woche zeitweise der Strom abgedreht worden war, zogen es vor, zu Hause zu bleiben. Obwohl die Reiseveranstalter den rückläufigen Trend erkannt

DER AIRPORT WIRD GRÜNDLICH GELÜFTET
NOVEMBER 1973

Das Ölembargo der arabischen Länder führt in den USA und Europa zu einer nie dagewesenen Energieknappheit, die eine Reihe drastischer Sparmaßnahmen nach sich zieht. In englischen Fabriken und Büros wird vorübergehend die Dreitagewoche eingeführt, auf deutschen Straßen herrscht an drei Sonntagen im November 1973 ein generelles Fahrverbot. Auch der amerikanische Präsident Richard Nixon setzt umfassende Sparmaßnahmen durch und rationiert unter anderem die Treibstoffversorgung des Luftverkehrs. Die amerikanischen Luftverkehrsgesellschaften müssen zahlreiche Flüge streichen, aber sie gewinnen dafür einen neuen Fluggast. Als erster US-Präsident der Nachkriegsgeschichte fliegt Nixon als Passagier einer Linienmaschine in den Winterurlaub nach Los Angeles, um ein Beispiel für den sparsamen Umgang mit den Ressourcen zu geben. Auch am Riemer Flughafen werden Flüge wie etwa die Verbindung der Lufthansa von München über Köln nach New York annulliert. In einem Rundschreiben an alle Mitarbeiter ruft die Geschäftsführung der Flughafen München GmbH am 29. November 1973 zu energiesparenden Maßnahmen auf, die zur Vermeidung »radikaler Betriebseinschränkungen« unvermeidlich seien. »In geheizten Räumen«, heißt es da unter anderem, »muß nicht ständig ein Fenster zur Frischluftversorgung offenstehen. Gründliches Lüften von Zeit zu Zeit erfüllt den gleichen Zweck und spart Heizenergie.«

hatten, mußten am Flughafen München im ersten Halbjahr 596 bereits angemeldete Flüge wieder gestrichen werden.«

Die von der *Süddeutschen Zeitung* diagnostizierte »Flaute« am Riemer Airport wird im zweiten Halbjahr 1974 jedoch durch einen kräftigen Aufwind in der Verkehrsentwicklung vertrieben, und am Jahresende verzeichnet die Statistik mit über 4,3 Millionen Fluggasten bereits wieder einen Passagierzuwachs von zwei Prozent. Mit diesem Ergebnis zieht München-Riem am Berliner Flughafen vorbei und belegt dem Passagieraufkommen nach jetzt hinter Frankfurt und Düsseldorf den dritten Rang unter den deutschen Verkehrsflughäfen.

Noch vor dem Jahresende 1974 schließt die FMG die zweite Planungsphase für den neuen Münchner Flughafen ab. Der Aufsichtsrat des Unternehmens genehmigt am 20. Dezember das Raum- und Funktionsprogramm für den Passagierabfertigungsbereich. Damit stehen Umfang, Anordnung und Funktionsabläufe aller Einrichtungen der ersten Ausbaustufe fest. Nachdem die Planung am 16. Januar 1975 auf einer Pressekonferenz der Öffentlichkeit vorgestellt worden war, berichtet der *Münchner Merkur*: »Das dezentrale Abfertigungssystem erlaubt es, beim Flughafen München II Ankunft und Abflug in einer Ebene abzuwickeln. Dadurch

1 Ende April 1976 werden die Planungen für den neuen Münchner Flughafen auf einer Pressekonferenz der Öffentlichkeit vorgestellt.

2 Der Hauptgeschäftsführer der Flughafen München GmbH, Hermann Reichart, erläutert dem bayerischen Wirtschaftsminister Anton Jaumann (6.v.l.) die Konfiguration des neuen Airports.

3 Blick auf die Arbeitsplätze der Riemer Fluglotsen aus der Perspektive des Wachleiters.

ist für die Passagiere ein Höchstmaß an Übersichtlichkeit gegeben. Ein- und Ausstieg der gebäudenah abgestellten Flugzeuge befinden sich in einer Ebene mit dem Abfertigungsbereich. Der Fluggast, der mit dem Pkw zum Flughafen München II kommt, kann direkt vor seinem Flugsteig vorfahren und muß nur wenige Meter bis zum Abfertigungsschalter zurücklegen.«

Auf der Basis des Raum- und Funktionsprogramms wird am 3. März 1975 ein Architektenwettbewerb für den Passagierabfertigungsbereich ausgelobt. Die drittte und letzte Phase der Flughafenplanung beginnt.

Vier Tage später, am 7. März, läuft die Einspruchsfrist im Planfeststellungsverfahren für den neuen Flughafen ab, in der betroffene Bürger aus der künftigen Flughafenregion ihre Einwände und Bedenken gegen das Projekt bei der Regierung von Oberbayern geltend machen können. In einer ersten Stellungnahme der Bezirksregierung heißt es am 11. März: »Rund 21 000 Einwendungen im Namen von privat Betroffenen gegen den geplanten Verkehrsflughafen München II sind bis zum Ablauf der Frist […] eingegangen. Aus allen Schichten und Altersstufen der Bevölkerung – auch von Gastarbeitern und von Eltern für ihre Säuglinge und noch ungeborenen Kinder – wurden diese Einwendungen erhoben. Eine erste Übersicht ergab, daß in erster Linie die Argumente Lärmbelästigung, Abgasentwicklung, Wertminderung der Grundstücke und die Grundwassersituation geltend gemacht wurden.«

Die Anzahl der Einwendungen wächst später auf über 26 000. Nach einer sorgfältigen Sichtung der Beschwerden will die Regierung von Oberbayern Sammeltermine bei den Gemeinden ansetzen, um die im Luftverkehrsgesetz vorgeschriebene mündliche Erörterung der Einwendungen mit allen Beteiligten durchzuführen.

Die zwölf namhaften Architekturbüros, die zu dem von der FMG ausgelobten Wettbewerb für den Passagierabfertigungsbereich zugelassen wurden, reichen ihre Pläne und Modelle termingerecht ein. Nach einer Vorprüfung der Arbeiten durch Experten der FMG und des staatlichen Flughafenneubauamts werden die Entwürfe dem Preisgericht übergeben. Vom 13. bis zum 15. Oktober 1975 begutachtet die Jury die Wettbewerbsbeiträge in der Leichtathletikhalle des Münchner Olympiastadions. Als die Preisrichter am 16. Oktober ihre Empfehlung aussprechen, gibt es jedoch noch keinen eindeutigen Sieger: Drei Wettbewerbsteilnehmer werden von der Jury prämiert und zugleich dazu aufgefordert, ihre Entwürfe in einer zweiten Wettbewerbsstufe nach den Maßgaben des Preisgerichts zu überarbeiten. Die Architekturbüros »Gerkan, Marg & Partner«, »Kaup, Scholz, Wortmann« sowie »Professor Busse und Partner« nehmen daraufhin erneut die Arbeit auf.

Nachdem die modifizierten Entwürfe am 27. und 28. April 1976 einer weiteren Prüfung unterzogen worden sind, steht das Urteil der Jury fest: Das Büro von Busse & Partner Blees, Büch, Kampmann, so die einstimmige Empfehlung der Preisrichter, soll auf der Grundlage seines überarbeiteten Entwurfs mit der weiteren Planung und Realisierung der Bauaufgabe betraut werden. Ausschlaggebend für dieses Votum ist, wie der Architekt und Vorsitzende der Jury, Claude Paillard, anschließend gegenüber der Presse erklärt, die »außerordentliche Funktionsfähigkeit«, die den Vorschlag des Münchner Architekturbüros auszeichnet. Die *Süddeutsche Zeitung* berichtet am 4. Mai 1976: »Als ›sehr sympathisch‹ empfanden die sieben Fach- und sechs Sachgutachter die betonte Zurückhaltung der Arbeit des Büros Busse, die sich auch ›glücklich‹ in das Gelände des Erdinger Mooses einpasse. Es gewährleiste auch am ehesten die bei der ungewissen Entwicklung des Flugverkehrs erwünschte Flexibilität.« 1977 übernimmt der Architekt von Busse als Generalplaner die Verantwortung für sämtliche Fachplanungen im Passagierbereich.

Inzwischen ist das Planfeststellungsverfahren für den neuen Flughafen in eine neue Phase getreten. Am 15. März 1976 findet in Haimhausen (Landkreis Dachau) der erste Anhörungstermin statt. Bürger aus der Flughafenregion, die bei der Regierung von Oberbayern ihre schriftlichen Einwendungen gegen das Projekt eingereicht hatten, haben von jetzt an bei einer ganzen Serie von solchen Terminen Gelegenheit, sich mit ihren Bedenken und Fragen direkt an die Vertreter der Bezirksregierung und der Flughafen München GmbH zu wenden. Die Lokaltermine im Flughafenumland sind als Forum für die Bürgerbeteiligung im Planungsverfahren gedacht. Die große Anzahl der Beschwerdeführer wirft dabei allerdings Probleme auf. In den überfüllten Sälen und der oft sehr emotionsgeladenen Atmosphäre ist es für alle Beteiligten schwierig, komplexe Themen – wie etwa die Folgen der geplanten Grundwasserabsenkung oder die Ausrichtung der Flugrouten – in der gebotenen Sachlichkeit zu erörtern. Überschattet wird das Anhörungsverfahren überdies durch einen tragischen Todesfall. Bei einem Erörterungstermin in Neufahrn erleidet ein 39jähriger Kaufmann am 30. Juni 1976 während der erregten Auseinandersetzung einen Herzschlag.

»Eine Zumutung für alle Beteiligten«, so schreibt die *Süddeutsche Zeitung* am 14. Juli, »ist das Mammutverfahren, dem sich nun schon seit Wochen und auch noch viele weitere Monate die Gegner des Flughafens im Erdinger Moos sowie die Planer (Flughafen München GmbH) und die Regierung von Oberbayern als Makler zwischen den Kontrahenten unterziehen müssen. Ein Todesfall, bis zum Kollaps erregte Bürger, hitzige Wortattacken, bei denen Handgreiflichkeiten gerade noch mit Mühe verhindert werden konnten, sind Beweis genug, daß das im Luftverkehrsgesetz vorgeschriebene Erörterungsverfahren zumindest in der bis jetzt geübten Form eine unerträgliche Prozedur ist.«

Als sich im Sommer 1977 abzeichnet, daß ein Planfeststellungsbeschluß möglicherweise erst 1979 gefaßt werden kann, wächst wiederum der Unmut in der Nachbarschaft des Riemer Flughafens. Die Anrainer fordern »ein Ende des Einspruchstheaters« und die zügige Realisierung des neuen Flughafens. Zu der wachsenden Ungeduld bei den Flughafennachbarn trägt auch eine erneute Verkehrszunahme am Riemer Flughafen bei. Mit der sowjetischen AEROFLOT, der IRAQI AIRWAYS und SUDAN AIRWAYS sind in der Sommerflugplanperiode 1977 drei neue Luftverkehrsgesellschaften nach Riem gekommen, die die Anzahl der im Liniendienst verkehrenden Carrier auf 22 erhöhen. Aufgrund einer zeitweiligen Schließung des Stuttgarter Flughafens, dessen einzige Start- und Landebahn ausgebessert werden muß, werden im Herbst überdies rund 400 zusätzliche Charterflüge über Riem geführt. Am 28. November kann der neue Aufsichtsratsvorsitzende der FMG, Finanzminister Max Streibl, den fünfmillionsten Fluggast des Jahres 1977 auf dem Flughafen München-Riem begrüßen. Zum Jahresende liegt das Passagieraufkommen des Flughafens bereits bei insgesamt 5,3 Millionen.

Am 13. April 1978 unterrichtet die Regierung von Oberbayern die Öffentlichkeit über den bevorstehenden Abschluß des Anhörungsverfahrens. In der Mitteilung der Bezirksregierung heißt es: »Seit Beginn des Anhörungsverfahrens im Dezember 1975 mit den Trägern öffentlicher Belange und im März 1976 mit den Privatbetroffenen wurden in insgesamt 242 Anhörungsterminen 26 332 Einwendungen erörtert, die von Privatpersonen erhoben worden sind, 180 Einwendungen von Trägern öffentlicher Belange (Behörden, Verbänden u.a.) und die – teilweise umfangreichen – Einwendungen der 30 durch die Flughafenplanung betroffenen Gemeinden. Die Protokolle aus diesen Terminen werden sich auf einen Umfang von ca. 8000 Seiten belaufen.«

In der jetzt folgenden Auswertungsphase werde die Regierung die Ergebnisse der Erörterungen sichten und eine Abwägung zwischen den privaten und öffentlichen Belangen vornehmen. »Aus dieser Abwägung wird sich die Entscheidung ergeben, ob der geplante Flughafen gebaut werden kann, gegebenenfalls in welchem Umfang.« Einen Termin für den voraussichtlichen Abschluß des Verfahrens nennt die Regierung noch nicht, macht aber bereits deutlich, daß vor dem Jahresende nicht mehr mit einer Entscheidung zu rechnen ist.

In Riem setzt sich unterdessen das dynamische Verkehrswachstum fort. Immer mehr Großraumflugzeuge nehmen jetzt Kurs auf München. Der Anteil der sogenannten »wide-body-jets« am gesamten Linienverkehr, der im Vorjahr noch bei vier Prozent lag, steigt im Sommer 1978 auf nahezu acht Prozent. PANAM und SYRIAN ARAB AIRLINES verkehren auf ihren Strecken nach New York beziehungsweise London und Damaskus regelmäßig mit Maschinen vom Typ Boeing 747, die KLM fliegt die Strecke Amsterdam – München – Nairobi mit einer DC-10. Die LUFTHANSA setzt im Sommer 1977 neben der DC-10 und der Boeing 747 erstmals auch den »Airbus A300«, das bisher einzige europäische Großraumflugzeug, im Riemer Linienverkehr ein. »Immer häufiger treffen mehrere Großraumflugzeuge nahezu gleichzeitig ein«, so der FMG-Hauptgeschäftsführer im Mai 1978 gegenüber dem *Münchner Stadtanzeiger*: »Die Anlagen für die Passagierabfertigung sind dann jeweils hoffnungslos überlastet. Leider ist kein Platz mehr vorhanden, sie auszubauen.«

DIE FMG ALS »WANDERBÜHNE«
JULI 1977

Wolfgang Herzing, der seinerzeit als Leiter der Abteilung Umweltschutz die Interessen der FMG in dem Anhörungsverfahren vertrat, erinnert sich noch gut an die Erörterungstermine im Flughafenumland: »Die Behördenanhörungen wurden in der Regel vormittags durchgeführt, aber die privaten Anhörungen mit den Bürgern begannen erst am Nachmittag. Nun nahmen an diesen Anhörungen ja immer viele Landwirte teil, die ihre Arbeit nicht stundenlang ruhen lassen konnten. Deshalb wurden die Sitzungen nach einer gewissen Zeit regelmäßig für eine ›Melkpause‹ unterbrochen und dann um 19.00 wiederaufgenommen. Nach einiger Zeit hatte sich das Ganze recht gut eingespielt: Wir waren so eine Art Wanderbühne, die zu diesen Terminen von Ort zu Ort zog. Es waren immer die gleichen Kollegen von der FMG und die gleichen Vertreter der Aktionsgruppen gegen den Flughafen, die da aufeinandertrafen. Sie stellten immer die gleichen Fragen, und wir gaben die gleichen Antworten, nur das Publikum war jedesmal ein anderes. Einer dieser Termine wird mir unvergessen bleiben. Dabei muß ich vorausschicken, daß ich damals noch recht lange Haare hatte. Ich hatte gerade eine Frage zum Fluglärm und dann eine Frage zu den Verkehrsprognosen beantwortet, als eine Frage zur Luftverschmutzung gestellt wurde. Da auch dies in mein Fachgebiet fiel, habe ich auch dazu etwas gesagt. Nachdem ich nun dreimal hintereinander zu wechselnden Themen Stellung genommen hatte, stand plötzlich einer auf und sagte: ›Des mog ja ois sei, aber den iddaljenisch'n Damenfrisea, den woima jez nimma hean.‹«

1 Im Jahr 1977 überschreitet das Passagieraufkommen in Riem erstmals die 5-Millionen-Marke. Der Aufsichtsratsvorsitzende der FMG, Max Streibl, und FMG-Hauptgeschäftsführer Hermann Reichart begrüßen am 28. November den »Jubiläumspassagier«.

2 Zwischen der Boeing 747 der PAN AM und einer landenden LUFTHANSA-Maschine ist die Skyline von Neuperlach zu sehen. Während die Bevölkerungsentwicklung in den meisten Münchner Bezirken während der siebziger Jahre stagniert, steigt die Einwohnerzahl in Ramersdorf-Perlach aufgrund der Errichtung der neuen Trabantenstadt um 28 000 neue Einwohner. Die Fluglärmproblematik gewinnt dadurch weiter an Brisanz.

1 Die Chartergesellschaft GERMAN-AIR ist die erste Airline, die mit einem Airbus A 300B in München startet.

2 Das erste Großraumflugzeug, das Riem regelmäßig anflog, war die Boeing 747 der SYRIANAIR, die auch Ende der neunziger Jahre noch in München verkehrt.

Zumindest bei der Abwicklung der Starts und Landungen auf dem Riemer Airport kann im November noch einmal eine wichtige Verbesserung erzielt werden. Durch eine technische Modernisierung des Instrumentenlandesystems – unter anderem werden neue Landekurs- und Gleitwegsender eingerichtet – erreicht der Riemer Flughafen die Zulassung für den »Allwetterflugbetrieb nach Betriebsstufe IIIa«. Flugzeuge, die über die entsprechenden elektronischen Einrichtungen verfügen, können jetzt auch bei einer Sichtweite von nur 200 Metern sicher in Riem landen.

Da sich die Wachstumsentwicklung im Winter fortsetzt und im Bereich der Charterflüge sogar eine Zunahme von fast 28 Prozent registriert wird, zeichnet sich ab, daß weitere Baumaßnahmen auf dem Riemer Flughafen unvermeidlich sind. 1979 investiert die FMG deshalb noch einmal rund 11 Millionen DM, um eine dreigeschossige Parkgarage, ein Verwaltungsgebäude und eine neue Frachtlagerhalle zu errichten. Außerdem ist eine Erweiterung der Abfertigungshalle für den Auslandsverkehr vorgesehen.

Mit gespannter Erwartung und höchst unterschiedlichen Hoffnungen blicken alle Beteiligten – Flughafenplaner und Flughafengegner, Nachbarn des neuen und des alten Airports – in den ersten Monaten des Jahres 1979 dem Ausgang des Genehmigungsverfahrens entgegen. Der Planfeststellungsbeschluß der Regierung von Oberbayern wird am 8. Juli 1979 gefaßt und am 6. August veröffentlicht. Neun Jahre und elf Monate nach der Standortentscheidung für das Erdinger Moos erteilt die Regierung von Oberbayern dem Bau des Flughafens grünes Licht. Die Genehmigung erstreckt sich auch auf die im Zusammenhang mit dem Bauvorhaben notwendige Gewässerneuordnung und Grundwasserabsenkung, den S-Bahn-Bau innerhalb des Flughafengeländes sowie den Bau der neuen Staatsstraße 2084 und mehrerer Gemeindeverbindungsstraßen. Abgewiesen wird nur die von der FMG beantragte vierte Start- und Landebahn. Gleichzeitig ordnet die Regierung von Oberbayern die sofortige Vollziehbarkeit des Planfeststellungsbeschlusses an. Einer zügigen Realisierung, Fertigstellung und Inbetriebnahme des neuen Flughafens steht damit – wie es scheint – nichts mehr im Wege.

9.2.1970 Ein glimpfliches Ende nimmt der Absturz einer Comet C-4 auf dem Riemer Flughafen, bei dem drei Personen lediglich leicht verletzt werden.

10.2.1970 Bei einem Anschlag arabischer Terroristen gegen Passagiere und Besatzungsmitglieder einer Maschine der EL AL kommt ein Fluggast ums Leben. Elf Menschen werden zum Teil schwer verletzt.

25.3.1970 Deutsche Erstaufführung des amerikanischen Spielfilms *Airport* mit Burt Lancaster, Dean Martin und Jean Seberg.

21.6.1970 Brasilien wird durch einen 4:1-Erfolg im Endspiel über Italien in Mexiko zum drittenmal Fußballweltmeister. Die deutsche Nationalmannschaft erreichte am Tag zuvor durch einen Sieg über Uruguay den dritten Platz.

8.7.1970 Erste Landung eines »Jumbo-Jets« auf dem Riemer Flughafen. Die Boeing 747 der LUFTHANSA wird in Riem auf den Namen »Bayern« getauft.

12.8.1970 Bundeskanzler Willy Brandt und Außenminister Walter Scheel unterzeichnen in Moskau nach langwierigen Verhandlungen einen Vertrag mit der UdSSR. Auf sowjetischer Seite unterzeichnen Ministerpräsident Alexei Kossygin und Außenminister Andrei Gromyko. Der Moskauer Vertrag soll die Beziehungen beider Staaten im Sinne der Entspannungspolitik auf eine partnerschaftliche Grundlage stellen.

6.9.1970 Palästinensische Flugzeugentführer kapern drei Verkehrsmaschinen und erzwingen durch diese und weitere Geiselnahmen die spätere Freilassung von sieben in Europa inhaftierten Terroristen.

14.9.1970 Eine zweistrahlige Maschine vom Typ BAC 1-11 der rumänischen Luftverkehrsgesellschaft TAROM, die sich mit 90 Passagieren auf dem Weg von Budapest nach Prag befand, wird zum Riemer Flughafen entführt. Vier Ungarn, die mit der Geiselnahme ihre Ausreise in den Westen erzwingen wollen, stellen sich nach der Landung in München der Polizei.

7.12.1970 In Warschau wird der Vertrag über die Normalisierung der Beziehungen zwischen der Bundesrepublik Deutschland und Polen unterzeichnet. Bundeskanzler Willy Brandts Kniefall am Mahnmal der Opfer des Nationalsozialismus im ehemaligen Warschauer Ghetto findet weltweit Beachtung.

21.4.1971 Inbetriebnahme einer neuen Ankunftshalle auf dem Riemer Flughafen.

3.5.1971 Nach dem altersbedingten Rücktritt von Walter Ulbricht wird Erich Honecker in Ost-Berlin zum Ersten Sekretär im Zentralkomitee der SED gewählt.

3.9.1971 Die Botschafter der USA, Großbritanniens und Frankreichs sowie der sowjetische Botschafter in der DDR unterzeichnen in Berlin das sogenannte Vier-Mächte-Abkommen, das den Rechtsstatus der geteilten Stadt regelt.

20.10.1971 Das Nobelpreiskomitee des norwegischen Parlaments spricht Bundeskanzler Willy Brandt den Friedensnobelpreis zu.

11.11.1971 In Bonn wird ein Abkommen über die Aufnahme des Linienflugverkehrs zwischen der Bundesrepublik und der Sowjetunion unterzeichnet.

11.3.1972 Eine Caravelle der ALITALIA, die mit 31 Passagieren und fünf Besatzungsmitgliedern von Rom nach Mailand fliegt, wird von einer 56jährigen Italienerin nach München entführt. Nach der Landung in Riem stellt sich die Entführerin der Polizei.

1.4.1972 Die Flughafen München GmbH stellt ihren 1000. Mitarbeiter ein.

27.4.1972 Erstmals kommt es im Bundestag zu einem Mißtrauensvotum gegen einen amtierenden Bundeskanzler. Das Mißtrauensvotum gegen Bundeskanzler Willy Brandt wird mit einer Mehrheit von zwei Stimmen abgewiesen.

4.5.1972 Abschluß der Überbrückungsmaßnahmen auf dem Riemer Flughafen. Ein neues Verbindungsgebäude zwischen dem Ankunfts- und dem Abflugbereich wird in Betrieb genommen.

24.5.1972 Der neue bayerische Finanzminister Ludwig Huber löst seinen Vorgänger im Regierungsamt, Otto Schedl, auch als Vorsitzender des Aufsichtsrats der Flughafen München GmbH ab.

2.6.1972 Nach einer Schießerei werden in Frankfurt die Terroristen Andreas Baader, Holger Meins und Jan-Carl Raspe verhaftet.

19.6.1972 Aus Protest gegen die zunehmende Gefährdung des Flugverkehrs durch Luftpiraten treten Piloten in aller Welt für 24 Stunden in einen Warnstreik.

28.6.1972 Bayern München wird erneut deutscher Fußballmeister. Zehn Tage zuvor war die deutsche Nationalmannschaft Europameister geworden.

26.8.1972 Eröffnung der Olympischen Sommerspiele in München. Überschattet werden die Spiele durch einen Anschlag palästinensischer Terroristen auf die israelische Olympiamannschaft, bei dem am 5.9. elf Athleten sowie ein Polizist und fünf Terroristen ums Leben kommen.

19.11.1972 Bei den Bundestagswahlen wird die sozialliberale Koalition unter Führung von Bundeskanzler Willy Brandt im Regierungsamt bestätigt.

21.12.1972 Unterzeichnung des Grundlagenvertrags mit der DDR, der gutnachbarschaftliche Beziehungen zwischen beiden deutschen Staaten herstellen soll.

1.1.1973 Als Nachfolger von Wulf-Diether Graf zu Castell, der die FMG 23 Jahre geführt hatte, wird Hermann Reichart neuer Hauptgeschäftsführer der Gesellschaft. Ihm stehen der kaufmännische Geschäftsführer Roman Rittweger und der technische Geschäftsführer Klaus Nitschke zur Seite.

17.2.1973 In der Impfstation der Riemer Ankunftshalle wird um 14.39 Uhr erstmals in der Geschichte des Münchner Flughafens ein Kind geboren.

31.5.1973 Beginn eines bundesweiten Bummelstreiks der Fluglotsen, der bis zum 24.11. dauert. Der Luftverkehr in Deutschland wird während der Streikdauer erheblich beeinträchtigt.

1.7.1973 Gründung der Flughafen-Handelsgesellschaft München mbH, der ersten Tochtergesellschaft der Flughafen München GmbH.

17.10.1973 Die ölfördernden arabischen Staaten drosseln die Produktion und Ausfuhr ihres Rohöls nach Amerika und Europa. Dadurch sollen westliche Industrieländer dazu gezwungen werden, Druck auf Israel auszuüben, um so einen Rückzug der Israelis aus den besetzten Gebieten zu veranlassen. Das Ölembargo führt in den betroffenen Ländern zu einer anhaltenden Energiekrise.

19.11.1973 Mit dem Eintrag ins Handelsregister beim Amtsgericht München ist der Beitritt der Bundesrepublik Deutschland zum Kreis der Gesellschafter der FMG rechtskräftig.

20.11.1973 In einer Pressemitteilung informiert die Flughafen München GmbH über das Ergebnis einer Arbeitsstättenerhebung. Danach beschäftigen die 131 am Flughafen ansässigen Firmen insgesamt 4281 Mitarbeiter.

11.1.1974 Die LUFTHANSA stellt auf dem Riemer Flughafen ihr neues Großraumflugzeug vor, die dreistrahlige Douglas DC-10. Vom 14.1. an setzt die Airline den Langstreckenjet im Linienverkehr in Riem ein.

8.3.1974 Bei Paris wird der neue Flughafen »Charles de Gaulle« eröffnet.

1.4.1974 Gründung der Muc Air Services Gesellschaft für Luftverkehrsabfertigungen mbH, einer weiteren Tochtergesellschaft der FMG.

25.4.1974 Der persönliche Referent von Bundeskanzler Willy Brandt, Günter Guillaume, wird wegen Spionage für die DDR verhaftet. Am 6.5. tritt Brandt wegen der Guillaume-Affäre zurück.

9.5.1974 Erteilung der luftrechtlichen Genehmigung für die Anlage des Flughafens München II durch den bayerischen Staatsminister für Wirtschaft und Verkehr.

15.5.1974 Der bisherige Außenminister Walter Scheel wird zum neuen Bundespräsidenten gewählt.

16.5.1974 Helmut Schmidt wird als neuer Bundeskanzler vereidigt.

17.5.1974 Bayern München gewinnt als erste deutsche Fußballmannschaft den Europapokal der Landesmeister und verteidigt kurz darauf auch den Titel des deutschen Meisters.

4.6.1974 Die Flughafen München GmbH beantragt bei der Regierung von Oberbayern die Durchführung des Planfeststellungsverfahrens für den Flughafen München II am Standort Erding-Nord/Freising.

13.6.1974 Eröffnung der Fußballweltmeisterschaft in Deutschland. Auf dem Riemer Flughafen wurden für die Weltmeisterschaft 56 Sonderflüge angemeldet. Die DFB-Auswahl beendet das Turnier am 7.7. nach einem 2:1-Sieg im Endspiel gegen Holland im Münchner Olympiastadion als neuer Weltmeister.

8.8.1974 Richard Nixon, Präsident der Vereinigten Staaten von Amerika, gibt seinen Rücktritt bekannt. Tage zuvor hatte Nixon seine Verstrickung in die Watergate-Affäre zugeben müssen. Am Tag nach Nixons Rücktritt wird Gerald Ford als neuer Präsident vereidigt.

12.10.1974 Die Flughafen München GmbH feiert ihr 25jähriges Jubiläum. Aus diesem Anlaß werden 86 Jungen und Mädchen aus städtischen Kinderheimen zu einem Alpenrundflug eingeladen.

1975

28. 5. 1975 Bayern München verteidigt seinen Titel im Europapokal der Landesmeister durch ein 2:0 gegen Leeds United in Paris.

2. 6. 1975 Erster Riemer Start eines Airbus im planmäßigen Verkehr. Die Chartergesellschaft GERMAN AIR fliegt mit dem Airbus A 300B wöchentlich von München nach Athen.

17. 7. 1975 In München wird der Grundstein für die Neue Pinakothek gelegt.

22. 11. 1975 Nach dem Tod Francisco Francos wird Prinz Juan Carlos von Bourbon zum spanischen König ausgerufen und inthronisiert.

27. 11. 1975 Die Deutsche Bundesbahn und die Flughafen München GmbH unterzeichnen einen Vertrag über den Anschluß des neuen Flughafens an das bestehende S-Bahn-Netz. Damit ist der Bau der S-Bahn-Strecke zum neuen Airport gesichert.

1976

1. 1. 1976 Einführung der Gurtpflicht: Nur angeschnallt dürfen Autofahrer von jetzt an auf deutschen Straßen verkehren.

21. 1. 1976 AIR FRANCE und BRITISH AIRWAYS nehmen den Linienverkehr mit dem Überschallflugzeug »Concorde« auf den Strecken Paris–Rio de Janeiro und London–Bahrain auf.

26. 4. 1976 Beginn der entscheidenden Sitzung des Preisgerichts im Architektenwettbewerb für den Passagierabfertigungsbereich des neuen Münchner Flughafens. Nach zweitägigen Beratungen votiert die Jury einstimmig für das Architekturbüro Busse & Partner Blees, Büch, Kampmann.

12. 5. 1976 Durch einen 1:0-Sieg in Glasgow über Saint-Étienne gewinnt Bayern München zum drittenmal hintereinander den Europapokal der Landesmeister.

19. 6. 1976 Karl XVI., König von Schweden, heiratet in Stockholm Silvia Sommerlath. Er hatte die Deutsche 1972 bei den Olympischen Spielen in München kennengelernt, bei denen seine spätere Frau als Hosteß arbeitete.

25. 9. 1976 Erstmals kommen auf dem Münchner Oktoberfest Spülmaschinen für die Reinigung der Maßkrüge zum Einsatz. Der Preis für eine Maß Bier nähert sich der 4-DM-Grenze.

3. 10. 1976 Die sozialliberale Regierungskoalition kann ihre Mehrheit bei den Bundestagswahlen behaupten.

2. 11. 1976 Der Demokrat Jimmy Carter wird zum neuen Präsidenten der USA gewählt.

17. 11. 1976 Der Liedermacher Wolf Biermann wird aus der DDR ausgebürgert.

1977

27. 3. 1977 Das schwerste Unglück der Luftfahrtgeschichte: Der Zusammenprall zweier Boeing 747 auf dem Flughafen von Teneriffa fordert 575 Todesopfer.

1. 4. 1977 Mit dem neuen Sommerflugplan kommt erstmals die sowjetische Luftverkehrsgesellschaft AEROFLOT im regelmäßigen Liniendienst nach Riem. FMG und LUFTHANSA schließen einen Gesellschaftsvertrag zur Gründung der Flughafen München Restaurations GmbH (FRG) ab. Das neue Unternehmen betreibt das Riemer Flughafenrestaurant »Fliegerschänke« und soll später die gastronomische Versorgung auf dem neuen Münchner Airport sicherstellen.

29. 6. 1977 Der Aufsichtsrat der FMG wählt Max Streibl in der Nachfolge von Ludwig Huber zum neuen Vorsitzenden. Bereits zuvor war Streibl nach dem Ausscheiden von Huber aus der bayerischen Staatsregierung an die Spitze des Finanzministeriums gerückt.

5. 9. 1977 Terroristen der RAF entführen den Präsidenten des Bundesverbands der Deutschen Arbeitgeberverbände, Hanns-Martin Schleyer.

13. 10. 1977 Die LUFTHANSA-Maschine »Landshut« wird mit 86 Passagieren auf dem Flug von Frankfurt nach Mallorca von vier arabischen Luftpiraten entführt. Die Geiselnehmer fordern von der Bundesregierung die Freilassung von 13 Häftlingen, darunter die in Stammheim einsitzenden Terroristen Andreas Baader, Gudrun Ensslin und Jan-Carl Raspe.

18. 10. 1977 Das Flugzeug der LUFTHANSA, das nach einem mehrtägigen Irrflug auf dem Flughafen von Mogadischu in Somalia gelandet ist, wird von einer Spezialeinheit des Bundesgrenzschutzes – der GSG 9 – gestürmt. Dabei kommen drei der Terroristen, die am Vortag den Kapitän Jürgen Schumann erschossen hatten, ums Leben.

28. 11. 1977 Erstmals überschreitet das Passagieraufkommen des Riemer Flughafens die Fünf-Millionen-Grenze. Der Münchner Arzt Gerd Lonsdorf wird vom FMG-Aufsichtsratsvorsitzenden Max Streibl und vom Hauptgeschäftsführer Hermann Reichart als fünfmillionster Passagier in Riem begrüßt.

1978/79

19. 1. 1978 Erster Spatenstich für die Internationale Gartenbauausstellung (IGA) auf dem Gelände des künftigen Münchner Westparks.

5. 3. 1978 Wahlsieg der CSU bei den Kommunalwahlen in München. Mit Erich Kiesl stellt die CSU auch den neuen Münchner Oberbürgermeister.

25. 6. 1978 Das gastgebende Argentinien wird nach einem 3:1-Sieg im Endspiel gegen die Niederlande Fußballweltmeister.

26. 7. 1978 Das erste »Retortenbaby«: In einer Londoner Klinik kommt mit Louise Brown erstmals ein außerhalb des menschlichen Körpers gezeugtes Kind zur Welt.

17. 9. 1978 Auf Camp David, dem Landsitz des amerikanischen Präsidenten Jimmy Carter, unterzeichnen der ägyptische Präsident Anwar as-Sadat und der israelische Ministerpräsident Menachem Begin ein Rahmenabkommen über den Abschluß eines Friedensvertrags.

15. 10. 1978 Franz Josef Strauß wird nach dem Wahlerfolg der CSU bei den bayerischen Landtagswahlen neuer bayerischer Ministerpräsident.

2. 11. 1978 Der Riemer Flughafen erhält vom bayerischen Wirtschaftsministerium die Zulassung für den »Allwetterflugbetrieb nach Betriebsstufe IIIa«.

11. 12. 1978 Erstmals legen 40 Mitarbeiter des Bodenverkehrsdienstes der FMG eine Prüfung vor der Industrie- und Handelskammer ab. Es sind die ersten staatlich geprüften Flugzeugabfertiger auf dem Münchner Flughafen.

7. 1. 1979 Im Ruhrgebiet und am Niederrhein wird der erste Smogalarm in der Geschichte der Bundesrepublik ausgelöst.

23. 5. 1979 Die Bundesversammlung wählt den CDU-Politiker Carl Carstens als Nachfolger Walter Scheels zum neuen Bundespräsidenten.

8. 7. 1979 Die Regierung von Oberbayern erläßt den Planfeststellungsbeschluß für den neuen Münchner Flughafen und erklärt ihn für sofort vollziehbar.

5. KAPITEL

DIE JAHRE IN DER WARTESCHLEIFE

DIE JAHRE IN DER WARTESCHLEIFE

1 Auch nach dem Planfeststellungsbeschluß vom 9. Juli 1979 setzen die Flughafengegner ihre Protestaktionen gegen den neuen Airport fort. Sie demonstrieren in Erding …

2 … ebenso wie auf der späteren südlichen Start- und Landebahn des neuen Flughafens. Auch der DDR-Regimekritiker Rudolf Bahro sieht in dem neuen Airport nicht »die Alternative« zum Riemer Flughafen.

In den zehn Jahren, die zwischen der Standortentscheidung und dem Planfeststellungsbeschluß für den neuen Münchner Flughafen vergangen sind, hat sich die innere Befindlichkeit der Bundesrepublik Deutschland abermals nachhaltig verändert. Die von Bundeskanzler Willy Brandt und seinem Nachfolger Helmut Schmidt geführten sozialliberalen Koalitionsregierungen hatten verschiedene gesellschaftspolitische Reformvorhaben auf den Weg gebracht und damit etwa in der Bildungspolitik, bei der betrieblichen Mitbestimmung, beim Ausbau der sozialen Sicherungssysteme und beim Abtreibungsrecht weitreichende Schritte im Sinne einer Modernisierung und Liberalisierung des bestehenden Rechtsstaates unternommen. Gleichzeitig war durch die von Bundeskanzler Brandt eingeleitete neue Ostpolitik eine weitgehende Normalisierung im Verhältnis der Bundesrepublik zu den Staaten des Ostblocks erreicht worden.

Mitte der siebziger Jahre sieht sich die Bundesrepublik mit einer deutlichen Verschlechterung der wirtschaftlichen Rahmenbedingungen konfrontiert. Die Arbeitslosigkeit stabilisiert sich auf einem hohen Niveau, und es kommt zu scharfen innenpolitischen Auseinandersetzungen über notwendige Kürzungen staatlicher Leistungen, insbesondere im Sozialbereich. Gleichzeitig wird die wachsende Bedrohung durch Terroranschläge, die im Herbst 1977 mit der Ermordung des Arbeitgeberpräsidenten Hanns-Martin Schleyer und der Entführung einer LUFTHANSA-Maschine ihren Höhepunkt findet, zu einer schweren Belastungsprobe für den Rechtsstaat.

Die siebziger Jahre sind auch die Entstehungszeit neuer sozialer Bewegungen. Zwar hatte die APO mit den sechziger Jahren abgedankt, doch bildeten sich jenseits des parlamentarischen Betriebs jetzt immer mehr Bürgerinitiativen und Protestbewegungen, die ihre Anliegen in den Parteien nur unzureichend repräsentiert sahen und sich deshalb bald bundesweit ausbreiteten. 1979 haben die Bürgerinitiativen insgesamt bereits rund 1,8 Millionen Mitglieder, also etwa genauso viele wie die politischen Parteien.

Der Umweltschutz spielte von Anfang an eine zentrale Rolle im Themenkatalog der neuen sozialen Bewegungen. So mobilisiert etwa der Kampf gegen die Atomkraft in Brokdorf, Gorleben, Kalkar, Wyhl und anderen Standorten Tausende von Demonstranten. Die ausgeprägte Skepsis gegenüber technischen Großprojekten beschränkt sich aber keineswegs auf die Kernenergie. Gerade die großen Verkehrsprojekte – und in besonderem Maße der Bau oder Ausbau von Flughäfen – rufen erbitterten Widerstand hervor. Unter dem Aspekt der gesellschaftlichen Akzeptanz technischer Großprojekte hätte man im 20. Jahrhundert wohl keinen ungünstigeren Zeitpunkt finden können, um einen neuen Verkehrsflughafen durchzusetzen, als die zweite Hälfte der siebziger Jahre.

Daß der Widerstand gegen den neuen Münchner Flughafen nach Erlaß des Planfeststellungsbescheids abebben würde, war angesichts der Entschlossenheit der Flughafengegner nicht zu erwarten. Tatsächlich ist die Auseinandersetzung um den neuen Airport im Sommer 1979 noch keineswegs ausgestanden, sie verlagert sich lediglich von den Behörden zu den Gerichten. Bereits in den vergangenen Jahren hatten sich die Verwaltungsgerichte in rund 30 Verfahren mit dem neuen Münchner Flughafen befaßt. Mit der Veröffentlichung des Planfeststellungsbeschlusses aber treten die juristischen Auseinandersetzungen um das Projekt in ein neues Stadium, denn jetzt können die Kläger das grundlegende Genehmigungswerk des Flughafens gerichtlich anfechten. Insgesamt 5724 Klagen gegen den Planfeststellungsbeschluß der Regierung von Oberbayern laufen beim Verwaltungsgericht München ein. Allein für die Erfassung der Schriftsätze und die Eingabe in die Datenverarbeitung benötigt die eigens eingerichtete Geschäftsstelle des Gerichts mehrere Wochen.

Die klagenden Gemeinden und privat Betroffenen wollen eine gerichtliche Aufhebung beziehungsweise Abänderung des Planfeststellungsbeschlusses erreichen. Da sich das Gericht außerstande sieht, sämtliche Einzelklagen in einem Verfahren zu verhandeln, beschließt die 17. Kammer des Verwaltungsgerichts München, nach sachlichen Kriterien der Betroffenheit zunächst 40 »Musterkläger« auszuwählen, die einen repräsentativen Querschnitt der Kläger bilden. Die Einwendungen dieser Musterkläger sollen nun Gegenstand des Verfahrens werden, während man die anderen Klagen zunächst ruhen lassen will. Die Betroffenen sehen in dieser

1 Für seine Anrainer ist der Riemer Airport nicht nur im übertragenen Sinne ein »Flughafen vor der Haustür«. Die lärmgeplagten Riemer Nachbarn setzen Anfang der achtziger Jahre ihre ganze Hoffnung auf eine zügige Realisierung des neuen Flughafens.

ihrer Ansicht nach »willkürlichen Auswahl« eine »unerträgliche Beschneidung des Verfahrens«, gegen die sich der »Bund Naturschutz« mit einer Verfassungsbeschwerde wehrt. Tatsächlich aber hätte das Verfahren, wie *Die Zeit* am 9. Mai 1980 feststellt, ohne eine solche Auswahl kaum durchgeführt werden können. »Selbst wenn die Richter, wie die Flughafengegner vorschlugen, ein riesiges Zirkuszelt oder die Olympiahalle gemietet hätten, um alle 5724 Kläger persönlich vorzuladen, wäre kein Prozeßtag über die vorgeschriebene ›Anwesenheitsüberprüfung aller Beteiligten‹ hinausgekommen.« Der Zweite Senat des Bundesverfassungsgerichts beschließt am 27. März 1980, die Verfassungsbeschwerde des »Bundes Naturschutz« mangels Erfolgsaussicht nicht zur Entscheidung anzunehmen.

Da in dem bevorstehenden Gerichtsverfahren auch die sofortige Vollziehbarkeit des Planfeststellungsbeschlusses überprüft werden soll, hat sich die FMG bereit erklärt, mit den eigentlichen Baumaßnahmen zu warten, bis das Gericht eine Sachentscheidung in dieser Frage trifft. »Im Hinblick auf den für die zweite Jahreshälfte 1980 erwarteten Baubeginn wurden die einschlägigen Planungen – vor allem für die ersten wasserbaulichen Maßnahmen und für die Baustellenstraßen – so weitergeführt, daß die ersten Bauleistungen im Frühjahr 1980 ausgeschrieben werden können«, heißt es im Geschäftsbericht der FMG für das Jahr 1979.

Am 29. April 1980 beginnt im »Sophiensaal« der Oberfinanzdirektion am Alten Botanischen Garten in München der Flughafenprozeß, der als das bisher größte Verwaltungsgerichtsverfahren in der Bundesrepublik in die Rechtsgeschichte eingeht. Nach der ursprünglichen Planung des Gerichts soll das Verfahren, bei dem wöchentlich drei Verhandlungstage angesetzt sind, noch im Juli abgeschlossen werden. Zweieinhalb Monate nach Prozeßbeginn zeichnet sich jedoch ab, daß diese Terminplanung nicht zu halten ist. »Durch zahlreiche Verzögerungen sowie die ›unerwartete Komplexität des Stoffes‹ sieht sich die Kammer gezwungen, über das geplante Ende am 31. Juli hinaus zu verhandeln«, meldet die *Süddeutsche Zeitung* am 17. Juli 1980.

Die Entscheidung über die sofortige Vollziehbarkeit des Planfeststellungsbeschlusses und damit über den Beginn der Bauarbeiten fällt schließlich am 31. Oktober. Nach einer vierzehntägigen Beratung weisen die Richter den Antrag der Flughafengegner zurück, die sofortige Vollziehbarkeit des Planfeststellungsbeschlusses außer Kraft zu setzen. Sie bestätigen den Verwaltungsakt der Regierung von Oberbayern, weil das bisherige Verfahren – wie es in der Begründung heißt – »keine Anhaltspunkte für das Vorliegen entscheidungserheblicher Verfahrensfehler« geliefert habe. Zweifel melden die Richter lediglich an der Notwendigkeit der für die Allgemeine Luftfahrt vorgesehenen dritten Start- und Landebahn an, die aber ohnehin schon im Planfeststellungsbeschluß ausdrücklich von der sofortigen Vollziehbarkeit ausgenommen worden war. Die Richter ergänzen diese Zurückstellung nun insofern, als sie für einzelne Baumaßnahmen, die erst bei der Verwirklichung der dritten Bahn erforderlich werden, ebenfalls die sofortige Vollziehbarkeit aufheben.

Insgesamt aber wertet die 17. Kammer des Münchner Verwaltungsgerichts die Flughafenplanung als »sachgerecht« und erteilt deshalb grünes Licht für die Realisierung im Sofortvollzug. »Mit dieser Entscheidung ist die Dringlichkeit des Baus des neuen Flughafens auch gerichtlich bestätigt worden«, erklärt der Hauptgeschäftsführer der FMG, Hermann Reichart. Während die FMG und die lärmgeplagten Nachbarn des Riemer Airports die Entscheidung des Gerichts mit großer Erleichterung quittieren, wollen sich die Kläger mit dem Richterspruch nicht zufriedengeben und kündigen eine Beschwerde beim Bayerischen Verwaltungsgerichtshof an.

Ohne jede öffentliche Zeremonie oder einen feierlichen ersten Spatenstich, aber auch ohne Protestkundgebungen und Zwischenfälle werden am Montag, den 3. November 1980, bei schneidender Kälte im Erdinger Moos die Bauarbeiten für den neuen Münchner Flughafen aufgenommen. Um 9.00 Uhr treffen die ersten Vermessungstechniker und Baumaschinen an ihrem südöstlich von Freising gelegenen Einsatzort ein. Die erste Baumaßnahme – die Aushebung eines Abfanggrabens – dient der Grundwasserregelung. Innerhalb des künftigen Flughafengeländes muß der Grundwasserspiegel um einen Meter abgesenkt werden, damit auf den späteren Flugbetriebsflächen ein frostsicherer Betrieb gewährleistet werden kann. Das bei der Absenkung im Süden des Flughafengeländes aufgefangene Grundwasser wird im Norden des späteren Airports über eine Versickerungsanlage wieder dem Grundwasserhaushalt zugeführt, so daß der Grundwasserspiegel hier unverändert bleibt.

Zwar werden die Bauarbeiten in den kommenden Wochen und Monaten immer wieder von Protestaktionen und Demonstrationen begleitet, doch das größte Bauvorhaben in der bayerischen Nachkriegsgeschichte kommt – begünstigt durch mildes Winterwetter – zunächst zügig voran. In der von der FMG herausgegebenen Mitarbeiterzeitung *Flughafenreport* heißt es in der Aprilausgabe 1981: »Seit Beginn der Arbeiten wurden rund drei Kilometer Baustraßen in der Rohplanung erstellt. Im provisorischen Zwischenbau fertiggestellt sind auch die Entwässerungsgräben für die notwendige Grundwasserregelung. Diese Gräben bleiben in der jetzigen Form ein Jahr in Betrieb, ehe sie endgültig ausgebaut werden.«

2 Der Neuordnung der Gewässer und der Absenkung des Grundwassers im Flughafenareal dienen die ersten Baumaßnahmen, die im November 1980 beginnen. Im Bild zu sehen ist der im Rohausbau fertiggestellte sogenannte Entwässerungsgraben Süd, über den eine Vorabsenkung des Grundwassers erreicht wird.

3 Feinausbau beim Ableitungsgraben Nord: Abgeleitetes Grundwasser und Oberflächenwasser, das über ein unterirdisches Rohrsystem durch den Flughafen geführt wird, können hier wieder aufgefangen werden. Ein Teil des Wassers wird über diesen Ableitungsgraben nördlich des Flughafens wieder in die natürlichen Bachverläufe gespeist, der Rest über eine Versickerungsanlage wieder ins Grund-wasser zurückgeführt.

1

1 Die Wappenhalle im Wandel der Zeiten: In den achtziger Jahren steht den Passagieren hier bereits eine Reihe von Läden zur Verfügung.

2 Jeder vierte Passagier, der 1980 eine Flugreise in München-Riem antritt, reist mit einer Chartermaschine. Im Vorfeld der Alpen präsentieren sich die Chartergesellschaften LTU und CONDOR mit einer Lockheed Tristar und einer Boeing 727.

Nur noch fünf Jahre trennen die Flughafenplaner zu diesem Zeitpunkt nach eigener Einschätzung von der Inbetriebnahme des neuen Airports. »Ziel unserer Bemühungen ist es, daß wir Ende 1985 mit dem Bau von München II fertig sind und der neue Flughafen 1986 in Betrieb gehen kann.« Mit diesen Worten wird Hermann Reichart, der Hauptgeschäftsführer der FMG, am 15. April in der Truderinger Ausgabe der Zeitung *Hallo* zitiert. Doch schon einen Tag später sind alle Terminpläne für das Flughafenprojekt Makulatur. Am 16. April – dem Gründonnerstag des Jahres 1981 – verhängt der Bayerische Verwaltungsgerichtshof völlig überraschend einen Baustopp für das Projekt. Der 20. Senat des Verwaltungsgerichtshofs begründet diesen Schritt damit, daß der Planfeststellungsbeschluß aus dem Jahr 1979 voraussichtlich aufgehoben werden muß.

»Aus zweierlei Gründen«, so der *Münchner Merkur* am 18. April, »kommen die Richter zu diesem Schluß. Erstens steht für sie fest, daß Wirtschaftsminister Anton Jaumann und sein Ministerialdirigent Helmut Ringelmann mehrmals im Planfeststellungsverfahren tätig geworden sind, obwohl sie wegen ihrer Mitgliedschaft im Aufsichtsrat der Flughafen München GmbH davon gesetzlich ausgeschlossen sind. Zweitens erscheint der Flughafen in der vorgesehenen Größe nicht gerechtfertigt.« Mißbilligt wird in diesem Zusammenhang neben der vorgesehenen Gesamtfläche von rund 2050 Hektar auch der geplante Achsabstand von 2300 Metern zwischen den beiden Start- und Landebahnen.

Während die Flughafengegner schon »den Anfang vom Ende des Projektes« feiern, reagieren die Flughafenplaner und die Anrainer des Riemer Airports mit Unverständnis auf den Beschluß. 30 Firmen, die sich mit rund 500 Beschäftigten am Bau des Flughafens beteiligen, sind von dem Baustopp betroffen. Zahlreiche Arbeiter werden entlassen oder in einen unbefristeten Zwangsurlaub geschickt, andere werden zur Kurzarbeit verpflichtet. Der Bau des neuen Airports – soviel steht schon jetzt fest – wird nicht nur mehr Zeit, sondern auch mehr Geld kosten als vorgesehen. »Pro Jahr Verzögerung ist mit Mehrkosten durch Baukostensteigerungen von 250 bis 300 Millionen DM zu rechnen«, zitiert die *tz* am 24. April 1981 den FMG-Hauptgeschäftsführer Reichart.

1 Ein Airport hinter Schloß und Riegel. Nach dem überraschenden Baustoppbeschluß des Bayerischen Verwaltungsgerichtshofs vom 16. April 1981 wird die Baustelle für den neuen Münchner Flughafen geschlossen und gesichert.

2 Ein einmaliges Ereignis auf dem Riemer Flughafen: Am 17. August 1983 landet die Concorde in München.

Zwar hatte der Senat keinen Zweifel daran gelassen, daß der Riemer Flughafen dringend ersetzt werden müsse, und auch den dafür vorgesehenen Standort im Erdinger Moos keineswegs in Frage gestellt, gleichzeitig durch seine Entscheidung aber dafür gesorgt, daß die Realisierung des neuen Flughafens plötzlich wieder in weite Ferne rückte. Daran ändert auch das Urteil der 17. Kammer des Münchner Verwaltungsgerichts nichts, das am 27. Mai 1981 nach dem fast einjährigen Hauptsacheverfahren ergeht.

Die Kammer weist die Klagen gegen den Planfeststellungsbeschluß der Regierung von Oberbayern »mit geringen Ausnahmen« ab und hält – anders als der Verwaltungsgerichtshof – auch den Vorwurf einer unerlaubten Mitwirkung des bayerischen Wirtschaftsministers Jaumann und des Ministerialdirigenten Ringelmann an der Planungsüberprüfung für unbegründet. »Die Beweisaufnahme hat keine Anhaltspunkte dafür ergeben, daß von einer der genannten Personen in die Entscheidungsbefugnisse der Planfeststellungsbehörde eingegriffen wurde«, heißt es dazu im Richterspruch. Auch den von der Planung vorgesehenen Achsabstand von 2300 Metern zwischen den beiden großen Start- und Landebahnen, der vom Verwaltungsgerichtshof moniert wurde, erachtet die Kammer als »nicht ermessensfehlerhaft«.

Lediglich hinsichtlich der Notwendigkeit einer dritten Start- und Landebahn äußern die Richter der 17. Kammer des Münchner Verwaltungsgerichts angesichts der großen Kapazität der beiden Hauptbahnen »rechtliche Zweifel«. Außerdem werden die Vorkehrungen im Bereich des Lärmschutzes von den Richtern als unzureichend eingestuft. Da diese Planungselemente aber nicht ausreichend seien, um eine Teilaufhebung des Planfeststellungsbeschlusses zu rechtfertigen, erteilen die Richter dem Bauvorhaben grundsätzlich grünes Licht. Dessen ungeachtet bleibt der von der übergeordneten Instanz im Verfahren über den Sofortvollzug verhängte Baustopp jedoch bis zu einer endgültigen rechtlichen Klärung weiterhin in Kraft. Eine von der Flughafengesellschaft im Juni 1981 erhobene Verfassungsbeschwerde gegen den Baustopp wird von den Karlsruher Richtern zurückgewiesen. Auch der Planänderungsantrag, den die FMG noch im Oktober 1981 bei der Regierung von Oberbayern einreicht, vermag an der Zwangspause auf der Baustelle zunächst nichts zu ändern. Die modifizierte Planung, die den Forderungen des Münchner Verwaltungsgerichtshofs Rechnung trägt, sieht nur noch zwei Start- und Landebahnen vor und schraubt den Flächenbedarf des Flughafens auf rund 1500 Hektar zurück.

In der öffentlichen Diskussion über das Flughafenprojekt haben die divergierenden Entscheidungen des Verwaltungsgerichts und des Verwaltungsgerichtshofs aus dem Frühjahr 1981 eine fatale Wirkung. Ingeborg Ergenzinger, die damalige Leiterin der Presse- und Öffentlichkeitsarbeit, hat diesen Effekt später treffend beschrieben. Es war, so schreibt sie in ihrem Rückblick, »ein an sich normaler rechtsstaatlicher Vorgang, der aber in diesem Falle zur kompletten Verwirrung in der Bevölkerung führte. Der Flughafenbau geriet mit einem Schlage wieder in den Strudel öffentlicher Stimmungsmache. Es gab Erklärungen auf allen politischen Ebenen, Demonstrationen für und gegen den Flughafen, Presseveröffentlichungen, Rundfunk- und Fernsehberichte mit kontroversen Inhalten. Es entstand in weiten Kreisen der Bevölkerung, auch bei den direkt Betroffenen, der Eindruck, als wären die langjährigen sachbezogenen Auseinandersetzungen im Grunde eine Farce gewesen, und die Realisierung oder Nichtrealisierung des Projektes wäre in Wahrheit eine Sache juristischer Spitzfindigkeiten.«

Neben dem Stillstand auf der Baustelle muß die Flughafengesellschaft in den frühen achtziger Jahren auch eine unerwartete Stagnation in der Verkehrsentwicklung verkraften. Infolge der weltweiten Rezession und eines deutlichen Anstiegs der Mineralölpreise verzeichnen die meisten deutschen Flughäfen rückläufige Passagierzahlen. Das Fluggastaufkommen in München-Riem bleibt 1980, 1981 und 1982 jeweils unter dem Niveau von 1979, und erst 1983 zeichnet sich eine Trendwende ab. Mit rund 6,4 Millionen Passagieren verbucht München in diesem Jahr einen Zuwachs von 7,3 Prozent und damit die höchste Steigerungsrate unter allen deutschen Verkehrsflughäfen.

»Bemerkenswert war 1983 vor allem die Zunahme der abgefertigten Großraumflugzeuge um 24,6 Prozent«, heißt es im Geschäfts-

2

bericht der FMG. Das größte Publikumsinteresse findet jedoch eine Maschine, die lediglich 100 Fluggäste befördern kann. Rund 30 000 Besucher strömen am 17. August 1983 zum Flughafen, um die erste und – wie sich später herausstellt – einzige Landung einer »Concorde« in München-Riem zu erleben. Der Automobilhersteller Volkswagen hatte das Überschallflugzeug im Zusammenhang mit der Präsentation des neuen VW Golf bei BRITISH AIRWAYS gechartert und eine Sondergenehmigung für die Landung in Riem erhalten.

Der Rechtsstreit um den neuen Flughafen tritt im Frühjahr 1984 in eine neue Runde. Am 30. Mai 1984 bestätigt das Bundesverwaltungsgericht in Berlin die Rechtmäßigkeit des Planfeststellungsbeschlusses aus dem Jahr 1979. Mit diesem Beschluß folgt das höchste deutsche Verwaltungsgericht in wesentlichen Teilen der Rechtsauffassung des Münchner Verwaltungsgerichts, das drei Jahre zuvor ebenfalls zu der Überzeugung gekommen war, daß die Flughafenplanung nicht gegen geltendes Recht verstoße. Auch das von der Regierung von Oberbayern durchgeführte Planänderungsverfahren kommt jetzt zu einem Abschluß.

(F)LIEGENDE HOLLÄNDER
MÄRZ 1982

Tausende von Skitouristen nutzen den Riemer Airport seit den frühen siebziger Jahren in jedem Winter als Tor zu den Pisten in Bayern und Österreich. Eine besondere Spielart dieses saisonalen Charterverkehrs bilden die Ambulanzflüge mit großen Verkehrsmaschinen, die alljährlich wintersportgeschädigte Patienten in ihre Heimatländer zurückbringen. Als »alpine Risikogruppe« erweisen sich dabei besonders die Holländer, die in ihrem natürlichen Lebensraum bekanntlich wenig Trainingsmöglichkeiten finden und ihren Skiurlaub häufig mit Knochenbrüchen und Bänderrissen beenden. Zweimal pro Woche startet in der Hochsaison ein »Gipsbomber« – so die lapidare flughafeninterne Bezeichnung –, um die lädierten Niederländer wieder ins vertraute Flachland zu befördern. »Jeden Monat bringen Krankenwagen aus dem gesamten Alpenraum an die 260 Patienten nach München Riem«, schreibt der *Münchner Merkur* am 1. März 1982 in einer Reportage über einen solchen Sammeltransport mit einer DC 9, deren Kabine vor dem Abflug auf die besonderen Anforderungen hin umgerüstet wird. »Für 32 Holländer, deren Verletzungen so schwer sind, daß sie nur liegen können, müssen die Sitze ausgebaut werden.«

Ursachenforschung betreibt zwei Wochen später, am 17. März 1982, die *Süddeutsche Zeitung* in einem Bericht über den nächsten Ambulanzflug nach Amsterdam: »Schuld an so viel Pech beim Skilaufen sind häufig der ungewohnte ›Jägertee‹ – ein Pistengetränk aus wenig Tee und viel Alkohol – und der Glühwein auf den Skihütten. Danach werden oft die verwegensten Pisten mutig angegangen. Die ›fliegenden Holländer‹ vertrauen ihrer Versicherung. Für vier Gulden (etwa 3,70 Mark) Versicherungskosten am Tag können die niederländischen Skisportler gewiß sein, daß im Falle eines Skiunfalls nicht nur sie, sondern auch ihre gesamte Familie kostenlos per Flugzeug nach Hause gebracht werden. Und dies alles bei bester medizinischer Betreuung.«

Die Bezirksregierung erläßt am 7. Juni 1984 einen Planänderungsbeschluß, in dem die von der FMG vorgenommene verkleinerte Flughafenplanung grundsätzlich gebilligt wird. Dem Änderungsbeschluß legt die Regierung von Oberbayern neue Prognosen über die Entwicklung des Verkehrsaufkommens zugrunde, die die bisherigen Vorhersagen deutlich nach unten korrigieren. So werden anstelle der ursprünglich für 1990 prognostizierten 11,4 Millionen Fluggäste jetzt nur noch 7,8 Millionen erwartet, die Prognose für das Jahr 2000 wird von 14,2 Millionen auf 10,8 Millionen zurückgeschraubt.

Unter Berufung auf das Urteil des Bundesverwaltungsgerichts und den Planänderungsbeschluß der Regierung von Oberbayern beantragen die Flughafen München GmbH und der Freistaat Bayern am 13. Juli 1984 beim Bayerischen Verwaltungsgerichtshof die Aufhebung des Baustopps für den neuen Flughafen. »Sowohl der Planänderungsbeschluß als auch das Berliner Urteil stellen nach Auffassung der FMG den Auftrag dar, München 2 unverzüglich zu realisieren«, heißt es dazu in einer Pressemitteilung der Flughafengesellschaft. Die entscheidende Verhandlung über die Errichtung des neuen Münchner Flughafens beginnt am 8. November 1984. Vier Monate später, am 8. März 1985, verkündet der vorsitzende Richter des 20. Senats am Bayerischen Verwaltungsgerichtshof Friedrich Litzow nach 22 Verhandlungstagen das mit Spannung erwartete Urteil: »Die vorliegenden Entscheidungen erklären die Planung des Flughafens München II für rechtmäßig und heben den Baustopp auf.« Nach einer fast vierjährigen Unterbrechung können die Bauarbeiten für den neuen Flughafen am 25. März 1985 wiederaufgenommen werden. Die Flughafengegner kündigen umgehend Revisionsanträge beim Bundesverwaltungsgericht in Berlin an.

Unterdessen ist auch der Riemer Flughafen wieder zu einer Baustelle geworden. Das rapide Verkehrswachstum, das die Münchner Passagierzahlen 1984 um 14 Prozent auf über 7,2 Millionen ansteigen ließ, hatte eine erneute Erweiterung der Abfertigungskapazitäten erforderlich gemacht. Nach einer sechsmonatigen Bauzeit wird am 1. Juni 1985 ein neuer Anbau der Abflughalle seiner Bestimmung übergeben. In dem 2000 Quadratmeter großen

Erweiterungsbau werden die abfliegenden Passagiere von LUFT-HANSA und CONDOR abgefertigt. Noch im Herbst 1985 beginnen am Riemer Flughafen weitere Ausbaumaßnahmen in einer Größenordnung von insgesamt 35 Millionen DM. So entsteht vor der Abflughalle ein neues Parkhaus mit über 700 Stellplätzen. Acht zusätzliche Gates werden im Bereich der Auslandswarteräume geschaffen, indem das ebenerdige Gebäude durch ein zusätzliches Stockwerk vergrößert wird. Durch drei zusätzliche Flugzeug-Abstellpositionen auf dem östlichen Vorfeld kann die Anzahl der verfügbaren Positionen auf 35 erhöht werden. Außerdem wird eine neue, 4000 Quadratmeter große Frachthalle mit einem dreigeschossigen Büroanbau errichtet. Diese zweite Frachthalle wird zur Abwicklung der Frachtexporte genutzt, während der Import in der bereits bestehenden Halle verbleibt.

Daß es wenige Jahre vor der nunmehr absehbaren Fertigstellung des neuen Flughafens noch zu so umfangreichen Erweiterungen in Riem kommt, hängt nicht zuletzt mit der vorausgegangenen Zwangspause auf der Baustelle im Erdinger Moos zusammen. Aufgrund des Baustopps kann erst zu Beginn der neunziger Jahre mit einer Eröffnung des neuen Flughafens gerechnet werden. Ohne die jetzt begonnenen Ausbaumaßnahmen wäre der Riemer Airport außerstande, das bis dahin zu erwartende Verkehrsaufkommen zu bewältigen. Die rasante Zunahme des Luftverkehrs wird im Winterflugplan 1985/86 besonders offenkundig. Erstmals werden in einem Winter mehr Linienflüge in Riem angeboten als im vorangegangenen Sommer. Zu den neuen Verbindungen zählt auch ein Langstreckenflug der BRITISH AIRWAYS, die mit einer Lockheed Tristar zweimal wöchentlich von München aus über Dubai und Bangkok nach Hongkong startet. »Wir sehen im Münchner Raum ein bedeutendes Verkehrsaufkommen in Richtung Fernost. Außerdem wollen wir die Entwicklung Riems zum zweiten Umsteige-Flughafen in Deutschland fördern«, erklärt der Vorstandsvorsitzende der BRITISH AIRWAYS, Colin Marshall, anläßlich des Eröffnungsfluges (tz vom 11. November 1985).

Susanne Juhnke, Ehefrau des Schauspielers Harald Juhnke, ist – wie es der Buchungscomputer und der Zufall wollen – der achtmillionste Fluggast des Jahres 1985 und wird am 20. Dezember vom

DER TAG, ALS DER HAGEL KAM
JULI 1984

Nach einem heißen Sommertag ziehen am Abend des 12. Juli 1984 kurz nach 20.00 Uhr vom Westen her plötzlich tiefschwarze Gewitterwolken über München auf. Unmittelbar danach setzen Sturmböen mit Windstärke 11 ein, und die Temperatur fällt innerhalb von fünf Minuten von 26 auf 16 Grad Celsius. Das ist der Auftakt zu einer der verheerendsten Hagelkatastrophen der Nachkriegszeit, die in der bayerischen Landeshauptstadt und den umliegenden Landkreisen eine Spur der Verwüstung hinterläßt. Der Riemer Flughafen liegt im Zentrum des Unwetters und wird von Hagelkörnern, die die Größe von Tennisbällen erreichen, erheblich in Mitleidenschaft gezogen. Im *Spiegel* vom 16. Juli liest sich die Hagelbilanz wie folgt: »Wie von Bordkanonen gerissen, klaffen Löcher in den Landeklappen großer Boeings und in den Tragflächen von kleinen Flugzeugen. 22 Linienmaschinen, darunter zehn der LUFTHANSA, wurden mattgesetzt, der Flugverkehr erlahmte. 90 Prozent der in München-Riem geparkten 148 Sportmaschinen trugen Schäden davon, manche haben nur noch Schrottwert. Hagelgeschosse hatten die Kabinenfenster von Pilotenkanzeln durchschlagen, aber auch Flachdächer und an die 2000 Fensterscheiben im Flughafengebäude. Rund 400 am Flughafen geparkte Autos und Tausende in der Stadt sahen aus wie nach einer Explosion – Windschutzscheiben und Rückfenster geborsten, das Blech über und über mit Beulen bedeckt.«

Auf 1,5 Milliarden DM beziffert die Versicherungswirtschaft den Gesamtschaden, den der Hagel in München und Umgebung verursacht. Den größten Einzelposten in dieser Bilanz bildet eine fabrikneue Boeing 757 der Chartergesellschaft LTS (die spätere LTU SÜD), die sich bei Ausbruch des Unwetters gerade im Landeanflug befand und jetzt für 20 Millionen DM repariert werden muß. Für die Beseitigung der Gebäudeschäden am Flughafen muß die FMG insgesamt 3,4 Millionen DM aufwenden.

FMG-Aufsichtsratsvorsitzenden Max Streibl in Riem begrüßt. Sowohl das Passagieraufkommen als auch die Anzahl der Flugbewegungen auf dem Münchner Flughafen weisen in diesem Jahr zweistellige Wachstumsraten auf.

Im Sommer 1986 werden die Ausbaumaßnahmen in Riem abgeschlossen. Der Flugplan des Münchner Flughafens wächst in diesem Sommer um eine Reihe attraktiver Verbindungen, insbesondere im Amerikaverkehr. Fünf Jahre zuvor, am 26. April 1981, war die PAN AMERICAN WORLD AIRWAYS erstmals mit einer Lockheed L 1011-500 zu einem Nonstopflug nach New York gestartet und hatte damit das Zeitalter der Nonstop-Verbindungen im planmäßigen Luftverkehr zwischen Bayern und den USA eingeläutet. Im Sommer 1986 bieten nun neben der PAN AM erstmals auch die LUFTHANSA und die TRANS WORLD AIRWAYS tägliche Nonstopflüge nach New York an. Hinzu kommen zwei amerikanische Luft-

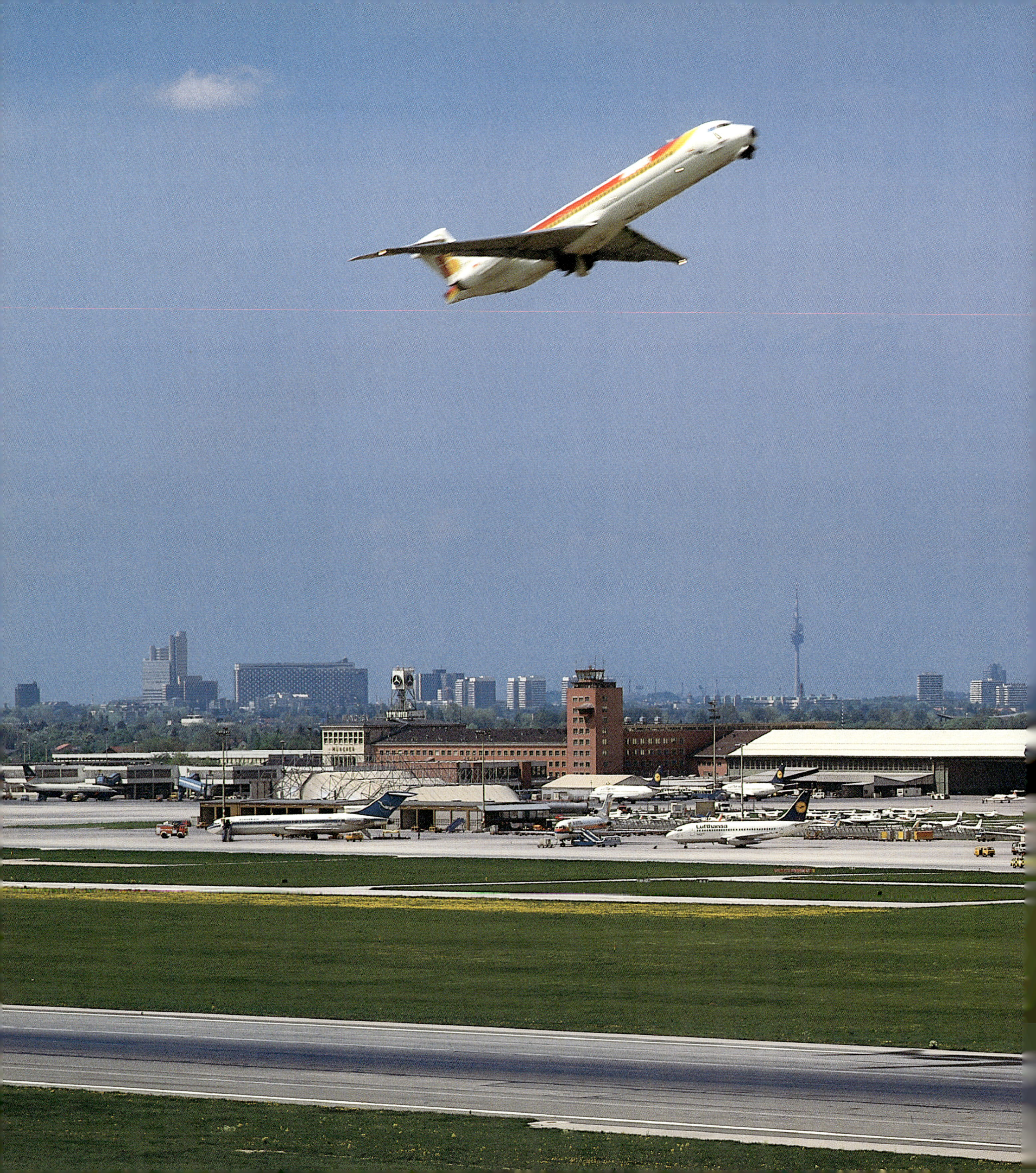
Lufthansa

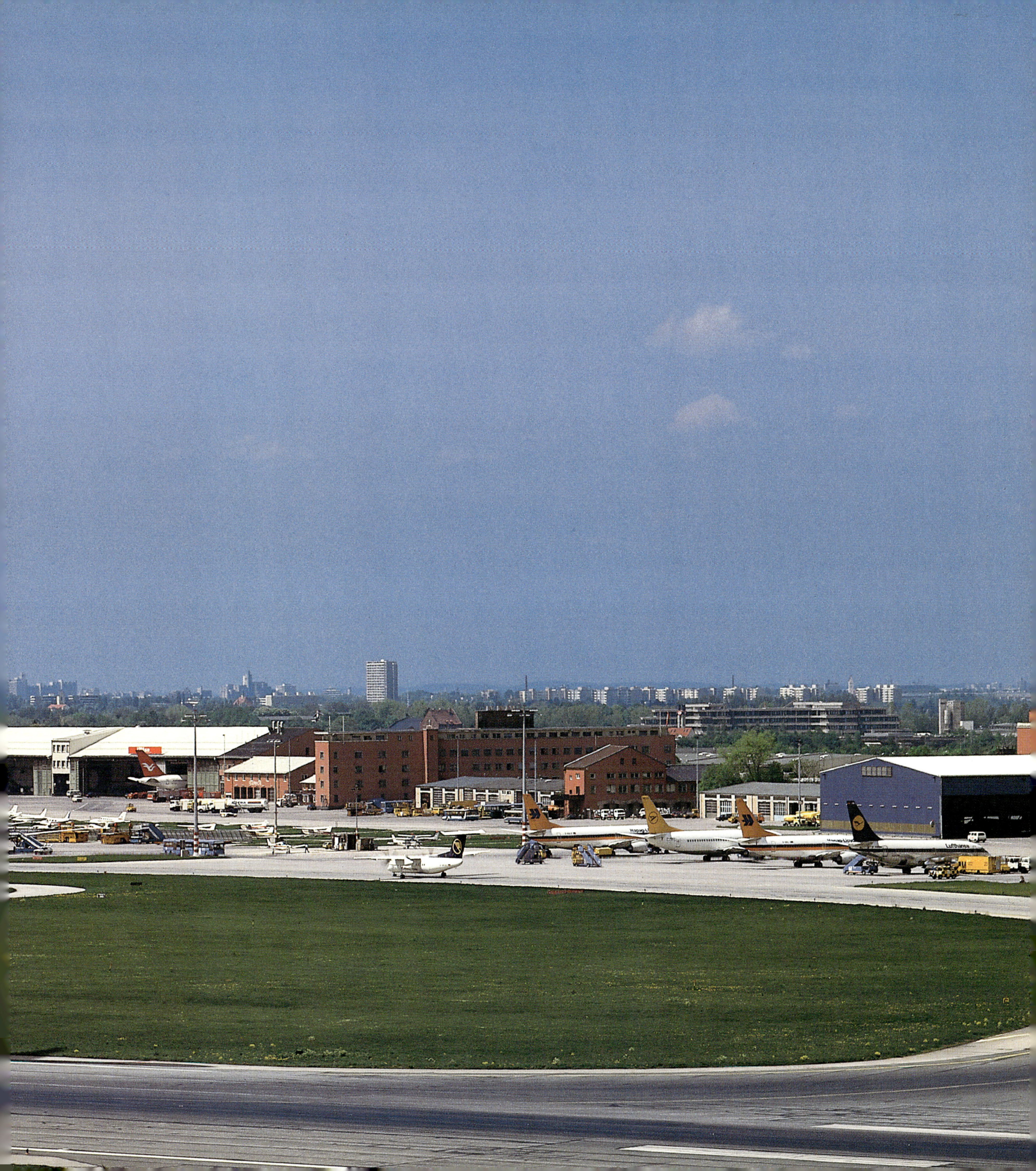
Lufthansa

1 Planer hinter dem Flughafenprojekt: Der FMG-Planungschef Manfred Steffen und die Architekten Professor Hans Busso von Busse (r.) und Heinz Blees (l.). Was im Modell längst fertiggestellt ist ...

2 ... präsentiert sich auf der Baustelle am neuen Standort im Juni 1988 noch als Entstehungsprozeß. Zwischen den Baukränen und der Silhouette der Domstadt Freising ist bereits die frisch betonierte südliche Start- und Landebahn zu erkennen.

verkehrsgesellschaften, die München in diesem Jahr neu in ihr Streckennetz aufnehmen. DELTA AIR LINES fliegt täglich von München nach Atlanta, und AMERICAN AIRWAYS eröffnet eine ebenfalls tägliche Verbindung von München über Düsseldorf nach Chicago.

Kurz vor dem Jahresende rückt 1986 noch einmal die juristische Auseinandersetzung um den künftigen Flughafen in den Mittelpunkt des öffentlichen Interesses. In dem Verfahren über die grundsätzliche Rechtmäßigkeit der Planungen für den neuen Münchner Flughafen weist der 4. Senat des Berliner Bundesverwaltungsgerichts am 5. Dezember 1986 die Revisionsanträge von neun Gemeinden, vier privat Betroffenen und dem »Bund Naturschutz« zurück und bestätigt den Richterspruch des Bayerischen Verwaltungsgerichtshofs vom 8. März 1985 in allen wesentlichen Punkten. Wenngleich einzelne Bestandteile der Planfeststellung – insbesondere aus dem Bereich des Lärmschutzes – noch bis in die zweite Hälfte der neunziger Jahre die Verwaltungsgerichte beschäftigen, ist der grundsätzliche Streit um den neuen Flughafen damit letztinstanzlich entschieden. 17 Jahre und vier Monate nach der Standortentscheidung der bayerischen Staatsregierung befindet das höchste deutsche Verwaltungsgericht die Flughafenplanung grundsätzlich für rechtmäßig. Die Berliner Richter ziehen damit einen juristischen Schlußstrich unter einen Konflikt, der zuweilen sehr lautstark, emotional und polemisch ausgetragen wurde, aber bis zuletzt eine gewaltfreie Auseinandersetzung blieb. »Anders als beim Bau der dritten Startbahn in Frankfurt hatten Chaoten in München keine Chance«, resümiert die *Süddeutsche Zeitung* am 6. Dezember 1986.

Zu den erfreulichen Aspekten in der langjährigen Auseinandersetzung um den Bau des neuen Airports gehört auch die Tatsache, daß es im Zusammenhang mit dem Flughafenbau – anders als bei vielen Infrastrukturprojekten dieser Dimension – zu keinem einzigen Enteignungsverfahren kommt. Der gesamte Grunderwerb kann auf der Basis freiwilliger Vereinbarungen vollzogen werden. Am 30. September 1987 wird in einem Münchner Notariat ein Tauschvertrag zwischen der Flughafen München GmbH und zwei Grundstückseigentümern aus der Ortschaft Schwaig abgeschlossen. Durch diese Vereinbarung erwirbt die FMG 17 Jahre nach dem Beginn des Grunderwerbs die letzten 18 690 Quadratmeter, die ihr zur Realisierung des neuen Flughafens noch fehlen. Mehr als 3000 Verträge mit rund 600 Grundbesitzern am neuen Flughafenstandort waren vorher bereits abgeschlossen worden. Nach Abschluß des Grunderwerbs verfügt die FMG über die gesamte vorgesehene Projektfläche sowie über 2000 weitere Hektar im Flughafenumland. Die Kosten, die die FMG insgesamt für den Grunderwerb aufwenden muß, belaufen sich auf über 1 Milliarde DM.

In dem Bemühen, die Akzeptanz für den neuen Flughafen an seinem künftigen Standort zu fördern, setzt die Flughafen München GmbH auch nach dem Berliner Urteil auf Transparenz und umfassende Information der Öffentlichkeit. Am 24. März 1987 wird auf dem Gelände des künftigen Flughafens ein Informationszentrum eröffnet, in dem sich Besucher über die Grundlagen der Planung und den Fortgang der Bauarbeiten unterrichten können. Das neue Zentrum ist gleichzeitig Ausgangspunkt von Gruppenführungen über die Baustelle, die sowohl bei Fachleuten aus dem In- und Ausland als auch bei den künftigen Anrainern des neuen Airports auf großes Interesse stoßen. Bis zum Tag der Inbetriebnahme, dem 17. Mai 1992, informieren sich mehr als eine halbe Million Besucher vor Ort über die Entstehung des neuen Münchner Flughafens.

Am Riemer Flughafen nehmen unterdessen mit den Passagierzahlen auch die Kapazitätsengpässe zu. »Wir haben bereits jetzt Schwierigkeiten, unsere Passagiere reibungslos abzufertigen. Die Räumlichkeiten sind zu eng, ausreichend Parkraum ist auch nicht vorhanden. Für die verbleibenden vier Jahre müssen wir uns arrangieren und unsere Fluggäste um Nachsicht bitten«, erklärt FMG-Hauptgeschäftsführer Reichart gegenüber dem *Münchner Stadtanzeiger* in einem Interview, das am 19. Juni 1987 veröffentlicht wird. Besonders eng wird es in der Hauptreisezeit, wenn Tausende von Urlaubsreisenden in die viel zu kleine Charterhalle drängen.

In einer Reportage der *Süddeutschen Zeitung* wird das »volle« Ausmaß einer solchen Rush-hour beschrieben. »Wer da für ›Ibiza‹, ›Agadir‹, ›Rhodos‹, die Paßkontrolle oder einen Kaffee an der

3 Die Münchner Luftverkehrsgesellschaft GERMAN WINGS, die am 10. April 1989 mit vier Maschinen vom Typ MD 83 an den Start geht, gibt nur ein kurzes Gastspiel im Luftverkehr.

4 Nach Einführung der Anmeldepflicht im Kleinflugzeugverkehr geht das Verkehrsaufkommen bei der Allgemeinen Luftfahrt in Riem spürbar zurück.

Charterbar ansteht, ist nicht festzustellen. Es gibt keine Schlangen, sondern nur ein einziges Gewühl. Wohl kaum ein Ort in München, wo schon um fünf Uhr früh ein derartiger Trubel herrscht. ›In den Ferien ist die Charterhalle manchmal schon um vier Uhr schwarz vor Menschen‹, sagt ein Loader. Er hebt ein Gepäckstück nach dem anderen von der Waage auf das Fließband. ›Die Halle ist zu voll‹, sagt eine Hosteß neben ihm. ›Ständig kippen Passagiere um. Die Sanitäter kommen dann kaum durch das Gedränge‹«, heißt es in der *Süddeutschen Zeitung* vom 19. August 1987.

Mit Engpässen im Münchner Luftverkehr befaßt sich am selben Tag auch der Münchner Stadtrat. Ausgelöst wurde diese Debatte durch ein Flugzeugunglück, das sich am 11. August an der Wasserburger Landstraße unweit des Riemer Airports zugetragen hatte. Ein zweimotoriges Geschäftsflugzeug vom Typ »Piper Cheyenne« war beim Landeanflug auf den Riemer Flughafen auf den Parkplatz einer McDonald's-Filiale gestürzt und hatte das Gebäude sowie einen Linienbus in Brand gesetzt. Neben den drei Flugzeuginsassen kamen bei dem Unglück weitere sechs Menschen ums Leben, 18 Personen wurden verletzt. Unter dem Eindruck des Truderinger Flugzeugunglücks fordern die Rathausfraktionen einvernehmlich, die Allgemeine Luftfahrt im größtmöglichen Umfang vom Flughafen Riem auf andere Flughäfen zu verlagern.

Zu einer spürbaren Reduzierung des Verkehrsaufkommens im Bereich der Allgemeinen Luftfahrt führt schließlich die Einführung der Anmeldepflicht für Kleinflugzeuge, die die bayerische Staatsregierung im November 1987 beschließt. Bisher waren die Kleinflugzeuge von der Koordinierungspflicht ausgenommen und hatten in beliebiger Anzahl zu beliebigen Zeiten in Riem starten und landen können. Infolge der starken Verkehrszunahme hatten diese nicht angemeldeten Flüge in der Vergangenheit jedoch immer häufiger zu Verspätungen im Bereich der Großluftfahrt geführt. Durch die Einführung der Anmeldepflicht, die von der FMG bereits Ende 1986 beantragt wurde, kann die Allgemeine Luftfahrt jetzt effektiver koordiniert und in die Gesamtabläufe einbezogen werden. Bevor die Neuregelung am 1. Februar 1988 in Kraft tritt, wird die bestehende Graspiste des Riemer Airports, die nur bei Trockenheit genutzt werden kann, auf einer Länge von 800 Metern betoniert und am 21. Dezember als befestigte Nebenbahn in Betrieb genommen. Alle Kleinflugzeuge mit einem Startgewicht von bis zu zwei Tonnen starten und landen künftig auf dieser Piste.

UNANGEMELDETER »PROBEBETRIEB«
JULI 1987

Obwohl sich die 4000 Meter langen Start- und Landebahnen des neuen Münchner Flughafens im Sommer 1987 noch als Schotterpisten präsentieren, landen Ende Juli gleich zwei Flugzeuge unangemeldet auf der Baustelle. Am 26. Juli setzt ein in Freising gestarteter Hobbypilot mit seinem Segelflugzeug vom Typ K 8 auf einer planierten, aber noch nicht betonierten Runway auf. Wie der 31jährige Segelflieger später angibt, hatte er sich zu dieser Notlandung entschlossen, nachdem er durch starken Westwind über die Isar getrieben worden und dann immer weiter abgesackt war.

Nur zwei Tage später landet das erste Motorflugzeug auf dem längst noch nicht fertiggestellten Flughafen. Der Pilot der einmotorigen Cessna 172, ein 46jähriger Münchner Fluglehrer, war mit seiner Ehefrau und einer Flugschülerin im niederbayerischen Eggenfelden zum Rückflug nach München-Riem gestartet und nach eigener Darstellung durch technische Probleme zur Landung auf der unbefestigten Südbahn des neuen Flughafens gezwungen worden. Das Freisinger Amtsgericht schenkt diesen Ausführungen allerdings keinen Glauben und verurteilt den Piloten im August 1990 wegen Verstoßes gegen das Luftverkehrsgesetz zu einer Geldstrafe in Höhe von 3600 Mark. Genau zwei Monate, bevor der inoffizielle Jungfernflug auf dem neuen Airport zu Boden kam, hatte ein anderer Pilot mit dem gleichen Flugzeugtyp übrigens ebenfalls einen unkonventionellen Landeplatz ausgewählt und damit weltweit für Schlagzeilen gesorgt. Am 28. Mai 1987 war der 19jährige Hobbyflieger Matthias Rust aus Wedel bei Hamburg mit einer Cessna 172 auf dem Roten Platz in Moskau gelandet. Dieser »Erstflug« kommt den Piloten allerdings teurer zu stehen. Erst nach einer einjährigen Haft in der Sowjetunion kann der »Kremlflieger« im August 1988 die Heimreise antreten.

1 Das volle Ausmaß der Riemer Engpässe wird angesichts der starken Verkehrszuwächse der achtziger Jahre auf dem Vorfeld ebenso deutlich …

Durch eine »Stadtratsentscheidung von historischer Dimension« (*Münchner Merkur* vom 4. Dezember 1987) werden am 3. Dezember 1987 die Weichen für die künftige Nutzung des Riemer Flughafenareals als Messestandort gestellt. Dem Grundsatzbeschluß des Münchner Stadtrats zufolge soll die neue Messe bis Mitte der neunziger Jahre fertiggestellt werden. Die nächste Halle, die in Riem gebaut wird, ist aber keine Messehalle, sondern vielmehr eine neue Abfertigungshalle für den Charterverkehr. Im März 1988 beginnen die Bauarbeiten zur Errichtung der Charterhalle, die eineinhalb Kilometer östlich des bestehenden Terminals angesiedelt wird.

Dieser nunmehr endgültig letzte Neubau auf dem Riemer Flughafen, dessen Betriebszeit aufgrund der bevorstehenden Verlegung des Flughafens von vornherein auf wenige Jahre befristet ist, soll den überfüllten Airport in mehrerlei Hinsicht entlasten. Auf rund 6000 Quadratmetern wird die neue Halle Platz für 24 Check-in-Schalter, Paß- und Zollkontrollstellen, Läden, Snackbars und alle anderen für Passagiere und Abholer erforderlichen Einrichtungen bieten. In dem auf drei Millionen Fluggäste ausgelegten Abfertigungsgebäude kann der gesamte Charterverkehr abgewickelt werden. Da das neue Terminal auch über eine eigene Zufahrt verfügt, wird gleichzeitig der Autoverkehr vor dem bestehenden Terminal reduziert. In Spitzenzeiten waren hier zuletzt immer wieder gefährliche Rückstaus bis auf die Autobahn entstanden. Darüber hinaus soll im Zuge der Baumaßnahme auch das Parkplatzangebot des Flughafens durch 1000 zusätzliche Stellplätze im Bereich der Charterhalle noch einmal erheblich aufgestockt werden.

Auf ihrer anderen Baustelle zieht die Flughafen München GmbH im Sommer 1988 Zwischenbilanz. In einer Pressemitteilung der FMG vom 6. Juni heißt es: »Die ersten Baumaßnahmen ab März 1985 galten der durch den Baustopp unterbrochenen Gewässerneuordnung und Grundwasserregelung. Diese Maßnahmen konnten im wesentlichen abgeschlossen werden. Ihrer Fertigstellung geht auch die erste große Tiefbaumaßnahme – begonnen im Oktober 1985 – entgegen: Der Bau des S-Bahn-Tunnels mit Rampe wird im Herbst 1988 abgeschlossen sein. Weitgehend beendet sind auch die Begrünungsmaßnahmen im Zaunbereich des Flughafens.

Rund 750 000 Bäume und Büsche wurden gepflanzt. Im Bereich des Tiefbaus sind weiterhin die Start- und Landebahnen – begonnen Ende 1987 – sowie das Vorfeld West in Bau. Die planierten Flächen werden derzeit betoniert und sollen insgesamt bis Ende des Jahres 1989 fertiggestellt sein.« Auch die ersten Hochbaumaßnahmen sind mittlerweile bereits angelaufen. Das Terminal, das Zentralgebäude, der Tower, die Parkgaragen, das Gebäude der Bundesanstalt für Flugsicherung und das Verwaltungsgebäude der FMG befinden sich im Bau. Rund 1300 Personen sind zu diesem Zeitpunkt auf der Großbaustelle im Einsatz.

Ende Juni 1988 präsentiert die Flughafen München GmbH eine neue Führungsmannschaft. Hermann Reichart, der die Geschicke des Unternehmens als Hauptgeschäftsführer 15 Jahre lang geleitet hat, tritt in den Ruhestand. Seine Nachfolge übernimmt zum 15. Juli 1988 der bisherige kaufmännische Geschäftsführer der FMG, Roman Rittweger. Neben dem weiterhin amtierenden technischen Geschäftsführer Klaus Nitschke rücken zwei neue Führungskräfte an die Unternehmensspitze. Bereits zum 1. März war der Ministerialdirigent Dr. Ferdinand Jaquet als Geschäftsführer für den Personalbereich in die FMG eingetreten. Jaquet war zuvor in der bayerischen Staatskanzlei als Leiter der Verwaltungsabteilung unter anderem für die Bereiche Personal und Sicherheit verantwortlich.

Der zweite neue Kopf in der Führungscrew ist der Diplomvolkswirt Willi Hermsen, der vom scheidenden Hauptgeschäftsführer Reichart zum 1. Juli 1988 den Geschäftsbereich »Luftverkehr« übernimmt. Hermsen war zuvor 18 Jahre in verschiedenen Führungspositionen für die deutsche LUFTHANSA tätig gewesen, unter anderem als Leiter der Abteilungen Konsortialverwaltung und Beteiligungsprojekte sowie Flottenbedarfs- und Flugplanung in Köln, später als Leiter der Hauptabteilung Bodendienste (Flughafenanlagen und Abfertigungsbetrieb) in Frankfurt. Innerhalb der Geschäftsführung der FMG wird dem erfahrenen Luftverkehrsexperten auch die Zuständigkeit für die Betriebsverlagerung und Inbetriebnahme des neuen Flughafens übertragen. Eine personelle Veränderung gibt es auch an der Spitze des Aufsichtsrats. Max Streibl, der zum Nachfolger des verstorbenen bayerischen

2 … wie in den Abfertigungshallen …

3 … oder im Zufahrtsbereich des Flughafens.

2

3

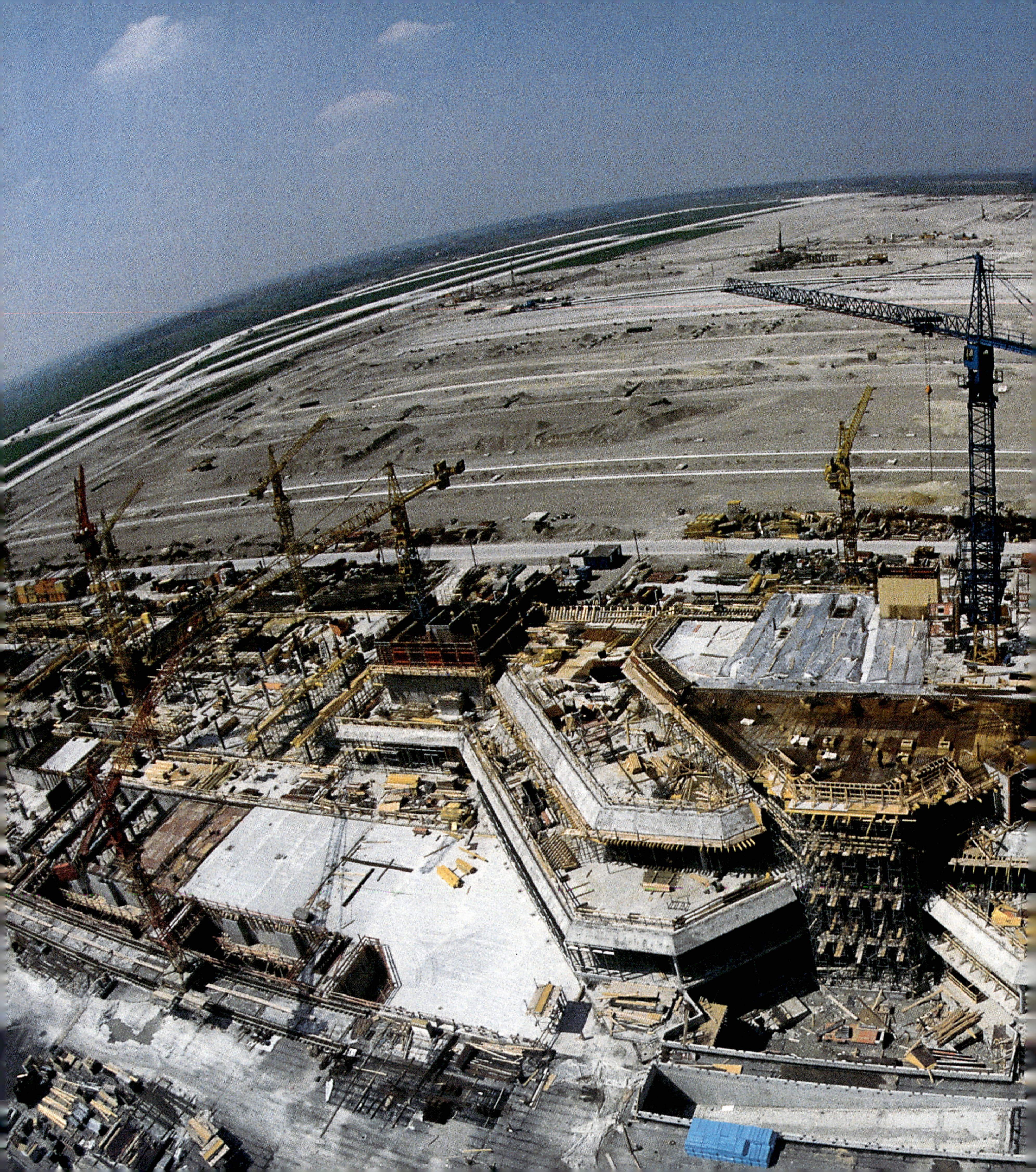

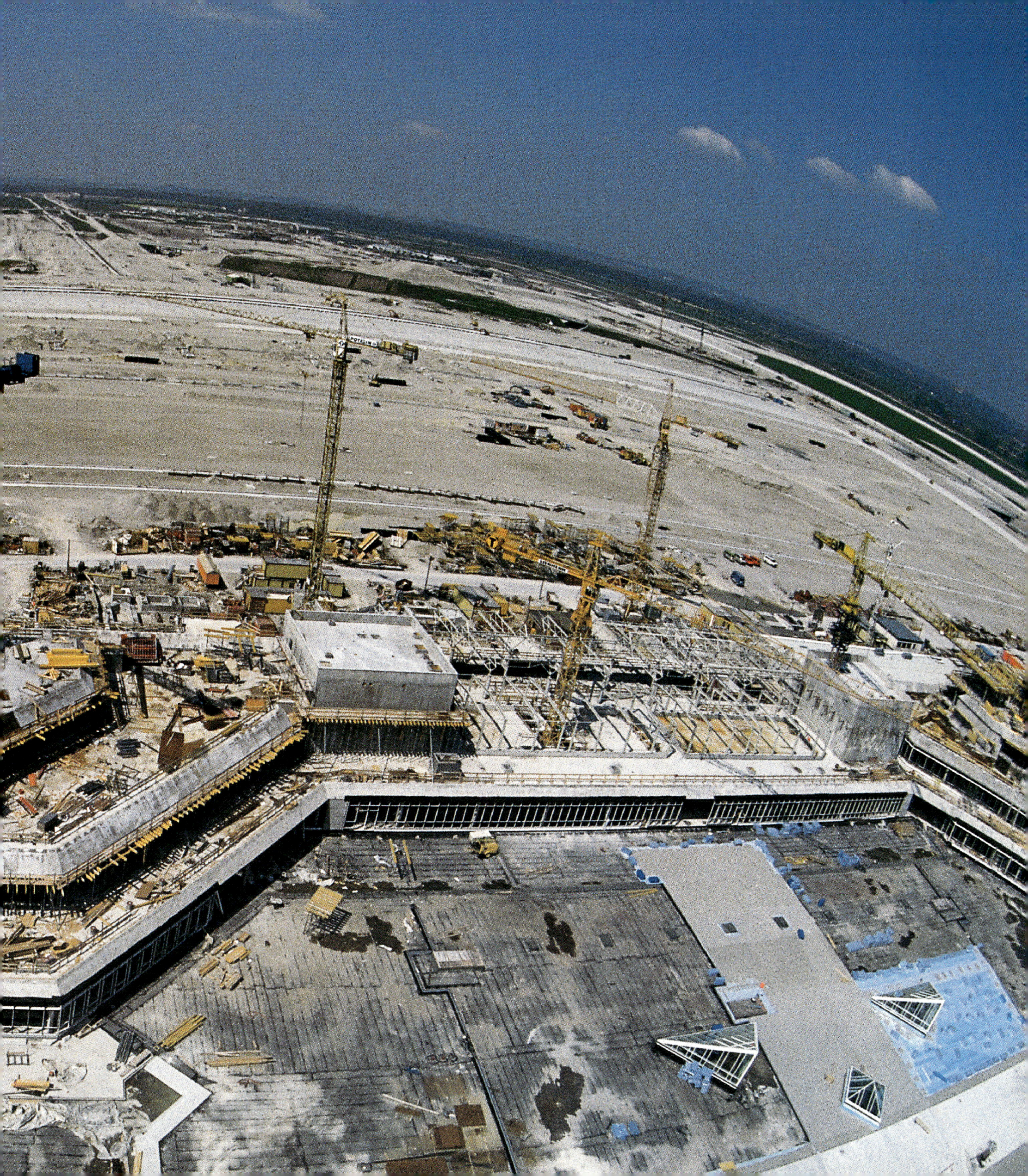

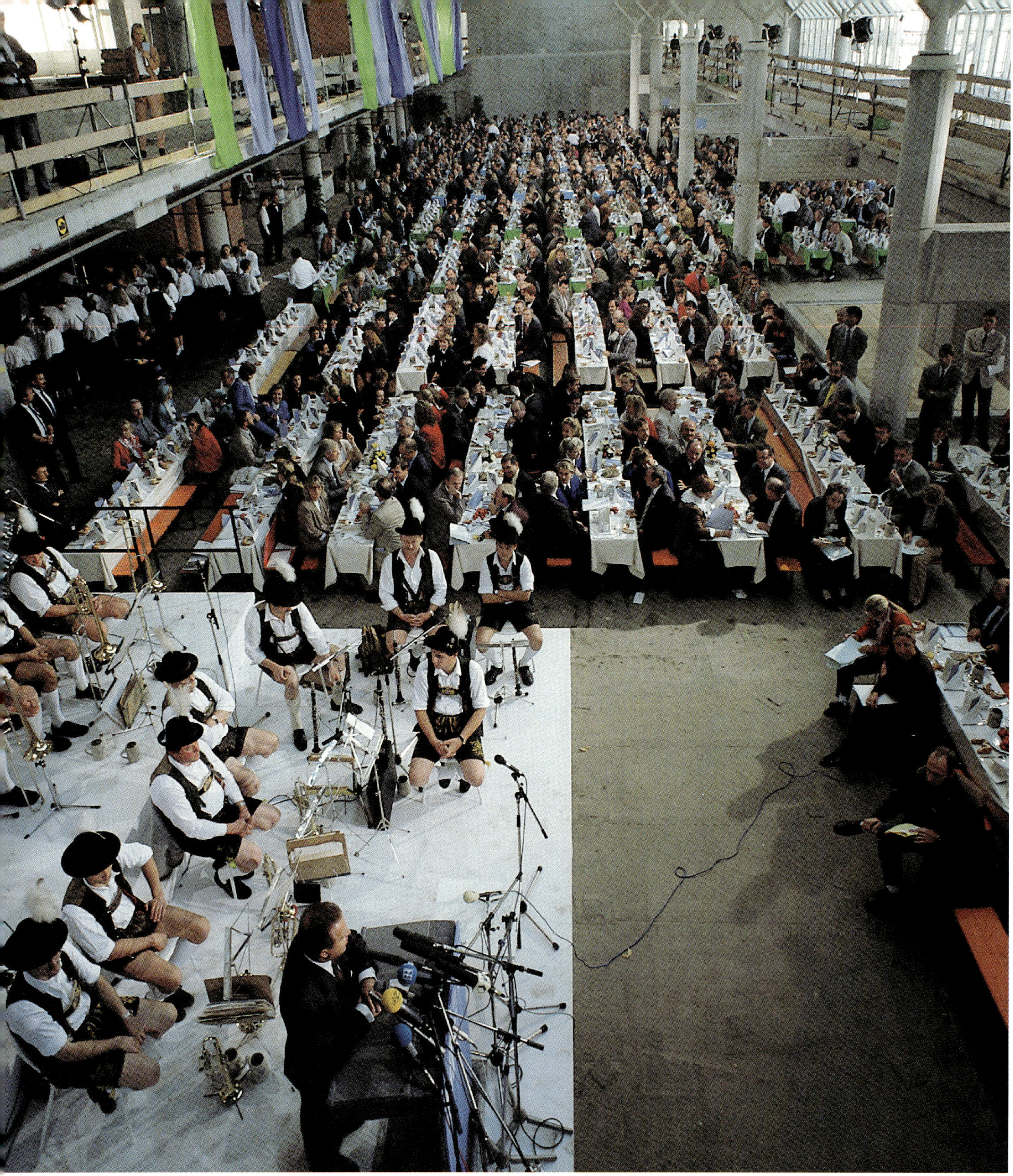

1

1 Richtfest für das Terminal des neuen Münchner Flughafens mit rund 3000 geladenen Gästen. Einer der Festredner ist der bayerische Finanzminister und Aufsichtsratsvorsitzende der Flughafen München GmbH, Gerold Tandler (am Rednerpult).

2 Ein typisches Riemer Provisorium: In dem Zeltbau vor dem Tower wird die Transferfracht am Flughafen umgeschlagen.

Ministerpräsidenten Franz Josef Strauß gewählt worden war, gibt den Vorsitz im Aufsichtsrat der FMG am 5. Dezember 1988 an den neuen bayerischen Finanzminister Gerold Tandler weiter.

Mit der Hebweih für das Verwaltungsgebäude der Technikzone am neuen Flughafen wird im Sommer 1988 der Reigen der Richtfeste auf der Großbaustelle eröffnet. Am 27. Oktober ist auch das neue Gebäude der Bundesanstalt für Flugsicherung im Rohbau fertiggestellt. Zwei Wochen später folgen die Richtfeste für den Tower und das Zentralgebäude des neuen Flughafens. Aber auch vom Riemer Flughafen wird in diesen Tagen der termingerechte Vollzug einer wichtigen Baumaßnahme gemeldet. Am 15. November kann die neue Charterhalle in Betrieb genommen werden.

Der Bedarf für diese zusätzliche Halle wird durch die Verkehrsergebnisse des Jahres 1988 noch einmal eindrucksvoll untermauert. Das Fluggastaufkommen wächst in diesem Jahr um vier Prozent und überschreitet erstmals in der Münchner Luftverkehrsgeschichte die Zehn-Millionen-Marke. Dagegen nimmt die Anzahl der Starts und Landungen – die im bundesweiten Durchschnitt um elf Prozent steigt – am Riemer Flughafen nur um 1,3 Prozent zu. Dieses vergleichsweise bescheidene Wachstum ist ein deutliches Indiz dafür, daß der Flughafen inzwischen die Grenzen seiner Kapazität erreicht hat. Daß in Riem überhaupt noch eine nennenswerte Steigerung der Passagierzahlen verbucht werden kann, geht zum einen auf den vermehrten Einsatz von größeren Flugzeugen und zum anderen auf die rückläufigen Verkehrszahlen bei der Allgemeinen Luftfahrt zurück. Infolge der seit Anfang Februar 1988 gültigen Koordinierungspflicht für alle Flugzeuge ist die Anzahl der sogenannten nicht gewerblichen Flüge gegenüber dem Vorjahr um fast 23 Prozent gesunken. »Dadurch entstanden geringfügige Lücken, die vom gewerblichen Luftverkehr, also von Linie und Charter, noch ausgefüllt werden konnten«, heißt es in einer Pressemitteilung der FMG vom 31. Januar 1989.

47 Luftverkehrsgesellschaften verbinden München im Linienverkehr des Sommers 1989 mit 13 inländischen und 71 ausländischen Zielen. Neu im Kreis der Airlines ist die Münchner Gesellschaft GERMAN WINGS, die vom 10. April an 27 tägliche Nonstopverbindungen von und nach Riem anbietet. Trotz eines vielversprechenden Auftaktes muß die neue Airline jedoch schon ein Jahr später Konkurs anmelden. Die Flughafen München GmbH, der größte Arbeitgeber vor Ort, beschäftigt mittlerweile bereits rund 2200 Mitarbeiter. Noch mehr Arbeitskräfte bindet in dieser Phase der werdende Flughafen im Erdinger Moos. Insgesamt sind es rund 2800 Beschäftigte, die jetzt vor allem die Hochbauten vorantreiben.

Mit dem Richtfest für das neue Terminal wird am 11. September 1989 ein wichtiges Etappenziel auf dem Weg zur Fertigstellung des neuen Airports erreicht. Seinen Platz in den Geschichtsbüchern verdankt dieses Datum allerdings einem ganz anderen Ereignis. Am Abend des 10. September hatte der ungarische Außenminister Gyula Horn angekündigt, daß das Reiseabkommen mit der DDR zeitweise außer Kraft gesetzt wird. Noch in der Nacht öffnen sich für etwa 10 000 DDR-Bürger, die sich zu diesem Zeitpunkt in Ungarn aufhalten, die Grenzen nach Österreich. Das Ende der deutschen Teilung rückt näher.

Während am Vormittag des 11. September Tausende von Ostdeutschen in Bayern eintreffen, feiern die Arbeiter auf der Baustelle des neuen Flughafens gemeinsam mit rund 3000 geladenen Gästen das Richtfest für das Terminal des neuen Flughafens. Das 1010 Meter lange Abfertigungsgebäude, das mit 125 000 Kubikmeter Beton und 16 000 Tonnen Stahl errichtet wurde, ist, wie es der bayerische Ministerpräsident Max Streibl in seiner Festansprache formuliert, »das Herzstück des neuen Flughafens« und zugleich das »vielleicht längste Gebäude, das je in einem Zug im Freistaat errichtet wurde«. Superlative begleiten auch den nächsten Festakt auf der Baustelle: Am 7. Dezember 1989 wird der Grundstein für die Wartungshalle der LUFTHANSA gelegt, die auf einer Fläche von 33 000 Quadratmetern Platz für sechs »Jumbos« bieten und damit zur größten Flugzeughalle Europas werden soll.

In diesen Wochen, in denen der neue Flughafen sichtbar Gestalt annimmt, erlebt die traditionsreiche, aber nicht mehr zeitgemäße Verkehrsanlage in München-Riem noch einmal ein großes Jubiläum: Am 25. Oktober wird der Riemer Flughafen 50 Jahre alt. Rund 140 Millionen Passagiere und etwa eine Million Tonnen Luftfracht sind in dem halben Jahrhundert in Riem angekommen oder auf den Weg gebracht worden.

Eines der ersten Flugziele, die in den Anfängen des zivilen Luftverkehrs regelmäßig von München aus angesteuert wurden, erscheint am 1. Dezember 1989 nach langer Abwesenheit erstmals wieder im Flugplan. Drei Wochen nach der Öffnung der innerdeutschen Grenze startet eine Fokker F-50 der LUFTHANSA zu ihrem Erstflug nach Leipzig. Hunderttausende von Besuchern aus der DDR hatten die lang ersehnte Reisefreiheit an den vorausgegangenen Wochenenden bereits für einen Ausflug in den Westen genutzt. Auf Schienen- und Straßenwegen waren auch zahlreiche Ostdeutsche in die bayerische Landeshauptstadt gekommen. So ist es nicht weiter verwunderlich, daß die neue Luftverbindung von Anfang an auf große Resonanz stößt. Von jetzt an wird die sächsische Messestadt, die sich als Zentrum der Bürgerbewegung in der DDR und Stätte der großen »Montagsdemonstrationen« den Beinamen »Heldenstadt« erworben hatte, zweimal pro Woche von München aus angeflogen. »Ein kleiner Flug für unseren Flughafen und ein großer Flug für unser Land«, sagt FMG-Geschäftsführer Hermsen anläßlich des Eröffnungsflugs.

SCHIEFER TOWER GERADEGERÜCKT
MÄRZ 1990

Die in München ansässige Regionalfluggesellschaft SÜDAVIA bietet seit Ende Februar 1990 eine neue Direktverbindung von München-Riem nach Pisa an. Die Verbindung, die in der Presse kurz darauf zwischen Pisa und München hergestellt wird, weist indessen nicht nach Riem, sondern zum neuen Flughafen. Der 78 Meter hohe Kontrollturm, das Wahrzeichen des neuen Airports, soll dem Vernehmen nach eine Neigung nach Westen aufweisen. »Zumindest hält sich seit Tagen hartnäckig das Gerücht, daß sich der Moorboden und mit ihm auch das Wahrzeichen gesenkt hat«, schreibt die Erdinger Ausgabe der *Süddeutschen Zeitung* am 7. März 1990. Die Grünen im bayerischen Landtag wähnen den Tower bereits auf dem Weg zu einer »weltbekannten Touristenattraktion«, ja zu einem weiteren »Weltwunder«. Ein grüner Abgeordneter nimmt den seiner Auffassung nach »schiefen Turm vom Erdinger Moos« sogar zum Anlaß, um im bayerischen Parlament einen sofortigen Baustopp zu fordern.

Wie sich dann herausstellt, muß Bayern jedoch weiterhin ohne Weltwunder auskommen, denn der Tower steht kerzengerade. Die Absenkung im Boden erfolgt ausschließlich vertikal und entspricht im übrigen der normalen Setzung, die bei einem Gebäude dieser Größe erwartet und vorausberechnet wurde. Drei Jahre nach der Fertigstellung des Towers liegt diese Setzung bei zirka 30 bis 50 Millimetern. Während das Gerede vom schiefen Tower angesichts der Fakten bald verstummt, hält sich ein anderes – nicht minder absurdes – Gerücht in manchen Kreisen bis in die Gegenwart. Die FMG habe, so wurde bereits in der frühen Bauphase kolportiert, von Anfang an drei Start- und Landebahnen gebaut. Die dritte, komplett fertiggestellte und betonierte Bahn sei anschließend mit Rollrasen überdeckt worden, werde aber eines Tages freigelegt und in Betrieb genommen. Man müßte wohl den kompletten Flughafen umgraben, um auch den letzten Anhänger dieser verwegenen Theorie eines Besseren zu belehren.

1

Das Fluggastaufkommen steigt im Jubiläumsjahr des Riemer Airports noch einmal um über fünf Prozent auf 10,5 Millionen. Deutlich zugenommen hat zugleich auch der Anteil der Strahlflugzeuge, die den strengen Lärmvorschriften der internationalen Luftfahrtorganisation »ICAO« genügen. 47 Prozent der in Riem startenden Jets werden mittlerweile zu den besonders leisen Maschinen gezählt, die die ICAO als sogenannte »Kapitel-3-Flugzeuge« klassifiziert. »Innerhalb nur eines Jahres ist damit der Anteil der mit modernsten Triebwerken ausgerüsteten Flugzeuge um elf Prozent gestiegen«, schreibt die FMG in einer Pressemitteilung vom 31. Januar 1990. »Dieser schon in der Vergangenheit beobachtete Trend erklärt, warum – trotz der Zunahme der Flugbewegungen – an den Meßstellen in der Umgebung des Flughafens in den letzten zehn Jahren ein Rückgang des Dauerschallpegels um durchschnittlich zwei Dezibel registriert werden konnte. Dies entspricht einer Verminderung der Lärmbelastung um ein Drittel.«

Je weiter der Baufortgang auf der Großbaustelle im Erdinger Moos voranschreitet, desto intensiver werden auch die Vorbereitungen für die Inbetriebnahme des neuen Flughafens. Eine eigens für diese Aufgabe gegründete Abteilung »Inbetriebnahme« mit zwölf FMG-Mitarbeitern, die direkt dem verantwortlichen Geschäftsführer Hermsen unterstellt ist, sammelt und verarbeitet alle Informationen, die für die Planung der Betriebsverlagerung relevant sind. Unterstützt wird die FMG dabei seit dem Frühjahr 1989 von der Mülheimer Firma Agiplan, die als qualifiziertes Unternehmen für Industrieplanung sowohl über die erforderlichen personellen Kapazitäten als auch über spezifisches »Flughafen-Know-how« verfügt. Im Zuge der Inbetriebnahmeplanung entstehen bis Ende März 1990 bereits 26 »Einzelnetzpläne«, die in einem Generalablaufplan für die Inbetriebnahme zusammengefaßt und miteinander verknüpft werden.

Um die Planungsvorgaben erfolgreich umzusetzen, beteiligen sich innerhalb der FMG außerdem 46 sogenannte »Inbetriebnahmeverantwortliche« aus allen Fachbereichen des Unternehmens an den Vorbereitungen für den Tag »X«. In diese Koordinationstätigkeit werden darüber hinaus noch einmal etwa ebenso viele Vertreter von Behörden, Luftverkehrsgesellschaften und anderen von

1 Den »höchsten« Einsatz erfordert der Innenausbau der Towerkanzel.

2 Knapp 80 Meter mißt der Kontrollturm des neuen Münchner Flughafens, der im Herbst 1988 im Rohbau fertiggestellt wird. Der Tower ist zugleich das Wahrzeichen des neuen Münchner Flughafens.

der Betriebsverlagerung betroffenen Unternehmen einbezogen. So können die verschiedenen Planungsschritte in unmittelbarer Abstimmung mit den Beteiligten überprüft, in klar definierte Aufgabenpakete aufgeteilt und terminiert werden. Um seitens der Planung frühzeitig auf mögliche Verzögerungen beim Baufortgang reagieren zu können, werden ab dem Herbst 1990 überdies regelmäßige Besprechungen zwischen Planern, Bauleitungen und späteren Nutzern geführt.

Zum Jahresende 1990 kündigen sich noch einmal personelle Veränderungen an der Spitze der FMG an. Auf seiner Sitzung vom 28. November wählt der Aufsichtsrat den neuen bayerischen Finanzminister Dr. Georg Freiherr von Waldenfels zu seinem neuen Vorsitzenden, der damit in beiden Funktionen die Nachfolge von Gerold Tandler übernimmt. Der bisherige Hauptgeschäftsführer der FMG, Roman Rittweger, der nach neunzehnjähriger Tätigkeit für die FMG in den Ruhestand tritt, soll auf Beschluß der Gesellschafter Anfang Januar von Willi Hermsen abgelöst werden, der gleichzeitig weiterhin den Geschäftsbereich Verkehr führt. Als neuer kaufmännischer Geschäftsführer wird Walter Vill in die Unternehmensspitze berufen, der seit 1981 die Rechtsabteilung des Unternehmens geleitet hatte.

Auf der Gesellschafterversammlung vom 28. November 1990 fällt mit den Stimmen der Vertreter des Freistaats Bayern und der Bundesrepublik Deutschland und gegen die Stimme des Gesellschaftervertreters der bayerischen Landeshauptstadt außerdem die Entscheidung, den neuen Airport »Flughafen München – Franz Josef Strauß« zu nennen. Mit dieser Zusatzbezeichnung – im Luftverkehr gilt weiterhin der Name Flughafen München – sollen die Verdienste des verstorbenen Ministerpräsidenten um die Entwicklung der Luftfahrt in Bayern gewürdigt werden.

Die Frage, an welchem Tag der Flughafen in Betrieb gehen wird, ist zum Jahresbeginn 1991 noch offen. Nach dem Stand der Bauarbeiten könnte die Inbetriebnahme im Frühjahr 1992 erfolgen. Bei der Festlegung des genauen Termins müssen neben dem Baufortschritt aber auch noch andere Faktoren berücksichtigt werden. Angestrebt wird ein möglichst nahtloser Übergang zwischen der

Einstellung des Flugbetriebs auf dem alten und der Betriebsaufnahme auf dem neuen Flughafen. Ein paralleler Betrieb beider Verkehrsanlagen soll vermieden oder zumindest auf ein unvermeidbares Maß reduziert werden. Die Planung der Inbetriebnahme sieht statt dessen vor, den Flugbetrieb auf dem Riemer Flughafen buchstäblich bis zum Vorabend der Betriebsaufnahme am neuen Standort aufrechtzuerhalten.

Diese Aufgabenstellung impliziert die Notwendigkeit, einen erheblichen Teil des Umzugsgutes binnen einer Nacht vom alten zum neuen Flughafen zu befördern. Für diesen Kernumzug muß ein Termin gewählt werden, zu dem keine witterungsbedingten Störungen im Straßenverkehr zu erwarten sind. Die Eröffnung soll ferner an einem Sonntag außerhalb der Ferienzeit erfolgen, da an diesem Tag mit einem geringeren Verkehrsaufkommen zu rechnen ist. Auch der Zustand der Vegetation am neuen Flughafen spielt bei der Terminwahl eine Rolle. Schließlich wurde der Öffentlichkeit »ein weißer Flughafen im Grünen« angekündigt, und dieses Versprechen soll bei der Premiere auch eingelöst werden.

Nach sorgfältiger Abwägung aller Faktoren entscheidet sich die Geschäftsführung der FMG im Frühjahr 1991 für den 17. Mai 1992 als Termin der Inbetriebnahme des neuen Flughafens. Am 25. April stimmt der Aufsichtsrat des Unternehmens diesem Terminvorschlag zu. 392 Tage vor dem bewußten Datum läuft damit der Countdown für den Start des neuen Flughafens. Die ersten Abteilungen der Flughafen München GmbH ziehen unterdessen bereits Ende April in das nunmehr bezugsfertige Verwaltungsgebäude am neuen Standort. Nach und nach werden jetzt jene Betriebsbereiche verlagert, die nicht unmittelbar zur Aufrechterhaltung des Flugbetriebs in Riem beitragen. Rund 650 der mittlerweile insgesamt 2600 Beschäftigten sind Ende August 1991 bereits umgezogen.

Am 28. Oktober um 8.55 Uhr landet erstmals eine Passagiermaschine auf dem neuen Airport. Die Boeing 747-400 der DEUTSCHEN LUFTHANSA, die den Namen »Berlin« trägt und von LUFTHANSA-Chefpilot Robert Salzl gesteuert wird, kommt allerdings ohne Fluggäste. Es ist der erste von 24 Jumbos der LUFTHANSA, die in den kommenden Wochen und Monaten in der

1 Nach dem Fall der Mauer ist zwischen beiden deutschen Staaten wieder ein uneingeschränkter Reiseverkehr möglich. Auch im Luftverkehr fallen die Barrieren. Am 1. Dezember 1989 startet in München-Riem erstmals wieder ein Linienflug nach Leipzig.

2 Der neue Flughafen München kurz vor seiner Inbetriebnahme.

1

bereits in Betrieb genommenen LUFTHANSA-Werft eine neue »Innenausstattung« erhalten. Auf dem Flughafenareal, das inzwischen zur größten Baustelle Europas avanciert ist, hat mittlerweile der Endspurt eingesetzt. Rund 6000 Arbeiter, Ingenieure und Techniker arbeiten fieberhaft, um die in dichter Folge gestaffelten Termine zu halten. Die Hochbauten inklusive der Brücken, Straßen und Parkplätze sind mittlerweile weitgehend fertiggestellt, und die Anlagen der Flugsicherung konnten ihre Funktionstüchtigkeit bei der Jumbo-Landung bereits erstmals unter Beweis stellen.

Drei Tage nach dieser inoffiziellen Premiere im Erdinger Moos kommt es in Riem zu einer historischen Abschiedsvorstellung. Am 31. Oktober 1991 startet ein Airbus A-310 der PAN AM in München zum Flug nach New York. Es ist der letzte Start der traditionsreichen Airline auf dem Riemer Airport. 43 Jahre zuvor hatte die amerikanische Gesellschaft, die jetzt vor dem Konkurs steht, den zivilen Luftverkehr im München der Nachkriegszeit mit der Landung einer DC 3 eröffnet. Das endgültige Aus für die 1927 gegründete PAN AMERICAN WORLD AIRWAYS kommt im Dezember 1991.

Im letzten kompletten Betriebsjahr des Riemer Flughafens ist die Verkehrsentwicklung leicht rückläufig. Infolge des Golfkriegs und der vom Irak angedrohten Anschläge auf die Zivilluftfahrt meiden in den ersten Monaten des Jahres viele Geschäfts- und Urlaubsreisende die Luftwege. Das Passagieraufkommen in Riem geht von 11,5 Millionen im Jahr 1990 auf 10,8 Millionen zurück. »Nach den Rückgängen im ersten Halbjahr war allerdings im dritten Quartal wieder ein deutlicher Aufwärtstrend erkennbar, und zum Ende des Jahres konnte bereits an das Luftverkehrswachstum der Vorjahre angeschlossen werden«, heißt es im Geschäftsbericht der FMG. Die *Süddeutsche Zeitung* weist am 9. Januar 1992 auf einen weiteren erfreulichen Aspekt der Münchner Verkehrsentwicklung hin: »Zu den positiven Faktoren im deutschen Luftverkehr zählt vor allem die Öffnung nach Osten. Die Verbindungen nach Berlin, Dresden und Leipzig werden ebenso wie neue Verbindungen nach Osteuropa von Geschäftsreisenden stark genutzt.«

Am 17. Februar 1992, genau drei Monate vor dem Startschuß am neuen Airport, beginnt die »Generalprobe« für diesen Tag. Acht Wochen lang werden sämtliche für die Flugzeug- und Passagierabfertigung relevanten Vorgänge unter möglichst realistischen Bedingungen mit allen Beteiligten durchgespielt. Anfangs wird der Rollverkehr der Flugzeuge bei diesen Übungen durch Pkw simuliert, in der letzten Woche beteiligen sich dann die LUFTHANSA, die SWISSAIR und die LTU SÜD mit insgesamt zehn Flugzeugen an dem Probebetrieb. Die Passagiere werden von rund 2000 Grenzschutz- und Polizeibeamten dargestellt. Der Probebetrieb ist zugleich der Abschluß eines umfangreichen Schulungsprogramms, mit dem die Mitarbeiter intensiv auf ihre Arbeitsplätze am neuen Standort vorbereitet wurden.

Ab Mitte März kann sich auch die Öffentlichkeit mit dem modernen Flughafen vertraut machen. An sechs aufeinanderfolgenden Wochenenden lädt die FMG zu sogenannten Publikumstagen. Die Besucher nehmen an einer Rundfahrt über das Flughafenareal teil und können sich an fünf Stationen detailliert über Betriebsabläufe und Serviceeinrichtungen informieren. Die Veranstaltung ist von Anfang an ein Publikumsmagnet ersten Ranges. Am 31. März meldet die *Münchner Abendzeitung*: »Ansturm auf den Flughafen: Alle Karten für die Publikumstage, bei denen die Münchner den neuen Mammut-Airport im Erdinger Moos besichtigen können, sind weg – wenigstens offiziell. Denn inzwischen werden die Besucher-Tickets (sieben Mark) unter der Hand verkauft. Schwarzhändler verlangen bis zu 70 Mark.« Nach der letzten öffentlichen Präsentation am 20. April, dem Ostermontag des Jahres 1992, wird die offene Tür des Flughafens noch einmal vorübergehend geschlossen. Noch 27 Tage haben Bauarbeiter, Handwerker, Techniker und Monteure jetzt Zeit, um dem neuen Airport den letzten Schliff zu verleihen. Vom 17. Mai an – das ist allen Beteiligten klar – wird jeder Tag am Flughafen München ein »Publikumstag« sein.

1 Auf enorme Resonanz stoßen die Publikumstage im Vorfeld der Flughafeneröffnung im Frühjahr 1992.

2 Trockenübungen auf dem Vorfeld: Beim Probebetrieb auf dem neuen Flughafen wird auch das Andocken der Flugzeuge getestet.

3 44 Jahre nach der Wiederaufnahme des zivilen Luftverkehrs in der bayerischen Landeshauptstadt: Abenddämmerung auf dem Flughafen München-Riem.

16. 9. 1979 Mit einem selbstgebastelten Heißluftballon fliehen zwei Thüringer Familien aus der DDR in die Bundesrepublik Deutschland.
20. 12. 1979 Erstmals kann am Riemer Flughafen der 6 000 000. Passagier innerhalb eines Jahres begrüßt werden.
26. 12. 1979 Sowjetische Truppen marschieren in Afghanistan ein.

6. 4. 1980 Erstmals wird in der Bundesrepublik Deutschland die Sommerzeit eingeführt.
15. 4. 1980 Der von Volker Schlöndorff gedrehte Film *Die Blechtrommel* nach dem gleichnamigen Roman von Günter Grass wird in Hollywood als bester ausländischer Film mit dem Oscar ausgezeichnet.
29. 4. 1980 Beginn des Prozesses über die Zulässigkeit der Planung für den neuen Münchner Flughafen vor der 17. Kammer des Münchner Verwaltungsgerichts.
26. 9. 1980 Bei einem Anschlag auf das Münchner Oktoberfest kommen 13 Menschen ums Leben, darunter auch der mutmaßliche Attentäter, ein 21jähriger Student, der dem rechtsextremen Spektrum zugerechnet wird.
5. 10. 1980 Die amtierende sozialliberale Bundesregierung setzt sich bei den Bundestagswahlen gegen die von Kanzlerkandidat Franz Josef Strauß geführte Opposition durch.
31. 10. 1980 Das Münchner Verwaltungsgericht bestätigt die sofortige Vollziehbarkeit des Planfeststellungsbeschlusses für den Bau des neuen Münchner Flughafens.
3. 11. 1980 Beginn der Bauarbeiten für den neuen Münchner Flughafen.
4. 11. 1980 Der Republikaner Ronald Reagan erringt bei den Präsidentschaftswahlen in den USA einen überwältigenden Sieg über den amtierenden Präsidenten Jimmy Carter und wird zum 40. US-Präsidenten gewählt.
19. 11. 1980 600 000 Gläubige kommen anläßlich des Besuchs von Papst Johannes Paul II. zur Münchner Theresienwiese. Von Riem aus fliegt der Papst mit einem Airbus A 300 anschließend zurück nach Rom.
8. 12. 1980 John Lennon fällt in New York auf offener Straße einem Mordanschlag zum Opfer.

28. 3. 1981 Eröffnung der Neuen Pinakothek in München.
16. 4. 1981 Der bayerische Verwaltungsgerichtshof verhängt überraschend einen Baustopp über den neuen Münchner Flughafen.
27. 5. 1981 Die Klagen gegen die Flughafenplanung werden von der 17. Kammer des Münchner Verwaltungsgerichts mit geringen Ausnahmen zurückgewiesen; dennoch bleibt der Baustopp weiter in Kraft.
30. 6. 1981 Die ARD beginnt mit der Ausstrahlung der amerikanischen Fernsehserie *Dallas*. Rund 14 Millionen Zuschauer folgen Woche für Woche der texanischen Ölspur.
29. 7. 1981 Hunderttausende von Zuschauern säumen die Straßen Londons, um die Hochzeit des Jahres von Thronfolger Prinz Charles und Lady Diana Spencer zu erleben.
6. 10. 1981 Der ägyptische Staatspräsident Muhammad Anwar as-Sadat fällt in Kairo während einer Militärparade einem Attentat zum Opfer.
16. 10. 1981 Die Flughafen München GmbH beantragt bei der Regierung von Oberbayern eine Änderung des Planfeststellungsbeschlusses für den neuen Münchner Flughafen. Die modifizierte Planung sieht einen deutlich verringerten Flächenbedarf und nur noch zwei Start- und Landebahnen vor.

30. 1. 1982 Auf der Flughafenbaustelle in Frankfurt kommt es zu schweren Auseinandersetzungen zwischen der Polizei und militanten Gegnern der geplanten Startbahn West. 140 Personen werden verletzt.
31. 7. 1982 Bei einem Sprengstoffanschlag im öffentlichen Zugang zur Halle C des Riemer Flughafens werden sieben Personen zum Teil schwer verletzt.
17. 9. 1982 Der Austritt von vier Ministern der FDP aus der Bonner Bundesregierung besiegelt das Ende der sozialliberalen Koalition, die 13 Jahre lang regiert hatte.
1. 10. 1982 Durch ein konstruktives Mißtrauensvotum gegen den bisherigen Regierungschef Helmut Schmidt wird der CDU-Vorsitzende Helmut Kohl zum sechsten deutschen Bundeskanzler gewählt.
10. 11. 1982 Der sowjetische Staats- und Parteichef Leonid Breschnew stirbt im Alter von 75 Jahren in Moskau. Zwei Tage später wird das Politbüromitglied Juri Andropow zu seinem Nachfolger gewählt.

6. 3. 1983 Bei den Wahlen zum Deutschen Bundestag wird die im Oktober 1982 vollzogene Wende und damit auch die neue aus CDU/CSU und FDP gebildete Regierungskoalition unter Bundeskanzler Helmut Kohl bestätigt.
25. 4. 1983 Das Magazin *Stern* präsentiert auf einer Pressekonferenz die Tagebücher Adolf Hitlers, die sich kurz darauf als plumpe Fälschung erweisen.
17. 8. 1983 30 000 Besucher verfolgen auf dem Riemer Flughafen die erste Landung einer »Concorde« in München.
18. 10. 1983 Der Münchner Flughafen erhält die Zulassung für Landungen nach der Betriebsstufe CAT IIIb. Entsprechend ausgerüstete Flugzeuge können jetzt auch bei Sichtweite von nur 125 Metern sicher in Riem aufsetzen.
28. 11. 1983 Der Stuttgarter Physiker Ulf Merbold fliegt als erster Bundesbürger ins All.

1. 4. 1984 Georg Kronawitter setzt sich bei einer Stichwahl gegen den amtierenden Münchner Oberbürgermeister Erich Kiesl durch.
23. 5. 1984 Als Nachfolger von Karl Carstens wird der CDU-Politiker Richard von Weizsäcker von der Bundesversammlung mit großer Mehrheit zum Bundespräsidenten gewählt.
30. 5. 1984 Das Bundesverwaltungsgericht in Berlin bestätigt die Rechtmäßigkeit des Planfeststellungsbeschlusses für den neuen Münchner Flughafen aus dem Jahr 1979.
7. 6. 1984 Die Regierung von Oberbayern erläßt einen Planänderungsbeschluß für den neuen Münchner Flughafen und folgt dabei weitgehend dem Antrag der Flughafen München GmbH.
12. 7. 1984 Bei der Münchner Hagelkatastrophe entsteht ein Gesamtschaden in Höhe von 1,3 Milliarden DM.
13. 7. 1984 Der Freistaat Bayern und die Flughafen München GmbH beantragen beim bayerischen Verwaltungsgerichtshof die Aufhebung des Baustopps für den neuen Münchner Flughafen.
6. 11. 1984 Der amtierende US-Präsident Ronald Reagan wird bei den amerikanischen Präsidentschaftswahlen mit großer Mehrheit bestätigt.

8. 3. 1985 Der bayerische Verwaltungsgerichtshof hebt den Baustopp für den neuen Münchner Flughafen auf.
10. 3. 1985 Nur 13 Monate nach seiner Amtsübernahme stirbt der sowjetische Staats- und Parteichef Konstantin Tschernenko. Einen Tag später wählt das ZK-Plenum den 54jährigen Michail Gorbatschow zum Generalsekretär der Kommunistischen Partei.
25. 3. 1985 Im Erdinger Moos werden die Bauarbeiten für den neuen Flughafen wiederaufgenommen.
8. 6. 1985 Am Riemer Flughafen wird eine neue Abfertigungshalle in Betrieb genommen, in der die abfliegenden Passagiere der LUFTHANSA und der CONDOR abgefertigt werden.
16. 6. 1985 Die Luftverkehrsgesellschaft TWA setzt auf der Strecke von München nach New York eine Boeing 767 ein. Damit startet in Riem erstmals eine zweistrahlige Maschine zum Nonstopflug über den Nordatlantik.
7. 7. 1985 Der 17jährige Boris Becker gewinnt völlig überraschend und als erster deutscher Spieler überhaupt die All-England-Tennismeisterschaften in Wimbledon.
10. 11. 1985 Bundespräsident Richard von Weizsäcker eröffnet in München das neue Kulturzentrum am Gasteig.
11. 12. 1985 Im bayerischen Wackersdorf beginnen die von starken Protesten begleiteten Rodungsarbeiten für den Bau einer Wiederaufbereitungsanlage für abgebrannte Kernelemente.
20. 12. 1985 Der Aufsichtsratsvorsitzende der Flughafen München GmbH, Max Streibl, begrüßt die 8 000 000. Flugreisende des Jahres auf dem Riemer Airport.

28. 2. 1986 Der schwedische Ministerpräsident Olof Palme fällt in der Stockholmer Innenstadt einem Mordanschlag zum Opfer.
21. 4. 1986 Evi Lausmann und Nicola Lunemann sind die ersten beiden Frauen, die bei der DEUTSCHEN LUFTHANSA zu Pilotinnen ausgebildet werden. Zwei Jahre später treten sie als Kopilotinnen ihren Dienst im Cockpit an.
26. 4. 1986 Im Reaktorblock 4 des Kernkraftwerks Tschernobyl kommt es zum bisher schwersten Unglück in der zivilen Nutzung der Atomenergie. An den unmittelbaren Folgen der Katastrophe sterben in den folgenden drei Monaten 28 Menschen. Die Zahl der Opfer, die infolge des Unglücks eine tödlich verlaufende Krebserkrankung erleiden, beläuft sich nach Auffassung der meisten Wissenschaftler auf mehrere tausend.
26. 4. 1986 Abermals beendet der FC Bayern München eine Bundesligasaison als Deutscher Meister und gewinnt zudem eine Woche später auch den DFB-Pokal.
30. 6. 1986 Argentinien gewinnt durch einen 3:2-Erfolg in Mexiko-City gegen die Auswahl des DFB zum zweitenmal eine Fußballweltmeisterschaft.
5. 12. 1986 Das Berliner Bundesverwaltungsgericht weist die Revisionen von 14 Klägern zurück und erklärt die Planung des neuen Münchner Flughafens in dritter und letzter Instanz endgültig für rechtmäßig.

1987

25.1.1987 Bei den Bundestagswahlen erringt die Koalitionsregierung aus CDU, CSU und FDP eine klare parlamentarische Mehrheit.

24.3.1987 Die Flughafen München GmbH eröffnet ein Informationszentrum auf der Baustelle des neuen Flughafens.

3.5.1987 Im Rahmen eines fünftägigen Besuchs der Bundesrepublik Deutschland landet Papst Johannes Paul II. mit einer Boeing 707 der Luftwaffe auf dem Riemer Flughafen und wird von Friedrich Kardinal Wetter und Ministerpräsident Franz Josef Strauß empfangen.

17.6.1987 Mit dem Gewinn seines zehnten Meistertitels avanciert der FC Bayern München in der 24. Bundesligasaison zum »Rekordmeister«.

11.8.1987 Beim Landeanflug auf den Riemer Flughafen stürzt ein zweimotoriges Geschäftsflugzeug vom Typ »Piper Cheyenne« an der Wasserburger Landstraße ab. Durch brennende Flugzeugtrümmer werden ein Linienbus und ein McDonald's-Restaurant in Brand gesetzt. Das Unglück fordert insgesamt neun Menschenleben.

7.9.1987 Als erster Staatsratsvorsitzender der DDR besucht Erich Honecker offiziell die Bundesrepublik.

11.10.1987 Wenige Wochen nach seinem Rücktritt als Ministerpräsident von Schleswig-Holstein wird der CDU-Politiker Uwe Barschel von einem Reporter der Zeitschrift *Stern* tot in der Badewanne seines Zimmers im Genfer Hotel »Beau Rivage« aufgefunden.

2.11.1987 Am Rande einer Demonstration an der Startbahn West des Frankfurter Flughafens kommt es zu Ausschreitungen, bei denen zwei Polizeibeamte erschossen werden.

8.12.1987 US-Präsident Ronald Reagan und der sowjetische Parteichef Michail Gorbatschow unterzeichnen in Washington ein Abkommen, das die vollständige Vernichtung der Mittelstreckenraketen beider Supermächte vorsieht.

21.12.1987 Die Graspiste des Riemer Flughafens, die auf einer Länge von 800 Metern betoniert wurde, wird als befestigte Nebenbahn für Kleinflugzeuge in Betrieb genommen.

1988

9.1.1988 Mit einem Festakt wird das Münchner Prinzregententheater, das 1964 geschlossen worden war, nach seiner Renovierung wieder eröffnet.

1.3.1988 Ferdinand Jaquet wird in die Geschäftsführung der FMG berufen.

1.7.1988 Willi Hermsen wird zum neuen Geschäftsführer für den Bereich Luftverkehr in die Unternehmensleitung der FMG berufen.

15.7.1988 Roman Rittweger löst den in den Ruhestand tretenden Hermann Reichart als Hauptgeschäftsführer der Flughafen München GmbH ab.

28.8.1988 70 Menschen kommen bei einer Militärflugschau in Ramstein ums Leben. Nach dem Zusammenstoß dreier Jets aus der italienischen Kunstflugstaffel »Frecce Tricolori« war eine der Maschinen in die Zuschauermenge gestürzt und explodiert.

3.10.1988 Der CSU-Vorsitzende und bayerische Ministerpräsident Franz Josef Strauß erliegt in Regensburg den Folgen eines Herzanfalls. Am 19.10. wird sein bisheriger Stellvertreter Max Streibl vom bayerischen Landtag zum neuen Regierungschef gewählt. Neuer CSU-Vorsitzender wird einen Monat später Theo Waigel.

10.11.1988 Richtfest für den Tower und das Zentralgebäude am neuen Münchner Flughafen.

15.11.1988 Inbetriebnahme der neuen Charterhalle auf dem Riemer Flughafen.

5.12.1988 Der neue bayerische Finanzminister Gerold Tandler wird als Nachfolger Max Streibls zum neuen Aufsichtsratsvorsitzenden der FMG gewählt.

21.12.1988 270 Menschenleben fordert der durch einen Sprengstoffanschlag verursachte Absturz einer Boeing 747 der Fluggesellschaft Pan Am über der schottischen Ortschaft Lockerbie.

1989

2.5.1989 Im Zuge seiner Öffnungs- und Reformpolitik beginnt Ungarn mit dem Abbau seiner Grenzbefestigungen zum Nachbarland Österreich. Der »Eiserne Vorhang« bekommt erste Löcher.

9.7.1989 Bei den Internationalen Tennismeisterschaften in Wimbledon sorgen Steffi Graf und Boris Becker für einen deutschen Doppelerfolg.

1.9.1989 Konrad Mayer, langjähriger Amtschef im bayerischen Finanzministerium, wird als kaufmännischer Geschäftsführer in die Unternehmensleitung der FMG berufen.

11.9.1989 Ungarn öffnet seine Grenzen für rund 10 000 ausreisewillige DDR-Bürger, die daraufhin über Österreich in die Bundesrepublik Deutschland reisen.

11.9.1989 Richtfest für das Terminal auf dem neuen Münchner Flughafen.

30.9.1989 Tausende von Flüchtlingen aus der DDR, die Zuflucht in den bundesdeutschen Botschaften in Prag und Budapest gesucht haben, dürfen in den Westen ausreisen. Sonderzüge der DDR-Reichsbahn bringen noch in der Nacht 6000 Menschen in die Bundesrepublik Deutschland.

5.10.1989 Der erste »lange Donnerstag« im bundesdeutschen Einzelhandel. Vorausgegangen war eine Änderung des Ladenschlußgesetzes.

7.10.1989 Am Rande der offiziellen Feiern zum 40. Jahrestag der DDR-Gründung kommt es zu den größten Protestkundgebungen seit 1953.

18.10.1989 Vor dem Hintergrund einer anhaltenden Massenflucht und massiver öffentlicher Proteste tritt Erich Honecker nach 18 jähriger Amtszeit aus »gesundheitlichen Gründen« als Generalsekretär der SED zurück. Sein Nachfolger wird das Politbüromitglied Egon Krenz, der sechs Tage später auch das Amt des Staatsratsvorsitzenden der DDR übernimmt.

9.11.1989 Die DDR öffnet ihre Grenzen zur Bundesrepublik Deutschland. Etwa vier Millionen Menschen kommen in den folgenden vier Tagen zu einem Kurzbesuch in den Westen.

1990/91

2.1.1990 Der tschechoslowakische Staatspräsident Václav Havel besucht auf seiner ersten Auslandsreise die Bundesrepublik und wird auf dem Flughafen München-Riem von Bundespräsident Richard von Weizsäcker, Bundeskanzler Helmut Kohl, Außenminister Hans-Dietrich Genscher und Ministerpräsident Max Streibl empfangen.

18.3.1990 In München wird der amtierende Oberbürgermeister Georg Kronawitter bei den Kommunalwahlen mit deutlicher Mehrheit im Amt bestätigt.

8.7.1990 Mit einem 1:0-Erfolg im Endspiel gegen Argentinien gewinnt die DFB-Auswahl in Rom zum drittenmal eine Fußballweltmeisterschaft.

3.10.1990 Mit dem Beitritt der DDR zur Bundesrepublik Deutschland wird die Vereinigung der beiden deutschen Teilstaaten vollzogen.

28.10.1990 Erstmals seit 45 Jahren landet wieder eine Linienmaschine der Lufthansa in Berlin.

28.11.1990 Georg Freiherr von Waldenfels wird zum neuen Aufsichtsratsvorsitzenden der FMG gewählt.

2.12.1990 Bei den ersten gesamtdeutschen Bundestagswahlen wird die bestehende Regierungskoalition aus CDU, CSU und FDP im Amt bestätigt.

1.1.1991 Willi Hermsen löst den in den Ruhestand getretenen Roman Rittweger als Hauptgeschäftsführer der FMG ab. Walter Vill wird als Nachfolger Konrad Mayers zum neuen kaufmännischen Geschäftsführer des Unternehmens berufen.

17.1.1991 Zwei Tage nach Ablauf eines Ultimatums des Weltsicherheitsrats, in dem der Irak zum bedingungslosen Rückzug aus Kuwait aufgefordert worden war, beginnen die am Persischen Golf stationierten multinationalen Truppen ihre Luftangriffe gegen den Irak.

2.6.1991 Auf der Strecke zwischen Hamburg und München setzt die Bundesbahn erstmals den neuen Hochgeschwindigkeitszug ICE ein.

20.6.1991 Mit einer Mehrheit von 18 Stimmen beschließt der Deutsche Bundestag, den Parlaments- und Regierungssitz nach Berlin zu verlegen.

1.7.1991 Offizielle Auflösung des Warschauer Paktes.

28.10.1991 Die »Berlin«, eine Boeing 747 der Lufthansa, landet als erstes Verkehrsflugzeug auf dem neuen Münchner Flughafen.

6. KAPITEL

STARTET DURCH

EIN FLUGHAFEN

EIN FLUGHAFEN STARTET DURCH

Als die »Oechsle-Kommission« im März 1963 mit der Standortsuche für den neuen Flughafen begann, lag der Bau der Berliner Mauer erst zwei Jahre zurück, in Bonn regierte noch Konrad Adenauer, und das Passagieraufkommen auf dem Riemer Flughafen überschritt nur knapp die Millionengrenze. Im Mai 1992 steht der neue Flughafen nach einer beispiellosen Odyssee durch die verschiedenen genehmigungsrechtlichen und gerichtlichen Instanzen und einer sechsjährigen Bauphase endlich vor der Inbetriebnahme. Die Mauer ist zu diesem Zeitpunkt bereits seit mehr als zwei Jahren überwunden, und »Adenauers Enkel« Helmut Kohl schickt sich an, sein zehnjähriges Dienstjubiläum im Kanzleramt zu feiern. Die Zahl der Fluggäste in München hat sich unterdessen in diesen 29 Jahren verzehnfacht und liegt nun bereits bei über zehn Millionen.

Zehn Tage vor der Betriebsaufnahme am neuen Münchner Airport beginnen die Feierlichkeiten rund um die Flughafeneröffnung. Den Auftakt bildet eine große »Dankeschön-Party«, die die FMG am 7. Mai in einer Vorfeldstation des neuen Airports für ihre Mitarbeiter und die der Ingenieur- und Planungsbüros ausrichtet. Am 10. Mai folgt eine große Festgala im Münchner Prinzregententheater. Den musikalischen Teil des Abends bestreiten das Münchner Rundfunkorchester, Justus Frantz am Klavier, die Gesangsstars Agnes Baltsa und Francisco Araiza und der Tölzer Knabenchor. »Wir haben in den letzten Jahren viele Stimmen zum neuen Flughafen gehört, die schönsten werden wir aber heute abend hören«, verspricht der bayerische Ministerpräsident Max Streibl den rund 800 geladenen Gästen. Das Galakonzert, das über Hörfunk und Fernsehen auch einem größeren Publikum zugänglich gemacht wird, bildet die Ouvertüre zur großen Einweihungsfeier, die am nächsten Tag stattfindet.

Um zu vermeiden, daß diese Feier mit den bevorstehenden Umzugsmaßnahmen kollidiert, wird die offizielle Einweihung des Flughafens bereits sechs Tage vor der Inbetriebnahme anberaumt. Schauplatz des großen Festaktes am 11. Mai 1992 ist die große Wartungshalle der LUFTHANSA auf dem neuen Münchner Flughafen. Rund 2000 Ehrengäste und 400 Medienvertreter aus dem In- und Ausland kommen zu dem »Eröffnungsfest der Superlative« *(Münchner Merkur)*. In dem eindrucksvoll dekorierten Hangar werden die Gäste mit einem kurzen Film über den neuen Airport und einem bunten Rahmenprogramm auf die Flughafeneinweihung eingestimmt. Der Aufsichtsratsvorsitzende der Flughafen München GmbH, Georg Freiherr von Waldenfels, erinnert bei der Begrüßung der Gäste noch einmal an den wechselvollen Werdegang des neuen Flughafens: »Manchmal schien es, als verschwinde er für immer unter einer übermächtigen Lawine von Prozessen.« Ministerpräsident Streibl weist in diesem Zusammenhang darauf hin, daß Wunder bekanntlich etwas länger dauern, in Bayern aber noch immer wahr werden. »Die Genugtuung über die endliche Fertigstellung des ›Jahrhundertbauwerks‹ war allgemein, aber keiner der Redner verhehlte, von wieviel Kritik, Besorgnis und Widerstand seine Entstehung begleitet war«, schreibt die *Süddeutsche Zeitung* am nächsten Tag.

Nachdem der Erzbischof von München und Freising, Friedrich Kardinal Wetter, und der evangelische Landesbischof Johannes Hanselmann Gottes Segen für »die Reisenden und die hier tätigen Menschen« erbeten haben, gibt Ministerpräsident Streibl um 13.30 Uhr unter großem Applaus die erste Maschine zum Start frei. Zur Feier des Tages hebt am modernsten Airport Europas das modernste Flugzeug der Welt ab, ein Airbus A340, der erst ein Jahr später im Liniendienst eingesetzt werden soll. Noch mehr Interesse als der brandneue Langstreckenjet findet bei den Pressephotographen allerdings ein Ehrengast aus Schweden. Königin Silvia ist anläßlich der Flughafeneröffnung in die Stadt zurückgekehrt, in der sie 20 Jahre zuvor als Olympia-Hosteß eine folgenreiche Begegnung mit dem damaligen schwedischen Kronprinzen Karl Gustav hatte. Im Rahmen ihrer »Dienstreise« nach München übergibt die Monarchin am Tag der Flughafeneröffnung später noch die von einer schwedischen Firma hergestellte neue Anlage zur Flugzeugenteisung ihrer Bestimmung.

Dem Festakt zur Flughafeneröffnung folgen in den kommenden Tagen weitere Veranstaltungen im Vorfeld der Inbetriebnahme. Am 12. Mai werden an gleicher Stelle zwei LUFTHANSA-Maschinen vom Typ Boeing 737-500 auf die Namen »Erding« und »Freising« getauft. Eine weitere Taufe steht am 14. Mai auf dem Pro-

1 Das Zentrum des neuen Flughafens aus der Vogelperspektive: Die Terminalzufahrt verläuft zwischen den Parkhäusern und dem langgestreckten Abfertigungsgebäude. Direkt am Terminal befinden sich auf der sogenannten »Luftseite« insgesamt 20 Abstellpositionen für Flugzeuge.

1 In der Wartungshalle der LUFT-HANSA wird der neue Airport am 11. Mai 1992 feierlich eingeweiht.

2 Königlicher Glanz für »das Versailles der Lüfte« *(Frankfurter Allgemeine Zeitung)*: Königin Silvia von Schweden nimmt an der feierlichen Eröffnung des neuen Münchner Flughafens teil. Die schwedische Monarchin wird vom Aufsichtsratsvorsitzenden der FMG, Georg Freiherr von Waldenfels (2.v.l.), und dem FMG-Hauptgeschäftsführer Willi Hermsen (l.) begleitet.

3 Flugzeuge von gestern und morgen weihen den neuen Airport im Parallelflug ein. Der brandneue Airbus A 340 wird erst ein Jahr später im Linienbetrieb eingesetzt, die JU 52 – es handelt sich um die Traditionsmaschine der LUFTHANSA mit der Kennung D-AQUI – hat ihre Jahre im Liniendienst längst hinter sich.

4 Schon vor der Inbetriebnahme des Münchner Flughafens landen am 16. Mai 1992 die ersten Passagiermaschinen. Den Auftakt macht diese Boeing 727 der UNITED AIRLINES.

gramm: Auf der nördlichen Start- und Landebahn des neuen Flughafens tauft FMG-Hauptgeschäftsführer Willi Hermsen einen Heißluftballon, der die Farben des Erdinger »Weißbräus« durch die Lüfte tragen soll, mit einer Flasche Sekt auf den Namen »Circus«. Eigentlich sollten an diesem Tag 23 solcher Ballons am Flughafen München aufsteigen, aber die farbenfrohe Montgolfiade muß wegen eines stürmischen Ostwindes im letzten Moment buchstäblich abgeblasen werden.

Am Freitag, den 15. Mai, veranstaltet das Erdinger Symphonieorchester ein von der Flughafen München GmbH unterstütztes Festkonzert in der Erdinger Stadthalle. Einen Tag später beginnen auf der Anlage des Münchner Golfclubs in Straßlach die ersten »Munich Airport Open«. Die 200 Golfamateure, die sich an diesem von der FMG ausgerichteten Wettbewerb beteiligen, spielen am darauffolgenden zweiten und letzten Turniertag beim Golfclub Erding-Grünbach. Sowohl die musikalischen Darbietungen des Erdinger Symphonieorchesters als auch das Golfturnier erfreuen sich großer Resonanz und werden auch in den folgenden Jahren von der FMG gefördert. Heute haben die Frühjahrskonzerte der Erdinger Musiker ebenso wie die »Munich Airport Open« ihren festen Platz im Veranstaltungskalender der Region.

Für die Mitarbeiter der FMG, die mit der Planung und Realisierung des Flughafenumzugs beschäftigt sind, bleibt in den Maitagen des Jahres 1992 allerdings wenig Muße für klassische Musik oder Golfturniere. Am Samstag, den 16. Mai 1992, beginnt die Kernphase der Betriebsverlagerung. Der Generalablaufplan zur Inbetriebnahme, den die Fachleute der FMG gemeinsam mit der Mülheimer Firma Agiplan auf der Basis von 50 000 Datensätzen erstellt haben, sieht für diese Phase insgesamt 1600 Umzugsfahrten vor. Die *Bild*-Zeitung kündigt angesichts dieser Größenordnung eine »Brummi-Schlacht um jede Minute« an, die *Münchner Abendzeitung* prophezeit gar den »größten Umzug seit der Völkerwanderung«.

Daß die Passagiere, die an diesem Samstag – dem letzten Betriebstag in Riem – einchecken, wenig von dem logistischen Kraftakt bemerken, ist durchaus im Sinne der Planer. Bis zum letzten Abflug soll den Fluggästen – soweit dies möglich ist – das komplette Service- und Dienstleistungsangebot des Flughafens zur Verfügung stehen. Jenseits des Passagierabfertigungsbereichs werden unterdessen bereits in den Morgenstunden des 16. Mai die ersten Lastwagen beladen. »Verkehrsdisponenten« lotsen die Transporter der rund 80 am Umzug beteiligten Speditionen zu den insgesamt 130 Beladepunkten. Nach der Beladung werden die Lkw nach Gewicht, Höhe, Breite und Geschwindigkeit sortiert und als Konvois auf die rund 30 Kilometer lange Strecke ins Erdinger Moos geschickt. Rund 100 Transporter mit Leerblechen, Containern und anderem »Flughafenzubehör«, das in Riem heute und in Zukunft nicht mehr gebraucht wird, verlassen mit dieser Umzugsvorhut bis 14.00 Uhr den Flughafen.

Noch vor den ersten Lkw-Konvois kommen auf dem neuen Münchner Flughafen am Samstag vormittag die ersten Flugzeuge an. Es handelt sich dabei um 18 Überführungsflüge, mit denen Flugzeuge ohne Passagiere von Riem zum neuen Standort befördert werden. Als eine Art »Umzug über den Wolken« bilden diese sogenannten »Ferry Flights« einen wichtigen Bestandteil des sorgfältig ausgeklügelten Ablaufplans. Auch die ersten mit Passagieren besetzten Verkehrsmaschinen landen dem Ablaufplan folgend bereits einen Tag vor der Inbetriebnahme des Flughafens am neuen Standort. Das erste dieser insgesamt 14 Flugzeuge ist eine Boeing 727 der UNITED AIRLINES, die planmäßig um 12.45 Uhr auf dem neuen Flughafen eintrifft und dem Passagier George Doughy aus Colorado die Gelegenheit bietet, als erster Fluggast das Vorfeld des neuen Airports zu betreten. Eine Abfertigung im Terminal des neuen Flughafens bleibt Mister Doughy und den anderen rund 2000 an diesem Tag hier eintreffenden Passagieren allerdings noch verwehrt. Die Ausweis- und Zollkontrolle erfolgt in provisorischer Weise in einer der Wartungshallen.

Am Samstagabend um 18.00 Uhr überreicht der bayerische Wirtschafts- und Verkehrsminister August Lang im Abflugbereich C des neuen Terminals dem Hauptgeschäftsführer der Flughafen München GmbH, Willi Hermsen, feierlich die Urkunde, die die FMG zur Betriebsaufnahme berechtigt. Noch ist die technische Ausstattung des neuen Luftverkehrsdrehkreuzes unvollständig,

1 Take-off eines Flughafens: Rund zwei Millionen Starts wurden in Riem im Laufe der Jahre durchgeführt. Jetzt rollt der Flughafen selbst auf die Startbahn.

2 Unter hellen Flutlichtstrahlern hieven die Lastkräne das Riemer Flughafeninventar in der Nacht vom 16. auf den 17. Mai am neuen Standort wieder von den Transportern.

3 Um 4.00 Uhr früh öffnen sich am Sonntag, den 17. Mai 1992, die Tore des neuen Münchner Flughafens. Drei große **M** begrüßen Passagiere und Besucher auf der Flughafenzufahrt.

weil viele Spezialgeräte für die letzten Flüge in Riem gebraucht werden. Mittlerweile haben sich rund 1200 Journalisten aus aller Welt an den Brennpunkten der Betriebsverlagerung eingefunden, um die Kernphase des Umzugs publizistisch zu begleiten. Der Airport auf Rädern zieht aber auch Tausende von privaten Beobachtern an. Teilweise mit Bier und Brotzeit ausgestattet, pilgern die Schaulustigen zu den »aussichtsreichsten« Punkten entlang der Umzugsroute und verwandeln die 25 Autobahnbrücken, die auf dem Landweg zwischen den Flughäfen liegen, vorübergehend in gut besetzte Zuschauertribünen. Wer allerdings mit spektakulären Staus oder Pannen gerechnet hat, wird enttäuscht. Obwohl auch die Polizei vor einer »angestrengten Verkehrslage« gewarnt hat, kommen die Konvois mit den Hubbühnen, Flugzeugschleppern, Gangways und anderen auf einer Autobahn eher untypischen Vehikeln gut voran.

Ein strahlender Vollmond gibt dem Flughafen München-Riem das letzte Geleit. Es ist kurz vor 23.00 Uhr, als die auf den Namen »Freising« getaufte Boeing 737 der LUFTHANSA mit den letzten von insgesamt 165 Millionen Passagieren aus der 52jährigen Riemer Flughafenära abhebt. Der technische Geschäftsführer der Flughafen München GmbH, Klaus Nitschke, der 25 Jahre lang in unmittelbarer Nähe der Riemer Runway gewohnt hat, erteilt um 23.46 Uhr nicht ohne Wehmut die Anordnung: »Kontrollturm, bitte die Anflugbefeuerung ausschalten.«

Während in Riem die Lichter ausgehen, hieven am neuen Standort gewaltige Lastkräne unter taghellen Flutlichtstrahlern Gepäckwagen, Fluggasttreppen und anderes Airportinventar von den Ladeflächen der Transporter, um das Spezialgerät für die Premiere in Position zu bringen. Die 480 Entladepunkte sind so auf das Flughafengelände verteilt, daß die verschiedenen Geräte unmittelbar in ihrem künftigen Einsatzgebiet abgeladen werden können. In der Leitzentrale des Umzugs wird gegen 1.00 Uhr früh eine leichte Verspätung gegenüber dem Zeitplan festgestellt, die offenbar auf spontane Abschiedsfeste in den Riemer Anlagen zurückzuführen ist. So trifft auch das von den Photographen ungeduldig erwartete Schwergewicht unter den Schwertransportern, ein 33 Meter langer zwölfachsiger Tieflader mit einem Flugzeugschlepper, erst mit Verspätung am neuen Flughafen ein. Doch bevor sich um 4.00 Uhr früh die Tore des Münchner Flughafens für Besucher und Passagiere öffnen, ist der Zeitverzug bereits wieder kompensiert. Für Irritation sorgt allerdings die Ankunft der ersten S-Bahn der Flughafenlinie S8. Anstelle des angekündigten Langzuges im neuen blauen Flughafendesign rollt zur Verblüffung von Pressevertretern und Premierengästen kurz vor 4.00 Uhr ein orangefarbener und völlig überfüllter Kurzzug auf dem S-Bahnhof Flughafen ein.

Auch das erste Flugzeug, das am 17. Mai 1992 auf dem neuen Flughafen München landet, trägt nicht die erwarteten Farben. Zur Einweihung des Airports war eine parallele Bodenberührung durch die beiden LUFTHANSA-Maschinen »Erding« und »Freising« um 5.00 Uhr früh vorgesehen. Dem Duett der Kraniche wird jedoch um 4.55 Uhr durch eine MD 83 der AERO LLOYD die Schau gestohlen. Kapitän Arian Felix Hartmann hatte die aus Izmir kommende Chartermaschine bereits im österreichischen Luftraum bei der Münchner Flugsicherung zur Landung angemeldet und damit die beiden LUFTHANSA-Boeings auf die Plätze verwiesen. Erst

3

zehn Minuten nach der MD 83 setzen die LUFTHANSA-Maschinen zu ihrer Doppellandung an.

Den ersten Start am neuen Münchner Flughafen macht der LUFTHANSA dagegen niemand streitig. Um 5.59 Uhr hebt die Boeing 747-200 mit 218 Ehrengästen von der nördlichen Startbahn zu einem Premierenflug über die Alpen ab. Wenige Minuten später startet eine Boeing 757 der CONDOR als erste flugplanmäßige Maschine zur Ferieninsel Menorca, gefolgt von zwei Boeing 737 der HAPAG LLOYD, die Urlaubsregionen in Griechenland ansteuern. Das hochgesteckte Ziel, den Kernumzug so zu gestalten, daß der planmäßige Flugbetrieb davon weitgehend unberührt bleibt, ist damit erreicht worden. Während der Flughafenalltag sein neues Reich in Besitz nimmt, zieht FMG-Chef Willi Hermsen vor einer Schar übernächtigter Journalisten am frühen Sonntagmorgen das Fazit: »Der Flughafen ist in Betrieb. Eine neue Ära bayerischer und deutscher Luftfahrtgeschichte beginnt.«

Der fliegende Wechsel zum neuen Standort, der die Mitwirkung von 5000 Menschen und fast 700 Lastwagen erforderlich machte, wird von der Presse als »Weltklasseleistung« gefeiert. Rund 50 000 Besucher kommen noch am ersten Betriebstag zum neuen Airport, um sich ein eigenes Bild von den Anlagen zu machen. Sie erleben einen Flughafen, dessen Grundkonzept Jahrzehnte zuvor entwickelt und im Laufe der Jahre immer wieder ergänzt und den sich stetig verändernden Rahmenbedingungen und Vorgaben angepaßt worden war. Um den zusätzlichen Anforderungen zu genügen, die insbesondere im Bereich des Umweltschutzes an die Flughafenplanung herangetragen worden waren, hatte die Flughafen München GmbH zahlreiche innovative Konzepte und Technologien genutzt, die an dem neuen Airport zum Teil ihre »Welturaufführung« erleben sollten.

Die beiden parallelen, 4000 Meter langen, 1500 Meter gegeneinander versetzten Start- und Landebahnen, die schon das zu Beginn der siebziger Jahre entwickelte Grundkonzept vorsah, prägen im Mai 1992 auch die Konturen des fertiggestellten und in Betrieb genommenen Flughafens. Dem langgestreckten Passagierabfertigungsbereich, der rechtwinklig zwischen den Runways angeordnet wurde, ist das große Vorfeld West des Flughafens mit seinen insgesamt 59 Flugzeugabstellpositionen vorgelagert. 20 dieser Positionen sind über Fluggastbrücken direkt mit dem Terminal verbunden, das sich – einem dezentralen Konzept folgend – vertikal in vier Abflug- und fünf Ankunftsbereiche gliedert.

Die meisten Zaungäste der Flughafenpremiere, die am 17. Mai 1992 zum Airport strömen, lassen ihre Blicke vom Besucherhügel aus über die neue Anlage schweifen. Dieser 28 Meter hohe Aussichtshügel ist von Anfang an die »höchste« Attraktion im »Besucherpark« des neuen Flughafens. Der Hügel grenzt unmittelbar an das Vorfeld West und bietet einen guten Überblick auf weite Teile des Flughafenareals. Innerhalb der ersten zwölf Monate nach der Eröffnung erklimmen rund 1,7 Millionen Besucher die 105 Stufen, die zu der populären Aussichtsplattform auf dem Gipfel des Hügels führen. Damit entfaltet der Besucherhügel des Münchner Flughafens als Ausflugsziel in dieser Anfangsphase eine stärkere Anziehungskraft als das berühmte Schloß Neuschwanstein, das bis dato unangefochten auf Platz 1 der touristischen Attraktionen in Deutschland rangierte.

FLUGHAFEN ZUM MITNEHMEN
MAI 1992

»Falls Sie hier Ihr Ticket abholen wollen, haben Sie gerade Ihren Flug versäumt. Der geht in Erding ab.« Mit dieser handgeschriebenen Notiz klärt ein Reisebüro am Riemer Flughafen nach dem letzten Abflug am 17. Mai 1992 lapidar über die veränderte Flughafenlage auf. Andere Hinweisschilder werden unterdessen zu begehrten Beutestücken passionierter Souvenirjäger, die sich in nicht ganz uneigennütziger Weise an der Flughafenauflösung beteiligen. »Alles, was nicht niet- und nagelfest war, ließen die meist jugendlichen Besucher mitgehen. Für die bunten Hinweisschilder der verschiedenen Fluggesellschaften stiegen sie auf Tische und Stühle, sie rissen Poster von den Wänden und Pflanzen aus den Blumenkübeln. Aber auch Kofferanhänger, Boardingkarten, Telefone oder Stühle waren begehrte Sammelobjekte«, berichtet der *Münchner Merkur* am 18. Mai 1992. »Auch die riesige Hinweistafel, die vor Stunden noch den Fluggästen den Weg zu den Gates 1–27 gewiesen hatte, war nicht sicher. Zwei Männer montierten sie ab, um damit der heimischen Kellerbar einen Hauch der weiten Welt zu verleihen. Die zahlreichen Polizeibeamten und Mitarbeiter der Flughafen München GmbH (FMG) verfolgten ruhig die Riemer Demontage und drückten in dieser Nacht der Nächte mehr als ein Auge zu.« Während sich die »freiwilligen Umzugshelfer« mit handfesten Andenken versorgen, nehmen die Beschäftigten des Riemer Flughafens, die hier zum Teil mehrere Jahrzehnte ihres Berufslebens verbracht haben, in dieser Nacht vor allem Erinnerungen mit. Auch einige Flughafennachbarn wie Leander und Christa Eser aus Gronsdorf sind gekommen, um sich persönlich vom scheidenden Airport zu verabschieden. Das Ehepaar, schreibt der *Münchner Merkur*, »nahm mit einem Selbstauslöserfoto Abschied von Riem – der Flughafenbetrieb hatte sie ihr Leben lang begleitet. ›Wenn wir morgens aufwachten, schienen die Lichter der Befeuerungsanlage in unser Schlafzimmer. Von dort aus konnten wir die Starts und Landungen direkt verfolgen. Das wird uns jetzt fehlen.‹«

Obwohl der neue Münchner Flughafen insgesamt rund 70 Bauwerke und eine Vielzahl höchst unterschiedlicher Funktionsbereiche umfaßt, präsentiert sich die Anlage dem Betrachter als geschlossenes Ensemble. Neben der klaren, von nachvollziehbaren Ordnungsprinzipien dominierten Grundkonzeption trägt auch das übergreifende Erscheinungsbild zu diesem Eindruck bei. Weitläufigkeit, Transparenz sowie eine helle und freundliche Atmosphäre kennzeichnen sowohl die einzelnen Anlagen als auch den Gesamtkomplex. »Seine überwältigende ästhetische Einheitlichkeit verdankt der Flughafen seinen Gestaltungsbeiräten, die wie einst die Hofkünstler an den königlichen Residenzen die gesamte Bauplanung überwachten«, schreibt die *Frankfurter Allgemeine Zeitung* am 16. Mai 1992 unter dem Titel »Das Versailles der Lüfte«. Die Grundlagen für das Münchner Flughafendesign waren unter der Federführung von Otl Aicher, der schon die Olympia-Bauten in der bayerischen Landeshauptstadt betreut hatte, entwickelt und bereits 1981 in sogenannten Gestaltungsrichtlinien verbindlich festgelegt worden. An dieser Grundkonzeption hatte auch Professor Eberhard Stauß mitgewirkt, der ab 1987 als Designkoordinator für das Gesamtprojekt die Verantwortung für die Weiterentwicklung des Erscheinungsbildes übernahm. Die »Einheit in der Vielfalt«, die die Designer in Kooperation mit den Bauherren und Generalplanern als übergeordnetes Gestaltungsziel angestrebt hatten, manifestiert sich im Erscheinungsbild des fertiggestellten Flughafens in allen Bereichen. Schrifttafeln und Uniformen gehören ebenso zu den Mosaiksteinen des visuellen Erscheinungsbildes wie das charakteristische M, die Farbwahl, die Lichtführung oder die Landschaftsplanung des Flughafens.

Für viele Luftverkehrsgesellschaften, die die bayerische Landeshauptstadt aufgrund der Riemer Defizite seit Jahren weiträumig umflogen hatten, öffnet sich mit dem Münchner Flughafen eine neue Perspektive in der Streckenplanung. Das moderne Start- und Landebahnsystem, das so konzipiert wurde, daß die beiden 2300 Meter auseinanderliegenden Runways unabhängig voneinander und ohne Gewichts- und Reichweitenlimitierung betrieben werden können, bietet ausreichende Slotkapazitäten, um die Nachfrage des Luftverkehrs zu befriedigen. So erlebt der neue Airport in den ersten Tagen und Wochen nach der Eröffnung eine ganze Serie von Erstflügen. Zu den insgesamt 17 Linienfluggesellschaften, die München 1992 neu in ihr Streckennetz aufnehmen, gehören unter anderem AIR DOLOMITI, AIR LANKA, CONTINENTAL AIRLINES, GARUDA INDONESIA, JAPAN AIRLINES, KUWAIT AIRWAYS, LAUDA AIR, MALAYSIAN AIRLINES und SOUTH AFRICAN AIRWAYS.

Während sich der Großluftfahrt am neuen Standort deutlich verbesserte Ausgangsbedingungen bieten, kann die Allgemeine Luftfahrt nur eingeschränkt vom neuen Flughafen profitieren. Da die beiden ursprünglich vorgesehenen Nebenbahnen, auf denen insbesondere Sport- und Schulflugzeuge hätten starten und landen sollen, aufgrund der modifizierten Planung nicht verwirklicht wurden, fehlt am neuen Airport eine adäquate Runway für dieses Verkehrssegment. Das gilt insbesondere für alle nach Sichtflugregeln manövrierenden Maschinen sowie für Kleinflugzeuge mit einem Höchststartgewicht von weniger als zwei Tonnen. Ihre Präsenz auf den beiden großen Bahnen des neuen Flughafens hätte unter dem Aspekt der Verkehrssicherheit auch betriebliche Konsequenzen. Aus Sicherheitsgründen muß bei Starts und Landungen solcher Maschinen ein größerer zeitlicher und räumlicher Abstand zum nächsten Flugzeug gewahrt werden, wodurch wiederum die Gesamtkapazität des Runwaysystems beeinträchtigt wird. Aus diesem Grund hatte das bayerische Staatsministerium für Wirtschaft und Verkehr die FMG bereits im November 1991 von der Betriebspflicht für die besagten Kleinflugzeuge befreit.

Gegen diese Entscheidung des Ministeriums hatten einige am Riemer Flughafen ansässige Flugschulen und Charterunternehmen Klage erhoben, die vom Bayerischen Verwaltungsgerichtshof am 2. April 1992 als unzulässig abgewiesen worden war. Da die Münchner Richter keine Revision zuließen, legten die gewerblichen Flugunternehmen eine Nichtzulassungsbeschwerde beim Bundesverwaltungsgericht in Berlin ein und erzielten damit einen Teilerfolg. Angesichts der »möglicherweise drohenden wirtschaftlichen Existenzvernichtung« wird den betroffenen Unternehmen von den Berliner Richtern am 11. Juni 1992 eine vorübergehende Start- und Landeerlaubnis auf dem neuen Airport erteilt. Bis zu einer endgültigen Entscheidung des Bayerischen Verwaltungsgerichtshofs, an den der Fall zurückverwiesen wird, dürfen die Kleinflugzeuge dieser Unternehmen – es handelt sich um insgesamt 45 Maschinen – am neuen Airport betrieben werden. Ein Jahr später schließen der Freistaat Bayern, die Flughafen München GmbH und die sechs gewerblichen Flugunternehmen einen Vergleich ab, in dem das befristete Bleiberecht der 45 Maschinen so lange verlängert wird, bis eine Ersatzlösung in Form eines anderen Flugplatzes in der Region München gefunden ist.

Der erste »Megastar«, der den neuen Flughafen nach der Eröffnung betritt, ist der Musiker Michael Jackson, der am Abend des 23. Juni 1992 mit einer Gulfstream III in München landet. Mehrere hundert Kinder und Jugendliche, die der Konzertveranstalter zum Flughafen gebracht hat, harren trotz heftiger Regengüsse drei Stunden lang klaglos hinter den Absperrgittern im Sicherheitsbereich des Airports aus, um ihr Idol noch am Airport in Empfang zu nehmen. Frei nach der Jackson-Persiflage »Eat it« wird dem prominenten Gast eine bayerische Brez'n überreicht, die der »King of Pop« ebenso wie einen Bildband über »Bayerische Königsschlösser« ohne erkennbaren Enthusiasmus entgegennimmt,

1 Innerhalb der ersten zehn Betriebswochen des neuen Münchner Flughafens werden bereits über zwei Millionen Fluggäste abgefertigt.

um sich anschließend – geschützt von 90 Ordnern – im Laufschritt zu der wartenden Limousine zu bewegen, die ihn zu seinem Hotel in der Münchner Innenstadt befördert. Der Auftritt einer bayerischen Blaskapelle, die die Ankunft des amerikanischen Sängers mit dem Defiliermarsch begleitet, verleiht dem Empfang eine fast schon multikulturelle Note.

Die eigentliche Feuerprobe im Blickpunkt der Weltöffentlichkeit steht dem neuen Flughafen aber erst zwei Wochen später bevor. Zwischen dem 2. und dem 9. Juli 1992 werden anläßlich des Weltwirtschaftsgipfels in München insgesamt 140 Sonderflüge abgewickelt. Allein vier große Transportmaschinen vom Typ Galaxy schicken die Amerikaner über den Nordatlantik, um ihre »Gipfelausrüstung« inklusive einer eigenen Autoflotte in die bayerische Landeshauptstadt zu befördern. Die Rush-hour im Regierungsreiseverkehr fällt auf Sonntag, den 5. Juli, an dem binnen siebeneinhalb Stunden die Staatschefs aus Italien, Japan, Kanada, den Vereinigten Staaten, Frankreich und Großbritannien in München eintreffen. Ein enormes Aufgebot von Bundesgrenzschutz und Polizei sowie zahlreiche CIA-Mitarbeiter mit Walkie-Talkies und den obligatorischen Sonnenbrillen riegeln das Terminal F des Flughafens an diesem Tag hermetisch ab. Die größte Aufmerksamkeit der Sicherheitskräfte wie der wartenden Journalisten aus dem In- und Ausland gilt einer Boeing 747-200, die um 17.10 Uhr landet. Es ist die berühmte »Air-Force No. 1«, mit der US-Präsident George Bush und seine Frau Barbara zum Gipfel der G-7-Staaten reisen. Der russische Präsident Boris Jelzin trifft 26 Stunden später an gleicher Stelle mit einer Tupolew 154 ein. So reibungslos wie die Ankunft gestaltet sich am 9. Juli auch die Abreise der internationalen Politprominenz. »Bilanz am Airport: Alles lief wie am Schnürchen«, schreibt der *Münchner Merkur* in seiner regionalen Ausgabe am 10. Juli und attestiert dem Flughafen, daß er »den Gipfeltest bestanden« habe.

Mit dem stellvertretenden Hauptgeschäftsführer der Flughafen München GmbH, Klaus Nitschke, tritt Ende Juli 1992 einer der Väter des neuen Flughafens nach 30 Dienstjahren in den Ruhestand. Zwei Jahrzehnte hatte Nitschke als technischer Geschäftsführer des Unternehmens maßgeblich an der Konzeption, Vorbereitung und Realisierung des Großprojekts mitgewirkt. Als neuer technischer Geschäftsführer tritt am 1. Oktober 1992 der Wirtschaftsdiplomingenieur Klaus Brendlin, der im Laufe seines beruflichen Werdegangs bereits zehn Jahre lang in verantwortlicher Position für die Flughafen Frankfurt AG tätig war, in die Unternehmensleitung ein. Auch Arbeitsdirektor Ferdinand Jaquet, der für das Personal- und Sozialwesen in der FMG zuständig ist, geht im Februar 1993 in den Ruhestand. Sein Aufgabenbereich wird von FMG-Hauptgeschäftsführer Willi Hermsen übernommen.

Im Jahr der Inbetriebnahme des neuen Flughafens überschreitet das Passagieraufkommen in München erstmals die Zwölf-Millionen-Marke und steigt gegenüber dem Vorjahr um über elf Prozent. Dieser rasante Passagierzuwachs wird allerdings dadurch relativiert, daß das Verkehrsaufkommen des Jahres 1991 infolge des Golfkriegs deutlich zurückgegangen war. Verglichen mit dem Ergebnis des Jahres 1990 entspricht das Fluggastaufkommen von 1992 denn auch lediglich einem Zuwachs von fünf Prozent und dokumentiert damit eine eher verhaltene Verkehrsentwicklung. Ungünstige gesamtwirtschaftliche Rahmenbedingungen und eine weltweite Rezession im Luftverkehr, von der auch die DEUTSCHE LUFTHANSA stark betroffen ist, stehen einer stärkeren Wachstumsdynamik entgegen.

»Die LUFTHANSA, die die Kapazitäten des Flughafens wesentlich mitgeplant hatte, bemerkte plötzlich ihre heikle Unternehmenslage und stellte das Vorhaben, München neben Frankfurt zum zweiten Drehkreuz auszubauen, auf unbestimmte Zeit zurück. Dennoch kletterte seit dem Start vor einem Jahr die wöchentliche Zahl der Linienflüge in fremde Kontinente von 39 auf 67 – nur ganze acht gehen auf das Konto der deutschen Staatslinie«, schreibt *Die Welt* am 10. Juni 1993. Getragen wird das Wachstum im Interkontinentalverkehr in dieser Phase vor allem durch einen regelrechten Boom auf den Transatlantikrouten. Der Münchner Sommerflugplan bietet den Passagieren 1993 bereits zehn tägliche Flüge in die Vereinigten Staaten, darunter erstmals auch einen Nonstopflug in Münchens Partnerstadt Cincinnati, den der US-Carrier DELTA AIR LINES auflegt.

1 Die Vielfalt im Flugplan des Münchner Airports spiegelt sich in den Leitwerken der am Terminal abgestellten Maschinen wider.

2 Ende 1993 wird der neue Flughafen München erstmals zu einem Drehkreuz des Charterverkehrs. Maschinen der CONDOR – aber auch der HAPAG LLOYD und der AERO LLOYD – bringen an den Drehkreuztagen Fluggäste aus zahlreichen deutschen Städten nach München, die hier nach Urlaubszielen auf ihre Anschlußflüge verteilt werden. Dieser Drehkreuzverkehr wird in den folgenden Wintern noch erheblich ausgebaut.

Ende 1993 beschäftigt die Flughafen München GmbH 3345 Mitarbeiter. Insgesamt bietet der Flughafen inzwischen bereits über 15 000 Arbeitsplätze bei rund 300 Unternehmen und Behörden. Die FMG verzeichnet in diesem Jahr eine Umsatzsteigerung von 15 Prozent und erzielt Gesamterlöse in Höhe von 578 Millionen DM. Dennoch steht unter dem Strich ein negatives Jahresergebnis von 100 Millionen DM, das vor allem auf die finanziellen Folgelasten des »Jahrhundertbauwerks« zurückzuführen ist. Die Gesamtinvestitionen für den neuen Flughafen belaufen sich inklusive des Grunderwerbs auf 8,3 Milliarden DM. Bei der Jahrespressekonferenz am 20. Januar 1994 prophezeit FMG-Hauptgeschäftsführer Hermsen, daß das Unternehmen »spätestens in zehn Jahren« schwarze Zahlen schreiben werde.

Deutlich vergrößert hat sich der Kreis der Töchter der FMG. Neben der Flughafen Handelsgesellschaft (FHG), der Muc Air Services und der Flughafen Restaurationsgesellschaft (FRG), die bereits zu Riemer Zeiten entstanden waren, sind inzwischen vier weitere Beteiligungsunternehmen gegründet worden. Bereits im Frühjahr 1992 waren mit der Airport Services München GmbH (ASM) und der Civil Aviation Protection GmbH (CAP) zwei neue Gesellschaften für Dienstleistungen im Bereich der Passagierabfertigung und der Sicherheit ins Leben gerufen worden. Die ASM, an der neben Lufthansa und FMG auch die Hapag Lloyd beteiligt ist, übernimmt von der Muc Air Services GmbH die Geschäftsbereiche Fluggastabfertigung, Operations und Ticketverkauf. Die CAP wird von der FMG, der Lufthansa und der privaten Sicherheitsgesellschaft A.S. Aviation Security Service GmbH gebildet. Mit dem Jahresbeginn 1993 nimmt die »Gesellschaft für Enteisen und Flugzeugschleppen am Flughafen München mbH« (EFM) ihre Geschäfte auf, eine weitere Beteiligungsgesellschaft von Lufthansa und Flughafen München GmbH. Als siebte FMG-Tochter wird im Mai 1993 noch die Flughafen München Versicherungsvermittlungsgesellschaft mbH (FMV) gegründet, an der neben der FMG auch die Gradmann & Holler GmbH beteiligt ist.

Die Ausweitung der unternehmerischen Aktivitäten der Flughafen München GmbH ist auch Ausdruck eines gewandelten Rollenverständnisses der FMG. Beschränkte sich die Unternehmenstätigkeit in früheren Jahren auf die Abwicklung des Luftverkehrs und die Vorhaltung der dazu erforderlichen Anlagen, so entsteht jetzt ein »Flughafen-Konzern« mit einem umfassenden Angebot an spezifischen Dienstleistungen. Durch die Gründung der Beteiligungsgesellschaften erschließt die FMG neue Ertragsfelder und stärkt damit die Eigenfinanzierungskraft des Münchner Flughafens, denn die hier erzielten Erlöse kommen nicht zuletzt dem Bau, Unterhalt und der Weiterentwicklung der Infrastruktureinrichtung zugute. So steuerte zum Beispiel die 1973 als erste FMG-Tochter gegründete Flughafen Handelsgesellschaft bereits über 200 Millionen DM zum Bau des neuen Flughafens bei.

Ein wichtiges Signal für die weitere Entwicklung des Münchner Flughafens setzt Ende März 1994 die Fluggesellschaft Deutsche BA. Die 1992 gegründete Airline, an der die Muttergesellschaft British Airways mit 49 Prozent beteiligt ist, verlegt zu Beginn der Sommerflugperiode ihren Firmensitz in die bayerische Landeshauptstadt und zieht mit 240 ihrer insgesamt 620 Mitarbeiter auf den Münchner Flughafen. Im Hangar 3 des Airports wird fortan die gesamte Jetflotte des ersten Münchner »Home Carrier« ge-

1

ZWEI WELTREKORDE
JUNI 1994

Rund 130 Mitarbeiter der Flughafenfeuerwehr sorgen im Schichtdienst rund um die Uhr für den Brandschutz am Münchner Flughafen. Sie sind auf schnelle Fahrzeuge angewiesen, um, wie es die Internationale Zivilluftfahrtorganisation ICAO vorschreibt, jeden befestigten Punkt innerhalb des Start- und Landebahnsystems innerhalb von 180 Sekunden erreichen zu können. Insgesamt 25 Einsatzfahrzeuge stehen im Fuhrpark der Flughafenfeuerwehr und eins davon auch im *Guinness-Buch der Rekorde*. Am 15. Juni 1994 wird der erfolgreiche Weltrekordversuch mit einem Großlöschfahrzeug vom Typ FLF 80/135 auf der eigens dafür gesperrten südlichen Start- und Landebahn des Münchner Flughafens gestartet. Jeweils dreimal rast der 38 Tonnen schwere und 1000 PS starke rote Koloß unter den kritischen Augen von drei unabhängigen Gutachtern über die Runway. Die dabei erzielte Beschleunigung von 0 auf 80 Stundenkilometer in 21,1 Sekunden sowie eine Höchstgeschwindigkeit von 141,3 Stundenkilometer werden als Weltrekord in das Standardwerk aus dem Hause Guinness aufgenommen.

Zwei Jahre später taucht der Münchner Flughafen in einem ganz anderen Zusammenhang abermals im *Guinness-Buch der Rekorde* auf. Die von Mitarbeitern des Wach- und Sicherheitsdienstes der FMG gegründete Initiative »Mit Sicherheit für eine gute Sache« initiiert 1996 eine spektakuläre karitative Aktion, an der sich rund 60 Freiwillige aus allen Bereichen des Flughafens beteiligen. Sie investieren insgesamt 800 Stunden ihrer Freizeit, um den »längsten Fleckerlteppich der Welt« zu weben, der nach seiner Fertigstellung von Freisinger Schülern in einer unkonventionellen »Malstunde« künstlerisch gestaltet wird. Am 19. Oktober 1996 wird der aus Baumwoll-Leinen gefertigte Teppich von der Höhenrettungsgruppe der Münchner Berufsfeuerwehr auf voller »Towerlänge« von 78 Metern am Kontrollturm des Airports aufgehängt. Bei der anschließenden Versteigerung der jeweils ein Meter großen »Teppichbilder« wird ein Erlös von über 17 000 DM erzielt, der verschiedenen Behinderteneinrichtungen in der Region zugute kommt.

1 Hauptbrandmeister Lothar Schwiebert von der Münchner Flughafenfeuerwehr fuhr mit dem Großlöschfahrzeug FLF 80/135 ins »Guinness-Buch der Rekorde«.

2 Formiert zur Abfertigung präsentieren sich hier die Maschinen vom Typ ATR der Luftverkehrsgesellschaft AIR DOLOMITI. Als Partner und Zubringer der LUFTHANSA trägt die italienische Fluggesellschaft ab Mitte der neunziger Jahre zur Hubentwicklung in München bei.

3 Die DEUTSCHE BA ist der erste »Home Carrier« am Flughafen München. Im Frühjahr 1994 zieht die Tochter der BRITISH AIRWAYS mit ihrer Hauptverwaltung und ihrer kompletten Jetflotte zum Münchner Flughafen.

1 Knapp 15 Millionen Passagiere werden 1995 in München gezählt, bereits 25 Prozent mehr als im Eröffnungsjahr 1992.

2 Start in die Ehe: Wie Ralf und Gabi Gramkow – hier mit der Aluminiumgußstatue von König Ludwig im Zentralbereich des Airports – lassen sich bis Ende 1998 acht Paare in der Christopheruskapelle des Münchner Flughafens kirchlich trauen.

wartet. Gleichzeitig macht die ambitionierte junge Gesellschaft München zum Dreh- und Angelpunkt eines ehrgeizigen Expansionsprogramms. Noch im Sommer 1994 legt die Airline sieben tägliche Flüge von München nach Düsseldorf auf und nimmt Madrid und Paris mit drei täglichen Flügen neu ins Programm.

Am 17. Mai 1994, genau zwei Jahre nach der Inbetriebnahme des Flughafens, ist der Airport erstmals wieder Schauplatz einer großen Eröffnungsfeier. Das Kempinski Hotel Airport München, das der deutschstämmige amerikanische Architekt Helmut Jahn aus Chicago entworfen hat, wird bei einem »Grand Opening« seiner Bestimmung übergeben. Mit rund 400 Zimmern und über 30 Konferenzräumen schließt das östlich des Terminals errichtete Hotel eine Lücke in der Infrastruktur des Flughafens. In das Blickfeld eines weltweiten Medieninteresses gerät der Flughafen knapp drei Monate später, als mit dem LUFTHANSA-Flug LH 3369 am 10. August 1994 ein Hartschalenkoffer nach München kommt, der es im wahrsten Sinne des Wortes in sich hat: In dem ominösen Gepäckstück aus Moskau werden 363,4 Gramm waffenfähiges Plutonium nach München befördert – und bei der Ankunft von der Polizei sichergestellt. Der Besitzer des Koffers, ein Spanier, sowie sein kolumbianischer Komplize werden noch am Flughafen festgenommen, einen weiteren Spanier verhaftet die Polizei in einem Münchner Hotel. Im deutschen Bundestag sorgt der Plutoniumkoffer noch Jahre später für politischen Zündstoff.

Die Verkehrsentwicklung am Münchner Flughafen wird 1994 durch den nahezu kollektiven Rückzug der amerikanischen Airlines getrübt. Bereits im Juli stellt die TWA ihre Verbindung nach New York ein, CONTINENTAL AIRLINES startet im September zum letzten Flug nach Newark, und AMERICAN AIRLINES kündigt gleichzeitig an, die tägliche Verbindung nach Chicago nur noch bis zum kommenden Januar fortzuführen. Da auch UNITED AIRLINES ihren Zubringerflug von München nach London aus dem Programm nimmt, verlassen insgesamt vier von fünf US-Carriern binnen eines Jahres den Münchner Airport. Lediglich DELTA AIR LINES, die zwar ihre Cincinnati-Verbindung streicht, aber weiter täglich von München nach Atlanta und New York fliegt, hält die Stellung in der bayerischen Landeshauptstadt.

Der Rückzug der amerikanischen Gesellschaften ist vor dem Hintergrund des ruinösen Preiskampfes zu sehen, den die US-Gesellschaften über dem Nordatlantik ausgetragen haben. Obwohl bei den betroffenen Airlines letztlich jeweils unternehmensinterne Gründe – wie etwa die Umstrukturierung im gesamten Europaverkehr der TWA – den Ausschlag zur Streckenstillegung gaben und das zeitliche Zusammentreffen dieser Entscheidungen eher zufällig ist, wirkt der Exodus der Amerikaner sich fatal auf die Wahrnehmung des Flughafens in der Öffentlichkeit aus. Voreilige Beobachter formulieren auf der Basis falscher Schlußfolgerungen sogar bereits erste Nachrufe auf das »Drehkreuz des Südens«. Unter der Überschrift »München wird von der Welt abgekoppelt« schreibt beispielsweise die Münchner *tz* am 28. Oktober 1994: »Vom Drehkreuz redet heute niemand mehr. Der Airport kurz vorm Niederbayerischen verkommt zum Regionalflugplatz – Augsburg und Eggenfelden lassen grüßen.«

Ein Leser solcher Zeilen würde kaum vermuten, daß der Münchner »Regionalflugplatz« drei Jahre später zu den »Top Ten« der europäischen Airports gehört. Tatsächlich aber bahnt sich genau diese Entwicklung bereits im Sommer 1994 an. Die LUFTHANSA hat ihr Sanierungsprogramm zu diesem Zeitpunkt erfolgreich abgeschlossen und schreibt 1994 erstmals seit vier Jahren wieder schwarze Zahlen. Vor diesem Hintergrund gewinnt das Konzept, München zu einem zweiten Drehkreuz der Kranichlinie zu machen, neuerlich an Aktualität. Bereits im Juli 1994 kündigt die LUFTHANSA deshalb an, im kommenden Jahr zwei moderne Langstreckenjets vom Typ Airbus A 340 in München zu stationieren, um damit das Fernstreckenangebot zu erweitern.

Am 26. März 1995 ist es soweit: Pünktlich zum Beginn der Sommerflugplanperiode startet ein Airbus A 340 zum Nonstopflug nach Chicago. Neben dem täglichen Liniendienst nach Chicago bietet die LUFTHANSA ab diesem Sommer mit gleichem Fluggerät auch zwei wöchentliche Verbindungen nach Osaka und zwei weitere über Bangkok nach Singapur. Die Stationierung der beiden modernen LUFTHANSA-Langstreckenjets markiert den Beginn des dynamischen Ausbaus des Münchner Flughafens zu einem zweiten nationalen Gateway der Kranichlinie.

Vier Tage vor dem LUFTHANSA-Erstflug nach Chicago hatte der Aufsichtsrat der FMG mit einer Entscheidung in einer ganz anderen Frage ebenfalls eine wichtige Weichenstellung für die künftige Flughafenentwicklung vorgenommen. Das Aufsichtsgremium gibt am 22. März 1995 grünes Licht für den Bau des München Airport Center. Das von dem Architekten Helmut Jahn entworfene sechsgeschossige Gebäude, das östlich des Zentralgebäudes im Herzen des Airports entstehen soll, verspricht einen Flächengewinn von 31 000 Quadratmetern. Zwei Drittel davon sind für Büros vorgesehen, die verbleibenden rund 10 000 Quadratmeter werden für gastronomische Einrichtungen, Geschäfte, Konferenz- und Tagungsräume, Arztpraxen und andere Dienstleistungsangebote reserviert. Die Kosten für das Projekt in Höhe von rund 220 Millionen DM werden durch private Investoren getragen.

Mit seinem Votum für das MAC trägt der Aufsichtsrat der FMG einem dynamischen Strukturwandel innerhalb der internationalen Flughafenlandschaft Rechnung. Waren die Rolle und das Erscheinungsbild eines Flughafens über Jahrzehnte fast ausschließlich durch die technischen Anforderungen hinsichtlich der Abwicklung des Flugbetriebs und der Passagier- und Frachtabfertigung definiert, so treten jetzt zusätzliche Leistungsmerkmale in den Vordergrund. Die Flughäfen sind in der »Dienstleistungsgesellschaft« angekommen, in der sie sich nur behaupten können, wenn sie neben einer reibungslosen Verkehrsabwicklung auch ein breites Spektrum kommerzieller Sekundäreinrichtungen garantieren. Gerade die Knotenpunkte des internationalen Luftverkehrs werden in zunehmendem Maße als Konferenz- und Tagungsstätte, als Präsentations- und Veranstaltungsort, als Bürozentrum, als Standort von Einzelhandel und Gastronomie oder auch als spezifische Erlebniswelt mit entsprechenden Unterhaltungsangeboten in Anspruch genommen.

Mit Beginn des Sommerflugplans entfallen am 26. März 1995 die Grenz- und Ausweiskontrollen im Reiseverkehr zwischen der Bundesrepublik Deutschland, den Beneluxstaaten, Frankreich, Spanien und Portugal. Nach dem Inkrafttreten des Schengener Abkommens verliert die Unterscheidung zwischen dem Inlands- und dem Auslandsverkehr für die Passagierabfertigung ihre Bedeutung. Da Fluggäste, die sich innerhalb der Schengenstaaten bewegen, jetzt grenzpolizeilich wie Inlandspassagiere behandelt werden, paßt die FMG die Wegeführung und die Zuordnung der verschiedenen Abfertigungsbereiche im Terminal den veränderten Gegebenheiten an. So wird zum Beispiel der ohne Ausweiskontrolle zugängliche Terminalbereich A, der bisher ausschließlich dem innerdeutschen Flugverkehr vorbehalten war, für den gesamten »Schengenverkehr« geöffnet.

An der Spitze des Aufsichtsrats der Flughafen München GmbH kommt es Anfang Dezember 1995 zu einem Wechsel. Der neue bayerische Finanzminister Erwin Huber übernimmt von seinem Amtsvorgänger Georg Freiherr von Waldenfels auch den Vorsitz im FMG-Aufsichtsrat. Einer der ersten offiziellen Termine, die Huber in dieser Position wahrnimmt, ist die Begrüßung des 50millionsten Passagiers am neuen Flughafen München. Mit rotem Teppich, Blaskapelle und einem beachtlichen Presseaufgebot wird Ursula Krause aus Weilheim, die mit einem Airbus A 340 der LUFTHANSA aus Chicago kommt, am 24. Januar als Jubiläumsfluggast empfangen.

WO BRAUTPAARE STARTEN
JANUAR 1995

Mit einem Flughafen in der Stadt kann München seit der Betriebsverlagerung im Mai 1992 nicht mehr aufwarten, wohl aber mit einer »Stadt im Flughafen«. Der neue Flughafen ist eben nicht nur Ausgangs- bzw. Endpunkt von Flugreisen, sondern auch ein Ort, an dem man zum Beispiel essen gehen, sich frisieren lassen, eine Reise buchen oder auch eine Ehe schließen kann. Manchmal kommt auch alles zusammen und hat irgendwie miteinander zu tun, wie die Geschichte von Ralf Gramkow und Gabi Friedrich zeigt.

Als Flugzeugabfertiger war Ralf Gramkow 1989 in die Dienste der FMG getreten und nach dem Flughafenumzug – wie viele seiner Kollegen – bald zu einem Stammgast beim Flughafenfriseur »Hairline« geworden. Hier traf er in der Friseurmeisterin Gabi Friedrich die Dame seines Herzens, die ihn zwar dienstlich konsequent geschnitten hat, ihm privat jedoch durchaus zugetan war. Am Vormittag des 27. Januar 1995 erklärt eine Standesbeamtin der Airport-Anrainergemeinde Hallbergmoos die beiden zu Mann und Frau. Noch am selben Tag wird in der Christopheruskapelle im Zentralgebäude des Münchner Flughafens – 50 Meter Luftlinie vom Friseursalon entfernt – die kirchliche Trauung vollzogen. Zur Hochzeitsfeier versammelt sich die Festgemeinde mit 40 Gästen anschließend im Flughafenrestaurant »Trattoria Monaco«. Und ein paar Tage später ist das frischgebackene Ehepaar Gramkow wieder im Zentralgebäude unterwegs, um bei einem Reisebüro eine Last-Minute-Reise für die Flitterwochen unter Palmen zu buchen. Die Hochzeit am Airport ist übrigens keine einmalige Veranstaltung. Franz Gasteiger und Helmut Leipold, die als Seelsorger der katholischen und der evangelischen Kirche ständig in der »Flughafengemeinde« im Einsatz sind, zelebrieren bis Ende 1998 insgesamt neun Trauungen – und 41 Kindstaufen – in der Christopheruskapelle des Münchner Flughafens.

Drei Jahre, acht Monate und sieben Tage Flugbetrieb am neuen Standort waren der feierlichen Begrüßung der 50millionsten Reisenden vorausgegangen. Am Flughafen München-Riem hatte es nach der Wiedereröffnung seinerzeit noch 28 Jahre gedauert, bis dort die ersten 50 Millionen Passagiere abgefertigt worden waren. Vor diesem Hintergrund wertet der neue FMG-Aufsichtsratsvorsitzende die Ankunft der 50millionsten Flugreisenden als »einen beeindruckenden Beweis für die dynamische Aufwärtsentwicklung, die Attraktivität und die Bedeutung des Münchner Flughafens«.

In diese »Beweisführung« passen auch die Verkehrsergebnisse, die die FMG einen Tag nach dem Jubiläumsempfang im Rahmen ihrer Jahrespressekonferenz präsentiert. Mit einer Zuwachsrate von zehn Prozent ist das Passagieraufkommen in München 1995 auf knapp 14,9 Millionen geklettert. »Der Flughafen München ist erfolgreich auf dem internationalen Markt eingeführt worden und hat sich

1 Über 15 000 Arbeitsplätze bietet der Flughafen München im Jahr 1995, rund 3000 Mitarbeiter beschäftigt allein die FMG. Das Spektrum der beruflichen Tätigkeiten ist weit gefächert. Dazu gehört die Flugzeugreinigung …

2 … ebenso wie die Arbeit in der Verkehrszentrale, …

3 ... bei der Frachtverladung, ...

4 ... der Flugzeugabfertigung ...

5 ... oder im Informationsdienst.

1 Start zum Hubaufbau: Im Sommer 1995 stationiert die LUFTHANSA erstmals zwei Langstreckenjets vom Typ Airbus A 340 in München und nimmt neue Nonstopverbindungen nach Chicago, Osaka und Bangkok (mit Weiterflug nach Singapur) auf.

2 An der Münchner LUFTHANSA-Drehscheibe partizipieren auch die Partnergesellschaften der Kranichlinie wie die THAI AIRWAYS, die im Dezember 1996 eine neue Verbindung nach Bangkok eröffnet.

3 Mit der kontinuierlichen Ausweitung ihres Streckennetzes dokumentiert die Lufthansa ihre Entschlossenheit, München als zweites Gateway zu etablieren. Waren es 1994 57 Ziele, die der Kranich von München aus anflog, so werden 1996 schon 74 Destinationen bedient.

als zuverlässige und leistungsfähige Drehscheibe des Luftverkehrs etabliert«, erklärt Willi Hermsen, Hauptgeschäftsführer der Flughafen München GmbH. Damit trete der Airport in eine zweite Entwicklungsphase, die zum einen zu einer qualitativen und quantitativen Steigerung des Verkehrsaufkommens und zum anderen zu einem systematischen Ausbau des Dienstleistungs- und Serviceangebots führen werde. Angesichts der zu erwartenden Verkehrszuwächse kündigt der FMG-Chef Ausbaumaßnahmen im bestehenden Abfertigungssystem an und weist überdies auf die mittelfristig bereits absehbare Notwendigkeit eines zweiten Terminals hin.

Am 8. März 1996 landet um 23.21 Uhr eine Boeing 727 der KIBRIS TURKISH AIRLINES mit 101 Passagieren und acht Crewmitgliedern in München und macht den neuen Flughafen erstmals zum Tatort einer Flugzeugentführung. Die Maschine war gegen 19.00 Uhr in Nikosia mit dem Ziel Istanbul gestartet und von einem bewaffneten Geiselnehmer zur Kursänderung gezwungen worden. Nach einem kurzen Aufenthalt in der bulgarischen Hauptstadt Sofia war der Pilot auf Geheiß des Entführers nach München gestartet. Am Ende einer nervenaufreibenden Nacht auf dem Münchner Flughafen läßt der 21jährige Flugzeugentführer um 5.00 Uhr morgens sämtliche Geiseln frei und stellt sich der Polizei. Zuvor war ihm zugesichert worden, daß er in einem Radiointerview die Beweggründe seiner Tat – er wollte auf die Lage in Tschetschenien aufmerksam machen – erläutern kann. Wie in der Presse später nachzulesen ist, waren die Motive für die Geiselnahme aber offenbar nicht nur politischer Natur: »Nach türkischen Angaben litt er an Liebeskummer«, schreibt die *Süddeutsche Zeitung* am 11. März. »Eigentlich habe er das Flugzeug nach London entführen wollen, um dort seine 26jährige Geliebte zu besuchen.«

Gestützt durch den Hubausbau der LUFTHANSA – aber auch durch das verstärkte Engagement anderer internationaler Airlines – setzt sich die dynamische Verkehrsentwicklung am Münchner Airport 1996 fort. Mit der US AIR, die München nonstop mit Philadelphia verbindet, fliegt vom 24. Mai an wieder eine zweite große amerikanische Liniengesellschaft täglich in die bayerische Landeshauptstadt. Am 4. Juni nimmt auch die LUFTHANSA mit vier wöchentlichen Flügen nach San Francisco eine zusätzliche US-Destination in ihr Angebot auf. Die Fluggesellschaft CHINA EASTERN – ein weiterer Neuling in München – bietet ab dem 21. Juni 1996 erstmals eine wöchentliche Verbindung von München über Peking nach Schanghai an. Am 17. Dezember eröffnet die THAI AIRWAYS eine neue Verbindung nach Bangkok mit zwei wöchentlichen Frequenzen. Obwohl GARUDA INDONESIA und JAPAN AIRLINES ihre Dienste nach München im Winter 1995/96 eingestellt hatten, kommt es 1996 insgesamt zu einer spürbaren Erholung im Interkontinentalverkehr, die nicht zuletzt auf eine Reihe gezielter Marketingmaßnahmen der FMG zurückgeht. Das Fluggastaufkommen wächst auf den Fernstrecken um 15 Prozent, und auch die Luftfracht, die 1996 um 18 Prozent zulegt, profitiert merklich vom Aufschwung in diesem Verkehrssegment.

»München stand früher im Vergleich mit anderen deutschen Luftknotenpunkten an 2. Stelle. Es bestehen die besten Aussichten, daß München diese Stelle auch in Zukunft behalten wird.« Am 2. Februar 1950 hatte Wulf-Dieter Graf zu Castell diese Prognose in einem Beitrag für den *Münchner Merkur* gestellt. 47 Jahre später kann sein »Erbe« Willi Hermsen bei der Präsentation der Verkehrsergeb-

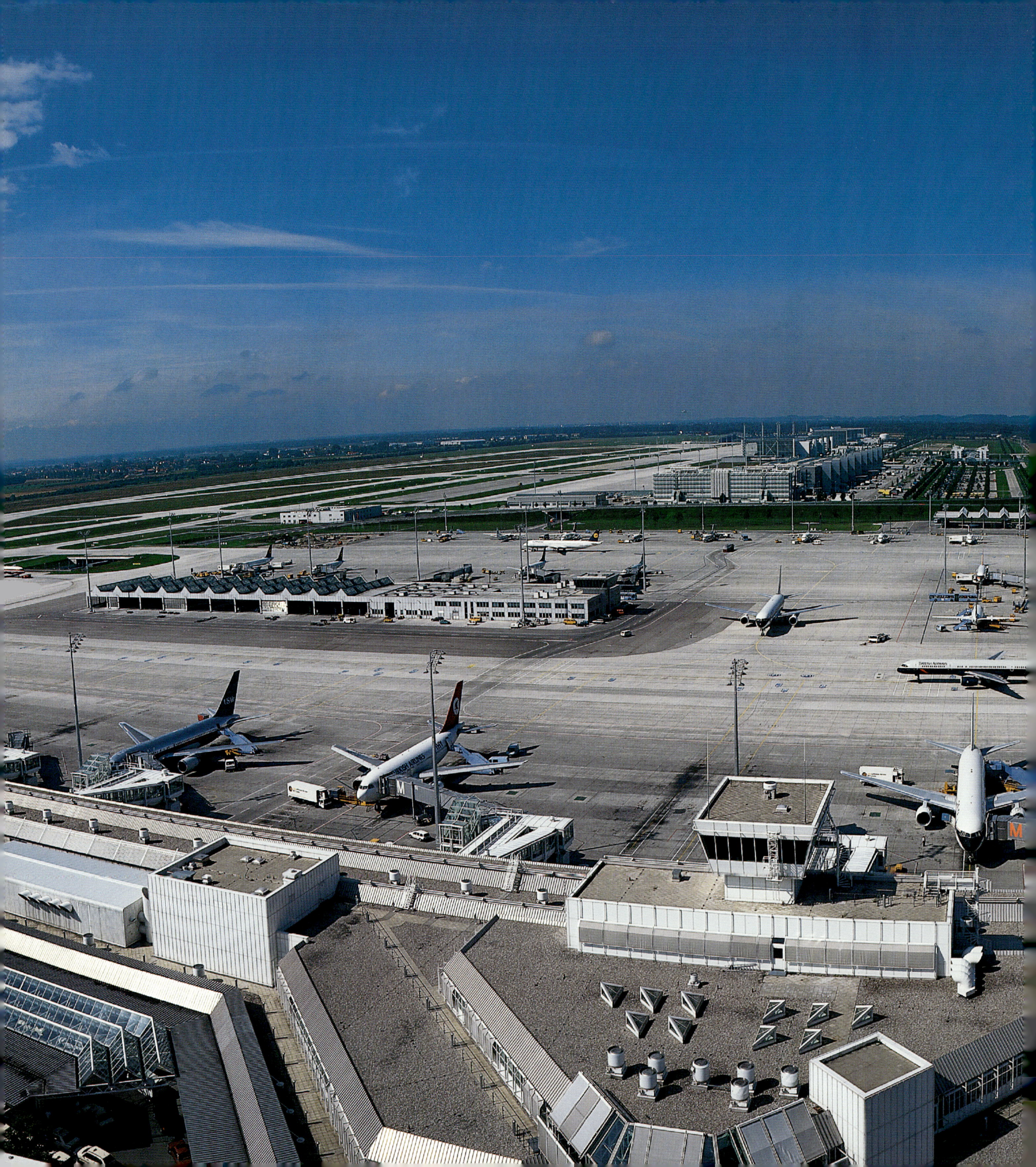

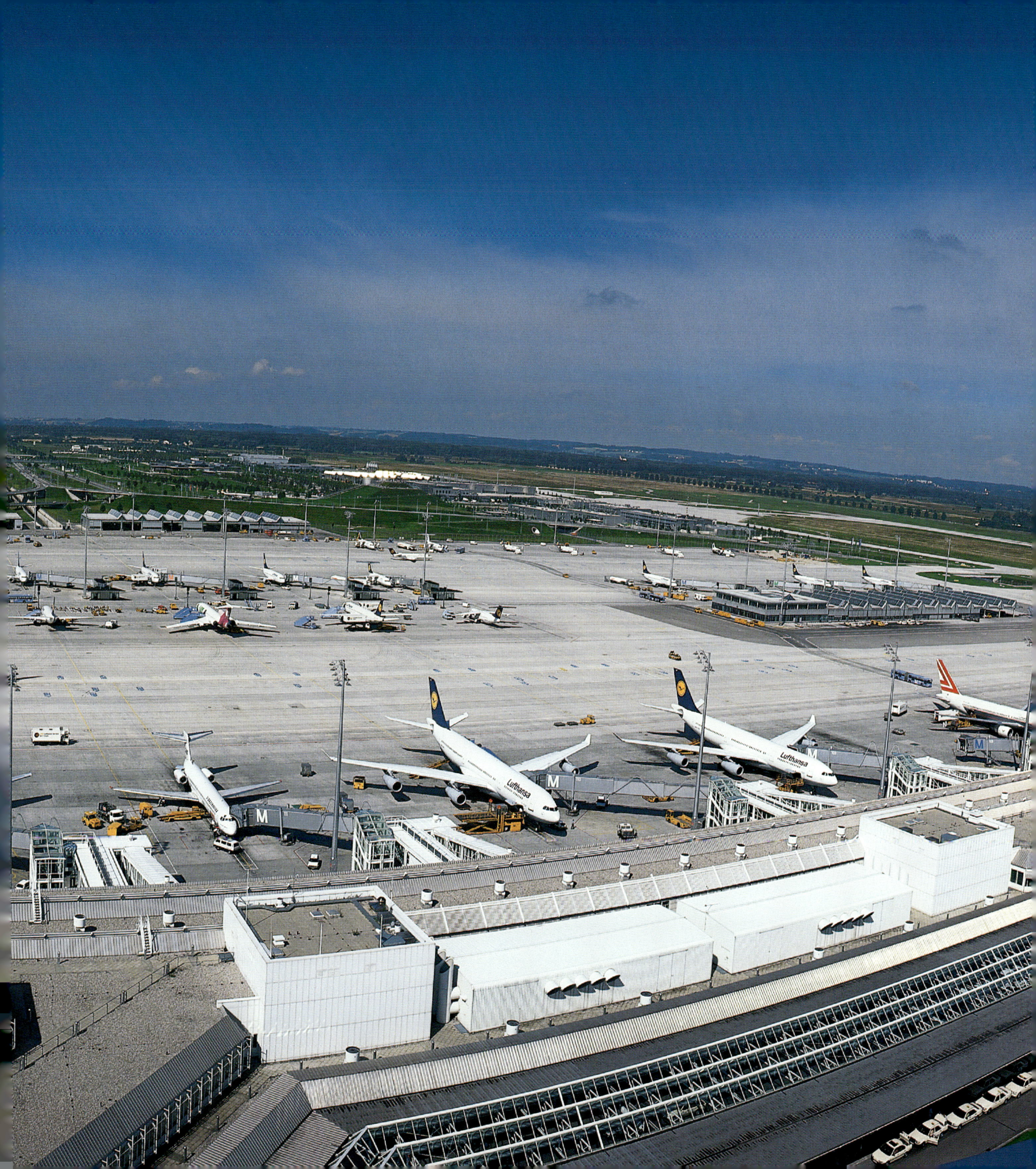
Lufthansa
Lufthansa
M
M
M
M

1 »M« wie »Miteinander«: Die Flughafen München GmbH und die DEUTSCHE LUFTHANSA AG vereinbaren im Frühjahr 1998 eine partnerschaftliche Zusammenarbeit beim Bau und Betrieb des neuen Terminals.

nisse für das Jahr 1996 »Vollzug« melden. Mit 15,7 Millionen Passagieren belegt München jetzt auch beim Fluggastaufkommen den zweiten Rang unter den deutschen Flughäfen. Nach der Anzahl der Flugbewegungen steht München bereits seit Jahren auf Platz 2. Ein weiteres erfreuliches Ergebnis aus dem Geschäftsjahr 1996 betrifft die wirtschaftliche Entwicklung des Unternehmens. Erstmals seit der Inbetriebnahme des neuen Airports kann die FMG ein ausgeglichenes Jahresergebnis vorlegen.

Inzwischen ist der Münchner Flughafen wieder zum Schauplatz intensiver Bautätigkeit geworden. Am 24. Juni 1996 war der Grundstein für das München Airport Center gelegt worden, das ein Jahr später schon zu einer sichtbaren Größe in der Flughafenlandschaft herangewachsen ist. Bereits fertiggestellt wird im Mai 1996 ein Neubau auf dem Vorfeld des Airports. Rechtzeitig zum Beginn des Pfingstreiseverkehrs wird die Halle C-West in Betrieb genommen. Dieses dem Terminal unmittelbar vorgelagerte Gebäude, das über eine Fluggastbrücke mit dem Abflugbereich C verbunden ist, bietet Platz für einen großen Sammelwarteraum mit elf Gates, von denen aus die hier abreisenden Fluggäste mit Bussen zu ihren Flugzeugen gebracht werden. Zusätzliche Flächen für die Passagierabfertigung werden auch durch die Erweiterung am nördlichen Gebäudeende des Terminals geschaffen. Im Februar 1998 können hier zwei neue Warteräume mit sechs Gates in Betrieb genommen werden. Eine unmittelbar mit dem Terminal verbundene zweite Abfertigungshalle auf dem Vorfeld, die die stark frequentierten Ankunfts- und Abflugbereiche A und B entlasten soll, wird im Oktober 1998 fertiggestellt.

Durch die Erweiterungsmaßnahmen innerhalb der bestehenden Abfertigungsanlagen will die FMG sicherstellen, daß das Verkehrswachstum, das bis zu einer Realisierung des zweiten Terminals zu erwarten ist, ohne Einbußen beim Passagierkomfort bewältigt werden kann. Die Notwendigkeit für das zweite Abfertigungsgebäude wird durch die enorme Verkehrszunahme im Jahr 1997 eindrucksvoll untermauert. Nachdem das Fluggastaufkommen um 14 Prozent auf 17,9 Millionen gestiegen ist, landet München erstmals auf Platz 10 unter den verkehrsreichsten europäischen Flughäfen. Die in der bayerischen Landeshauptstadt erzielte prozentuale Passa-

gierzunahme ist dreimal so hoch wie die durchschnittliche Wachstumsrate, die 1997 an den übrigen deutschen Verkehrsflughäfen verbucht wird. Überdurchschnittlich fällt auch das Wachstum bei den Flugbewegungen und im Frachtverkehr am Münchner Flughafen aus: Die Zahl der Starts und Landungen steigt um 15 Prozent auf 256 000, bei der geflogenen Fracht wird mit einem Anstieg auf 96 000 Tonnen sogar ein Zuwachs von 26 Prozent registriert.

Analog zur Verkehrsentwicklung offenbart auch das Wirtschaftsergebnis einen echten Durchbruch: Im Geschäftsjahr 1997 erwirtschaftet die FMG nur fünf Jahre nach der Inbetriebnahme des neuen Flughafens und damit sehr viel früher als erwartet einen Gewinn von 30 Millionen DM. Die Gesamterlöse steigen um neun Prozent auf 889 Millionen DM.

Die nachhaltige Stärkung der Drehscheibenfunktion des Münchner Flughafens ist eine der wesentlichen Ursachen für den rasanten Aufstieg des Airports. Während der Anteil der Umsteiger am gesamten Passagieraufkommen in Riem zuletzt bei etwa zehn Prozent lag, wird am neuen Standort fünf Jahre nach der Inbetriebnahme bereits ein Umsteigeranteil von 25 Prozent ermittelt. Die in diesem Anstieg dokumentierte strukturelle Veränderung des Verkehrsaufkommens findet auch in den Planungen für das neue Terminal ihren Niederschlag, die noch vor dem Ende des Jahres 1997 in eine entscheidende Phase treten.

Am 15. Dezember verschickt die FMG die Unterlagen für den Architektenwettbewerb zum Bau des Terminals 2 am Flughafen München. Das Teilnehmerfeld war zuvor in einem mehrstufigen Auswahlverfahren auf 15 hochkarätige Architekturbüros aus dem In- und Ausland beschränkt worden. Sie haben die Aufgabe, ein auf 15 Millionen Passagiere ausgelegtes Abfertigungsgebäude zu konzipieren, das exklusiv von der LUFTHANSA und ihren Partnerairlines genutzt werden soll. Das Terminal 2 des Münchner Flughafens, das sich im Osten an das MAC anschließen wird, soll über eine zentrale Halle für die Abfertigung sämtlicher Fluggäste verfügen. Die Ankunfts- und Abflugbereiche werden anders als im Terminal 1 nicht nebeneinander, sondern übereinander angeordnet. Durch eine entsprechende Konfiguration des Abfertigungsgebäudes soll gewährleistet werden, daß umsteigende Passagiere in der Regel ohne Ebenenwechsel schnell und bequem über ein automatisches Personentransportsystem zu ihrem jeweiligen Abfluggate gelangen.

Damit wird das neue Terminal, das im Jahr 2003 in Betrieb gehen soll, der LUFTHANSA beste Voraussetzungen für die Abwicklung und den Ausbau ihres Hubverkehrs am Standort München bieten. Die LUFTHANSA ist aber nicht nur Nutznießer, sondern gemeinsam mit der FMG zugleich auch Betreiber dieses Terminals. In einem »Memorandum of Understanding« vereinbaren FMG und LUFTHANSA im April 1998 eine partnerschaftliche Zusammenarbeit beim Bau und Betrieb des Terminals. Der Übereinkunft zufolge werden zu diesem Zweck gemeinsame Beteiligungsunternehmen gegründet, an denen die LUFTHANSA jeweils mit 40 und die FMG mit 60 Prozent beteiligt sind. Das bedeutet auch, daß die LUFTHANSA sich finanziell mit rund 520 Millionen DM an den Terminalkosten in Höhe von 1,3 Milliarden DM beteiligt. Die FMG trägt die verbleibenden Aufwendungen in Höhe von rund 780 Millionen DM sowie Investitionen in Höhe von 400 Millio-

2 Gerüstbau für das neue München Airport Center (MAC), das von dem Architekten Helmut Jahn entworfen wurde,...

3 ... der bereits für das 1994 eröffnete Kempinski Hotel Airport München verantwortlich zeichnete.

4 Mit dem MAC entsteht im Herzen des Flughafens ein attraktives Kommununikations- und Dienstleistungszentrum, das die Standortqualität und Wettbewerbsfähigkeit des Flughafens nachhaltig stärken wird.

1 Der rasante Verkehrszuwachs macht schon wenige Jahre nach der Flughafeneröffnung Ausbaumaßnahmen im Bereich der Passagierabfertigung erforderlich. Auf der Vorfeldseite des Terminals entsteht 1996 die Halle C-West (Bildmitte), die zusätzliche Kapazitäten im Abflugbereich schafft.

2 Nach dem Muster der ersten Halle wird im Oktober 1998 auch zwischen den Terminalbereichen A und B ein zusätzliches Gebäude fertiggestellt. Es dient sowohl für Ankünfte als auch für Abflüge.

Im Architektenwettbewerb für das Terminal 2 des Münchner Flughafens fällt am 30. Mai 1998 eine Vorentscheidung. Das Preisgericht vergibt drei gleichrangige Preise an die Münchner Architekten Koch + Partner und Herbert Kochta sowie an das Architekturbüro Murphy/Jahn aus Chicago. Diese drei Erstplazierten erhalten gleichzeitig die Gelegenheit, ihre Entwürfe nach Maßgabe der Bauherren zu überarbeiten. Die endgültige Entscheidung fällt am 22. Juli: Der Aufsichtsrat und die Gesellschafterversammlung der Flughafen München GmbH beauftragen das Münchner Büro Koch + Partner auf der Basis seines überarbeiteten Wettbewerbsentwurfs mit der Planung und Realisierung des Terminals 2 des Münchner Flughafens.

Eine der Luftverkehrsgesellschaften, die als Nutzer dieses Terminals in Betracht kommen, ist der LUFTHANSA-Partner UNITED AIRLINES. Am 11. Juni 1998 eröffnet die große amerikanische Airline mit einer Boeing 767-300 eine neue tägliche Nonstopverbindung von München nach Washington, die auch unter einer LUFTHANSA-Flugnummer gebucht werden kann. Die neue Ver-

nen DM, die für die zur Anbindung des Terminals notwendige land- und luftseitige Infrastruktur anfallen. Diese in der Flughafenlandschaft bisher weltweit einmalige Form der Zusammenarbeit von Airport und Airline verschafft beiden Partnern ein hohes Maß an Planungssicherheit und eröffnet die Möglichkeit, das Luftverkehrsangebot am Standort München qualitativ und quantitativ kontinuierlich auszubauen.

Auf dem Gelände des früheren Flughafens in München-Riem wird am 12. Februar 1998 die neue Messe München eröffnet. Nach zweieinhalbjähriger Bauzeit sind hier zwölf Ausstellungshallen mit einer Gesamtfläche von 140 000 Quadratmetern entstanden. Während das ehemalige Flughafenareal damit wieder eine Zweckbestimmung von internationaler Bedeutung erhält, rückt auch auf dem Nachfolgeflughafen die Fertigstellung eines wichtigen Bauvorhabens näher.

Am 13. Mai wird mit zahlreichen Gästen das Richtfest für das München Airport Center gefeiert. Der FMG-Aufsichtsratsvorsitzende Erwin Huber schließt seine Ansprache mit den Worten: »Was hier entsteht, ist mehr als ein großes Dienstleistungszentrum, es ist der unverwechselbare Marktplatz und Mittelpunkt eines Flughafens des 21. Jahrhunderts.«

Auch das benachbarte Zentralgebäude des Airports soll zu einem integralen Bestandteil dieses Marktplatzes gemacht werden. Bereits im Dezember 1997 wurde deshalb damit begonnen, das Gebäude zu erweitern und zugleich einer grundlegenden Umgestaltung zu unterziehen. Ziel der Aus- und Umbaumaßnahmen ist der konsequente Ausbau des Dienstleistungsangebots. Im Zuge der Umgestaltung des Zentralgebäudes entstehen 36 neue Einzelhandelsgeschäfte, 18 zusätzliche Check-in-Schalter und ein eigener »Reisemarkt«, der auf überschaubarem Raum über 40 Reisebüros und Reiseveranstalter vereint. Diese facettenreiche Flaniermeile soll nach der Fertigstellung des München Airport Center im Sommer 1999 räumlich und funktional nahtlos mit dem MAC verknüpft werden. Nach der Eröffnung des zweiten Terminals wird die neue »Airport-City« zugleich den Übergang zwischen den beiden Abfertigungsgebäuden bilden.

DIE AIRPORT-BERATUNG DER FMG
JUNI 1998

Daß man vor dem Beginn eines Arbeitstages zuweilen sein Frühstück gegen eine Horde von Urwaldaffen verteidigen muß, zählt zu der Art von Erfahrungen, die ein Anstellungsverhältnis bei der Flughafen München GmbH nicht zwangsläufig mit sich bringt. Für Reinhard Zeiler und Frank Pötsch, die im Dienst der FMG fast drei Jahre in Kuala Lumpur verbrachten, um sich dort an den Startvorbereitungen für den neuen Flughafen zu beteiligen, gehörten indessen auch solche Erlebnisse zum Alltag. Die FMG hatte sich 1995 bei einer Ausschreibung von Beratungsleistungen gegen namhafte Bewerber durchgesetzt und mit den malaysischen Auftraggebern einen Vertrag über ein umfangreiches Consulting-Paket abgeschlossen. Ähnlich wie in München, sollte der komplette Flugbetrieb in Kuala Lumpur binnen einer Nacht vom alten auf den neuen Flughafen verlagert werden. Experten der FMG und der Firma Agiplan koordinierten vor Ort die Umzugsplanung und organisierten nach Münchner Vorbild einen Probebetrieb für die verschiedenen Betriebsbereiche. So trägt die FMG dazu bei, daß der zunächst auf 25 Millionen Fluggäste ausgelegte neue Airport der malaysischen Hauptstadt am 30. Juni 1998 erfolgreich den Betrieb aufnehmen kann.

Von den Münchner Erfahrungen beim Flughafenumzug und der Inbetriebnahme im Mai 1992 hatten zuvor unter anderem bereits die Flughäfen in Brüssel, Budapest und Oslo profitiert. Aber auch im eigenen Land wird das Know-how der FMG für ein bedeutsames Vorhaben genutzt. Im April 1998 beauftragt die Verwaltung des Deutschen Bundestags die FMG mit dem Projektmanagement für den Umzug des Parlaments von Bonn nach Berlin. In der Kernphase dieses Umzugs werden im Juli 1999 täglich rund 40 Container mit 1300 Kubikmetern Umzugsgut auf der Schiene vom Rhein an die Spree befördert. Reinhard Zeiler und Frank Pötsch werden den Umzug des Bundestags wohl aus der Distanz verfolgen, denn sie werden bis auf weiteres in einer anderen Hauptstadt gebraucht: Im März 2001 wird mit ihrer Hilfe der neue Flughafen von Athen in Betrieb gehen.

1 Die 17,9 Millionen Fluggäste, die 1997 von oder nach München fliegen, bringen den jungen Flughafen erstmals in die »Top Ten« der europäischen Flughäfen mit dem größten Passagieraufkommen.

2 Blick aus dem sogenannten »Minitower« auf das Vorfeldgeschehen. In der Dispositionszentrale werden die verschiedenen Aktivitäten der Flugzeugabfertigung – von der Be- und Entladung über den Passagier- und Crewtransport bis zu den Flugzeugschleppern und Versorgungsfahrzeugen – koordiniert.

3 Sechseinhalb Jahre nach seiner Eröffnung ehrt der Flughafen München am 18. November 1998 die 100millionste Flugreisende. Die Italienerin Raffaela Dus wird vom Aufsichtsratsvorsitzenden der FMG, dem bayerischen Finanzminister Kurt Faltlhauser, und dem FMG-Hauptgeschäftsführer Willi Hermsen in Empfang genommen.

4 Im Schienennahverkehr zum Airport wird am 29. November 1998 der Einsatz verdoppelt. Mit der S1 verkehrt jetzt eine zweite S-Bahn zwischen dem Airport und der Münchner Innenstadt.

1 Eine positive Bilanz zieht die Geschäftsführung der Flughafen München GmbH auf ihrer Jahrespressekonferenz zu Beginn des Jubiläumsjahres 1999. Neben dem FMG-Hauptgeschäftsführer Willi Hermsen (l.) stehen auch der kaufmännische Geschäftsführer Walter Vill und der technische Geschäftsführer Klaus Brendlin den Pressevertretern Rede und Antwort.

bindung zwischen der bayerischen und der amerikanischen Hauptstadt vergrößert die Auswahl im Interkontinentalverkehr und stärkt gleichzeitig die Hubfunktion des Münchner Flughafens.

Aber nicht nur auf den Fernstrecken, die zum Münchner Flughafen führen, verbessert sich 1998 das Angebot. Am 29. November nimmt eine zweite S-Bahn-Linie den Verkehr zum Flughafen auf. Neben der S8, die den Airport seit seiner Eröffnung mit der Innenstadt verbindet, fährt jetzt auch die über den Westen geführte S1 zum Flughafen. Da beide Linien am Münchner Flughafen zeitversetzt im 20-Minuten-Takt starten, steht den am Airport zusteigenden Fluggästen von jetzt an alle zehn Minuten eine S-Bahn zur Verfügung.

Der Wechsel des bayerischen Finanzministers Erwin Huber in die Staatskanzlei hat im Herbst 1998 auch eine personelle Veränderung an der Spitze des Aufsichtsrats der FMG zur Folge. Kurt Faltlhauser, der am 6. Oktober die Nachfolge des Finanzministers antritt, übernimmt im November von diesem auch den Aufsichtsratsvorsitz. Hatte sein Vorgänger drei Jahre zuvor in seiner ersten »Amtshandlung« am Flughafen den 50millionsten Passagier begrüßt, so bleibt es dem neuen Mann vorbehalten, den 100millionsten Fluggast in Empfang zu nehmen. Am 18. November wird die 30jährige Italienerin Raffaela Dus, die mit der Air Dolomiti aus Venedig eingetroffen war, als 100 000 000. Flugreisende seit Eröffnung des neuen Münchner Flughafens begrüßt.

Zum Beginn des Jubiläumsjahres 1999 präsentiert sich die Flughafen München GmbH – wie es ihr Hauptgeschäftsführer Willi Hermsen in der Jahrespressekonferenz am 1. Februar formuliert – »bei bester Gesundheit und mit vielversprechenden Zukunftsperspektiven«. Das Jahresergebnis des Vorjahres konnte 1998 nach vorläufigen Berechnungen mit einem Gewinn von 62 Millionen DM noch einmal mehr als verdoppelt werden. Die Gesamterlöse der FMG sind auf rund 915 Millionen DM gestiegen, unter Einbeziehung der Tochtergesellschaften wurden im FMG-Konzern sogar Umsätze in Höhe von über 1,1 Milliarden DM erzielt.

Dieses Ergebnis spiegelt auch die erfolgreiche Geschäftstätigkeit der sieben Beteiligungsunternehmen der FMG wider, deren Gesamtumsatz sich seit 1993 von 156 auf rund 300 Millionen DM nahezu verdoppelt hat. In dem Bemühen, die Kräfte der Töchter im Sinne einer konzernübergreifenden Dachmarkenstrategie zu bündeln, wurden für manche Beteiligungsunternehmen inzwischen neue Namen und neue Teilhaber gefunden. So ist aus der Airport Services GmbH München die »aerogate München gesellschaft für Luftverkehrsabfertigungen« hervorgegangen, an der sich neben dem Mehrheitsgesellschafter FMG noch die Swissport AG beteiligt. Die Muc Air Services GmbH bleibt eine 100prozentige FMG-Tochter, firmiert aber ab März 1999 unter dem Namen »Flughafen München Cargogate GmbH«. An der Civil Aviation Protection GmbH (CAP) beteiligen sich neben der FMG die Raab Karcher Sicherheit GmbH und die Globe Ground GmbH. Letztere, ein Unternehmen aus dem Lufthansa-Konzern, bildet zusammen mit der FMG auch die »Gesellschaft für Enteisen und Flugzeugschleppen«. Die beiden umsatzstärksten Töchter der FMG sind nach wie vor die Flughafen München Restaurations GmbH und die Flughafen München Handelsgesellschaft, die zusammen etwa zwei Drittel der Gesamtumsätze aller Beteiligungsunternehmen erlösen.

Nach einem abermaligen Passagierzuwachs von acht Prozent auf 19,3 Millionen hat sich der Flughafen München 1998 an Zürich vorbei auf den neunten Rang der »Top Ten« der europäischen Airports geschoben. Daß der Flughafen noch vor dem Jahr 2000 die 20-Millionen-Marke bei den Passagierzahlen überschreitet, erscheint angesichts seiner anhaltenden Wachstumsdynamik durchaus realistisch. In den Prognosen, die seinerzeit dem Planänderungsbeschluß von 1984 zugrunde gelegt wurden, war man noch von der Hälfte – nämlich von 10,4 Millionen im Jahr 2000 – ausgegangen.

Noch nicht absehbar sind die Konsequenzen der von der Europäischen Kommission durchgesetzten Marktöffnung im Bodenverkehrsdienst für die Flughafen München GmbH. Der EU-Richtlinie vom 15. Oktober 1996 zufolge müssen die Flughafenbetreiber ihre Vorfelder ab 1999 für jeweils einen privaten Anbieter im Be-

2 Blick in die Zukunft: Die virtuelle Version des neuen Abfertigungsgebäudes hat der Computer bereits in Betrieb genommen. Am Flughafen München wird das Terminal 2 im Jahr 2003 eröffnet werden.

reich der Flugzeugabfertigung öffnen. Bisher hatten die deutschen Flughäfen bestimmte Abfertigungsleistungen exklusiv angeboten und mit den Erträgen aus den Abfertigungsentgelten die Infrastruktur für den Luftverkehr unterhalten und ausgebaut. 250 von 915 Millionen DM, die die FMG 1998 an Gesamterlösen erzielte, wurden im Bodenverkehrsdienst erwirtschaftet. Welche Einbußen der Flughafen München GmbH aus der Geschäftstätigkeit des zusätzlichen Abfertigungsunternehmens erwachsen, wird erst der Wettbewerb erweisen. Der Bodenverkehrsdienst der FMG, der als erster in Deutschland bereits Anfang 1996 mit einem international anerkannten Qualitätssiegel zertifiziert wurde, ist für diesen Wettbewerb gut gerüstet.

In der Winterflugplanperiode 1998/99 verbinden 77 Luftverkehrsgesellschaften die bayerische Landeshauptstadt regelmäßig mit 158 Zielen in 62 Ländern. Damit entspricht die Flughafen München GmbH ihrem im Gesellschaftervertrag von 1949 formulierten Auftrag, »den Verkehrsbelangen des Landes Bayern und der Stadt München im innerdeutschen und internationalen Luftverkehr« zu dienen, in überzeugender Weise. Mit mittlerweile insgesamt etwa 18 000 Beschäftigten gehört der Flughafen München zu den größten Arbeitsstätten Bayerns. Er hat sich als zentraler Bestandteil der Verkehrsinfrastruktur ebenso wie als dynamisch wachsende »Jobmaschine« fest etabliert und ist dadurch zu einem wichtigen Aktivposten für die Wirtschaft und den Arbeitsmarkt der gesamten Region geworden. Die LUFTHANSA ist entschlossen, ihr zweites nationales Gateway durch weitere Verbindungen im Europa- und Interkontinentalverkehr kontinuierlich auszubauen, und dokumentiert dies durch ihre Partnerschaft mit der FMG beim Bau und Betrieb des zweiten Terminals. Die für das Jahr 2003 vorgesehene Inbetriebnahme dieses Terminals wird der Verkehrsentwicklung wichtige Impulse geben und die Ausgangsposition des Luftverkehrsstandorts München im europäischen Wettbewerb nachhaltig verbessern. Nach den aktuellen Prognosen sind sieben Jahre später – im Jahr 2010 – insgesamt 30 Millionen Fluggäste in der bayerischen Landeshauptstadt zu erwarten. Alles in allem keine schlechten Voraussetzungen für den Start der Flughafen München GmbH in das nächste halbe Jahrhundert.

1992

17. 2. 1992 Beginn eines achtwöchigen Probebetriebs auf dem neuen Münchner Flughafen.

15. 3. 1992 Der erste von insgesamt 13 »Publikumstagen« auf dem neuen Münchner Flughafen.

11. 5. 1992 Offizieller Festakt zur Eröffnung des Münchner Flughafens.

16. 5. 1992 Letzter Betriebstag des Flughafens München-Riem. Kurz vor Mitternacht erlischt die Anflugbefeuerung des über 52 Jahre alten Airports.

17. 5. 1992 Der neue Flughafen München nimmt planmäßig den Betrieb auf.

26. 5. 1992 Unter dem Motto »Danke, Riem« feiert die FMG mit 1500 Gästen in Trudering Abschied von dem langjährigen Flughafenstandort.

6. 7. 1992 Beginn des Weltwirtschaftsgipfels in München. Anläßlich des G-7-Treffens werden auf dem neuen Münchner Flughafen 140 Sonderflüge abgefertigt.

22. 7. 1992 Der langjährige technische Geschäftsführer der FMG, Klaus Nitschke, wird in den Ruhestand verabschiedet. Seine Nachfolge tritt zum 1.10. der Diplomingenieur Klaus Brendlin an.

4. 10. 1992 Eine Frachtmaschine vom Typ Boeing 747 der israelischen Fluggesellschaft EL AL stürzt unweit des Amsterdamer Flughafens Schiphol in ein Wohngebiet.

3. 11. 1992 Bei den Präsidentschaftswahlen in den Vereinigten Staaten setzt sich der Kandidat der Demokraten, Bill Clinton, gegen den Amtsinhaber George Bush durch und wird als dessen Nachfolger zum 42. Präsidenten der USA gewählt.

6. 12. 1992 Nach einer Serie von Gewalttaten, die von rechtsradikalen Tätern gegen in Deutschland lebende Ausländer verübt wurden, demonstrieren in München über 400 000 Menschen mit einer Lichterkette gegen Fremdenfeindlichkeit und Intoleranz.

15. 12. 1992 Die Polizeidirektion am Flughafen München kann – unterstützt durch die FMG – eine Reihe von Diebstählen im Bereich der Gepäckabfertigung aufklären. 40 Mitarbeiter der Gepäckabfertigung werden festgenommen und Diebesgut im Wert von über 200 000 DM sichergestellt.

1993

13. 1. 1993 Der frühere Staats- und Parteichef der DDR, Erich Honecker, wird aus der Haftanstalt Berlin-Moabit entlassen. Am Tag zuvor war das gegen ihn eingeleitete Verfahren wegen Totschlags aufgrund seines schlechten Gesundheitszustands eingestellt worden.

26. 5. 1993 Insgesamt 217 zusätzliche Flüge mit 27 500 Passagieren werden auf dem Münchner Flughafen anläßlich des Europapokal-Endspiels zwischen Olympique Marseille und dem AC Mailand abgewickelt.

28. 5. 1993 Der bayerische Landtag wählt den bisherigen Innenminister Edmund Stoiber als Nachfolger von Max Streibl zum neuen bayerischen Ministerpräsidenten.

1. 7. 1993 In der Bundesrepublik Deutschland wird das fünfstellige Postleitzahlensystem eingeführt.

12. 7. 1993 Eine Mitarbeiterin einer Fluggesellschaft verschafft – unter Mißbrauch ihres Flughafenausweises – einem Fernsehteam unberechtigten Zutritt zum Sicherheitsbereich des Münchner Airports und dem ARD-Magazin *Report* damit die Gelegenheit, über vorgebliche »Sicherheitslücken« am Flughafen München zu berichten. In der Folge werden die Zulassungskriterien bei der Ausweisvergabe am Flughafen München sowie die Kontrollen an den Schnittpunkten zum Sicherheitsbereich verschärft.

12. 9. 1993 Der bisherige zweite Münchner Bürgermeister Christian Ude wird von den Münchnern zum neuen Oberbürgermeister gewählt. Sein Vorgänger Georg Kronawitter hatte sich nach einer Amtszeit von insgesamt 15 Jahren aus der Kommunalpolitik zurückgezogen.

17. 9. 1993 Besuch des japanischen Kaisers Akihito und der Kaiserin Michiko in München. Der bayerische Ministerpräsident Edmund Stoiber begrüßt die Staatsgäste, die mit einer Boeing 747 eintreffen, am Münchner Flughafen.

25. 9. 1993 Im Besucherpark des Münchner Flughafens wird der erste »Oldtimer« aufgestellt, eine Lockheed L-1049. Die 40 Jahre alte viermotorige Propellermaschine ist in einer originalgetreuen LUFTHANSA-Lackierung zu sehen.

9. 11. 1993 Die DEUTSCHE BA fällt eine wichtige Standortentscheidung. Die junge Luftverkehrsgesellschaft beschließt, ihren Firmensitz zum Münchner Flughafen zu verlegen und hier auch ihre komplette Jetflotte zu stationieren.

1994

22. 3. 1994 Der Film *Schindlers Liste* von Stephen Spielberg wird in Hollywood mit sieben Oscars ausgezeichnet.

31. 3. 1994 Einführung eines neuen Tarifsystems für das Parken am Münchner Flughafen. Besonders großer Popularität erfreut sich der neu eingerichtete und besonders preisgünstige Urlauberparkplatz, der angesichts der starken Nachfrage schon bald ausgebaut werden muß.

6. 5. 1994 Der 50 Kilometer lange Eurotunnel unter dem Ärmelkanal wird eröffnet. Ab sofort ist England auch auf dem Landweg zu erreichen.

17. 5. 1994 Zwei Jahre nach der Inbetriebnahme des neuen Flughafens wird das Kempinski Hotel Airport München mit rund 1700 Gästen feierlich eröffnet.

23. 5. 1994 Roman Herzog wird von der Bundesversammlung in Berlin als Nachfolger Richard von Weizsäckers zum neuen Bundespräsidenten gewählt.

17. 7. 1994 Zum viertenmal erringt die brasilianische Fußballnationalmannschaft nach einem 3:2-Erfolg im Endspiel gegen Italien den Weltmeisterschaftstitel.

10. 8. 1994 Die Sicherstellung eines Koffers mit waffenfähigem Plutonium auf dem Münchner Flughafen sorgt weltweit für Schlagzeilen.

20. 9. 1994 Im Bereich einer U-Bahn-Baustelle im Münchner Ortsteil Trudering bricht unter einem Linienbus die Fahrbahndecke ein und reißt den Bus in den Abgrund. Drei Menschen kommen bei dem Unglück ums Leben.

28. 9. 1994 Mehr als 900 Todesopfer fordert der Untergang der estnischen Fähre »Estonia« vor der finnischen Südküste.

16. 10. 1994 Die Koalitionsregierung aus CDU/CSU und FDP kann bei den Bundestagswahlen eine knappe Mehrheit von zehn Mandaten behaupten.

13. 11. 1994 Als erster deutscher Rennfahrer wird Michael Schumacher aus Kerpen auf Benetton-Ford Weltmeister in der Formel 1.

1995

22. 3. 1995 Der Aufsichtsrat und die Gesellschafterversammlung der FMG beschließen die Realisierung des München Airport Center, mit dem das Dienstleistungsangebot des Flughafens gestärkt werden soll.

26. 3. 1995 Mit dem Inkrafttreten des Schengener Abkommens entfallen im Reiseverkehr zwischen zunächst sieben europäischen Staaten die Grenzkontrollen.

7. 5. 1995 Der Neogaullist Jacques Chirac wird als Nachfolger des Sozialisten François Mitterrand zum neuen französischen Staatspräsidenten gewählt.

17. 5. 1995 Die Künstler Wilhelm Holderied und Karl Schlamminger entwerfen am Flughafen »eine Insel für die Zeit«. Ihr Erdzeichen, ein monumentales Kiesrelief, das sich in seinem ganzen Umfang nur dem Flugreisenden erschließt, wird an diesem dritten Geburtstag des Flughafens eingeweiht.

31. 7. 1995 Aufgrund des Ausbaus des Start- und Landebahnsystems am Stuttgarter Flughafen ist der Flugbetrieb dort für 60 Tage stark eingeschränkt. Als »Ausweichflughafen« wickelt der Münchner Airport während dieser Zeit rund 1350 Flüge mit 128 000 Passagieren ab.

19. 10. 1995 Im Besucherpark des Münchner Flughafens wird eine 1941 gebaute DC 3 in der authentischen Bemalung der SWISSAIR aufgestellt.

26. 10. 1995 Die DEUTSCHE LUFTHANSA gibt auf einer Pressekonferenz bekannt, daß sie den Flughafen München zu ihrem zweiten Hub ausbauen wird.

4. 11. 1995 Während einer Friedenskundgebung in Tel Aviv wird der israelische Premierminister Itzhak Rabin von einem rechtsradikalen Attentäter erschossen. – Der bayerische Wirtschaftsminister Otto Wiesheu und der stellvertretende malaysische Transportminister Datuk Mohd Ali Rustan unterzeichnen in Kuala Lumpur einen Vertrag über umfassende Beratungsleistungen, die FMG für die Inbetriebnahme des neuen Flughafens der malaysischen Hauptstadt erbringen soll.

21. 11. 1995 Nach einem über vier Jahre andauernden Krieg im ehemaligen Jugoslawien paraphieren die Präsidenten von Serbien, Bosnien-Herzegowina und Kroatien im amerikanischen Dayton ein Friedensabkommen.

1. 12. 1995 Der neue bayerische Finanzminister Erwin Huber löst Georg Freiherr von Waldenfels als Aufsichtsratsvorsitzender der Flughafen München GmbH ab.

1996

9. 1. 1996 Offizielle Verleihung eines Zertifikats nach DIN EN ISO 9001 an den Bodenverkehrsdienst der Flughafen München GmbH.

24. 1. 1996 Ursula Krause aus Weilheim wird als 50 millionste Flugreisende seit der Eröffnung des Airports vom FMG-Aufsichtsratsvorsitzenden Erwin Huber am Flughafen München begrüßt.

6. 2. 1996 Beim Absturz einer Boeing 757 der türkischen Chartergesellschaft BIRGEN AIR vor der Nordküste der Dominikanischen Republik kommen sämtliche 189 Insassen, darunter 164 deutsche Urlauber, ums Leben.

8. 3. 1996 Eine Boeing 727 der KIBRIS TURKISH AIRLINES mit 101 Passagieren und acht Crewmitgliedern wird am späten Abend von einem bewaffneten Entführer nach München umgeleitet. In den frühen Morgenstunden stellt sich der Luftpirat der Polizei.

4. 4. 1996 Beim Anflug auf den Münchner Flughafen stürzt eine einmotorige Sportmaschine vom Typ Trinidad TB in unmittelbarer Nähe der Autobahn A 92 ab. Dabei kommt der Pilot und einzige Insasse der Maschine ums Leben.

11. 4. 1996 Eine verheerende Brandkatastrophe auf dem Düsseldorfer Flughafen fordert 17 Menschenleben.

24. 6. 1996 Grundsteinlegung für das München Airport Center.

15. 10. 1996 Der Ministerrat der Europäischen Union verabschiedet eine Richtlinie über den Zugang zum Markt der Bodenverkehrsdienste an den Flughäfen innerhalb der EU. Bestimmte Dienstleistungen im Bereich der Flugzeugabfertigung, die an deutschen Flughäfen bisher dem Flughafenbetreiber vorbehalten waren, dürfen damit künftig auch von anderen Anbietern erbracht werden.

26. 10. 1996 Rund 5000 Besucher kommen bei naßkaltem Oktoberwetter zum Münchner Flughafen, um die erste und vermutlich letzte Landung einer Concorde auf dem neuen Airport zu sehen. Das Amtliche Bayerische Reisebüro hatte das Überschallflugzeug der AIR FRANCE für diesen Sonderflug gechartert.

5. 11. 1996 Der US-Präsident Bill Clinton kann sich bei den amerikanischen Präsidentschaftswahlen gegen seinen republikanischen Herausforderer Bob Dole behaupten.

15. 12. 1996 Der Boeing-Konzern, weltweit größter Flugzeughersteller, und die bisherige Nummer 3 der Branche, McDonnel Douglas, geben ihre Fusion bekannt.

1.4.1997 Im Zuge der weiteren Liberalisierung des europäischen Luftverkehrs dürfen die Fluggesellschaften aus den EU-Mitgliedsstaaten jetzt Inlandflüge in allen EU-Staaten anbieten.

17.5.1997 Der Flughafen München feiert seinen fünften Geburtstag im Kreise von Gleichaltrigen. Die FMG hat rund 50 Geburtstagskinder – die meisten von ihnen werden wie der Airport an diesem Tag fünf Jahre alt – zum »größten Kindergeburtstagsfest in der Geschichte der zivilen Luftfahrt« eingeladen.

10.6.1997 Erstmals landet eine Boeing 777 in München. MALAYSIA AIRLINES setzt das moderne zweistrahlige Fluggerät von jetzt an zweimal wöchentlich auf der Strecke von München nach Kuala Lumpur ein.

24.6.1997 Auf der Jahreshauptversammlung des Airport Council International (ACI) Europe – des Dachverbands der europäischen Verkehrsflughäfen – wird FMG-Hauptgeschäftsführer Willi Hermsen zum neuen Präsidenten gewählt. Mit Hermsen steht erstmals ein Deutscher an der Spitze des ACI Europe.

16.7.1997 Die Betreibergesellschaften der Flughäfen München und Stuttgart schließen einen Kooperationsvertrag ab, der eine enge Zusammenarbeit in verschiedenen Bereichen wie Einkauf, EDV und Personalwesen vorsieht. Bereits seit Juni 1996 kooperiert die FMG in ähnlicher Form mit den Flughäfen Leipzig/Halle und Dresden.

27.7.1997 Der Radprofi Jan Ulrich gewinnt als erster deutscher Fahrer die Tour de France.

31.8.1997 Diana, Prinzessin von Wales, kommt bei einem Autounfall in einem Pariser Straßentunnel ums Leben.

13.10.1997 Mit dem Verkauf von 37,5 Prozent der Aktien aus dem Bundesbesitz an der DEUTSCHEN LUFTHANSA AG wird die 1994 begonnene Privatisierung der Gesellschaft abgeschlossen.

15.10.1997 Unter dem Motto »5 Jahre Service« feiert die FMG mit rund 1700 Beschäftigten ein großes Mitarbeiterfest in einer Vorfeldhalle des Flughafens. Für den passenden Sound sorgt die »Spider Murphy Gang«.

15.12.1997 Die FMG verschickt die Unterlagen zum Architektenwettbewerb für das Terminal 2 des Münchner Flughafens.

27.4.1998 Die FMG erhält den Zuschlag für die Planung und Steuerung des Umzugs des Deutschen Bundestags, dessen Kernphase in die parlamentarische Sommerpause 1999 fallen wird.

30.4.1998 Die Flughafen München GmbH und die DEUTSCHE LUFTHANSA AG vereinbaren in einem »Memorandum of Understanding«, das geplante Terminal 2 am Flughafen München gemeinsam zu bauen, zu betreiben und zu finanzieren.

13.5.1998 Richtfest für das München Airport Center.

3.6.1998 Das bisher schwerste Zugunglück in Deutschland fordert 101 Todesopfer. Ein Hochgeschwindigkeitszug vom Typ ICE war auf der Fahrt von München nach Hamburg bei Eschede in Niedersachsen entgleist.

24.6.1998 Die FMG veröffentlicht die Ergebnisse ihrer neuesten Arbeitsstättenerhebung. Danach bieten am Münchner Flughafen mittlerweile rund 400 Firmen insgesamt mehr als 17 200 Arbeitsplätze.

22.7.1998 Der Aufsichtsrat und die Gesellschafterversammlung der FMG beauftragen das Architekturbüro Koch+Partner, München, mit der Planung und Realisierung des neuen Abfertigungsgebäudes.

26.8.1998 Die FMG weitet ihre Zusammenarbeit mit anderen Flughäfen aus und kooperiert nun auch mit der Flughafen Nürnberg GmbH. Zusammen mit den Flughäfen Leipzig/Halle, Dresden und Stuttgart bilden die Partner einen leistungsfähigen Kooperationsverbund.

27.9.1998 Machtwechsel in Bonn: Bei den Bundestagswahlen wird die SPD zur stärksten Kraft im Parlament. Die von Bundeskanzler Gerhard Schröder geführte neue Regierungskoalition von SPD und Bündnis 90/Die Grünen verfügt im Bundestag über eine Mehrheit von 21 Mandaten.

11.11.1998 Der neue bayerische Finanzminister Kurt Faltlhauser wird zum Vorsitzenden des Aufsichtsrats der FMG gewählt.

18.11.1998 Die 30jährige Raffaela Dus aus Treviso wird als 100 000 000. Flugreisende auf dem Münchner Flughafen mit rotem Teppich, Blasmusik, einem Sektempfang und Geschenken begrüßt.

28.11.1998 Die neue S-Bahn-Verbindung zum Münchner Flughafen wird eröffnet. Die S1 fährt über den Münchner Westen und die neu gebaute »Neufahrner Spange« zum Airport.

1.1.1999 In elf europäischen Staaten gilt der Euro als gemeinsame Währung. Spätestens Mitte 2002 soll er die nationalen Währungen komplett ablösen.

10.2.1999 Das Bayerische Staatsministerium schließ das Auswahlverfahren für die von der EU geforderte Marktöffnung im Bodenverkehrsdienst ab und erteilt einem Bewerber den Zuschlag. Erstmals wird damit neben der FMG ein zweites Abfertigungsunternehmen seine Dienste im Bereich der Flugzeugabfertigung auf dem Münchner Flughafen anbieten.

12.3.1999 Polen, Ungarn und die Tschechische Republik werden offiziell als neue Mitgliedsstaaten in die NATO aufgenommen.

19.4.1999 Erstmals tritt der Deutsche Bundestag im umgebauten Reichstagsgebäude in Berlin zusammen.

23.5.1999 Die in Berlin zusammengetretene Bundesversammlung wählt den früheren nordrhein-westfälischen Ministerpräsidenten Johannes Rau als Nachfolger Roman Herzogs zum achten deutschen Bundespräsidenten.

14.9.1999 Feierliche Eröffnung des München Airport Center.

12.10.1999 Die Flughafen München GmbH wird 50 Jahre alt.

1997 1998 1999

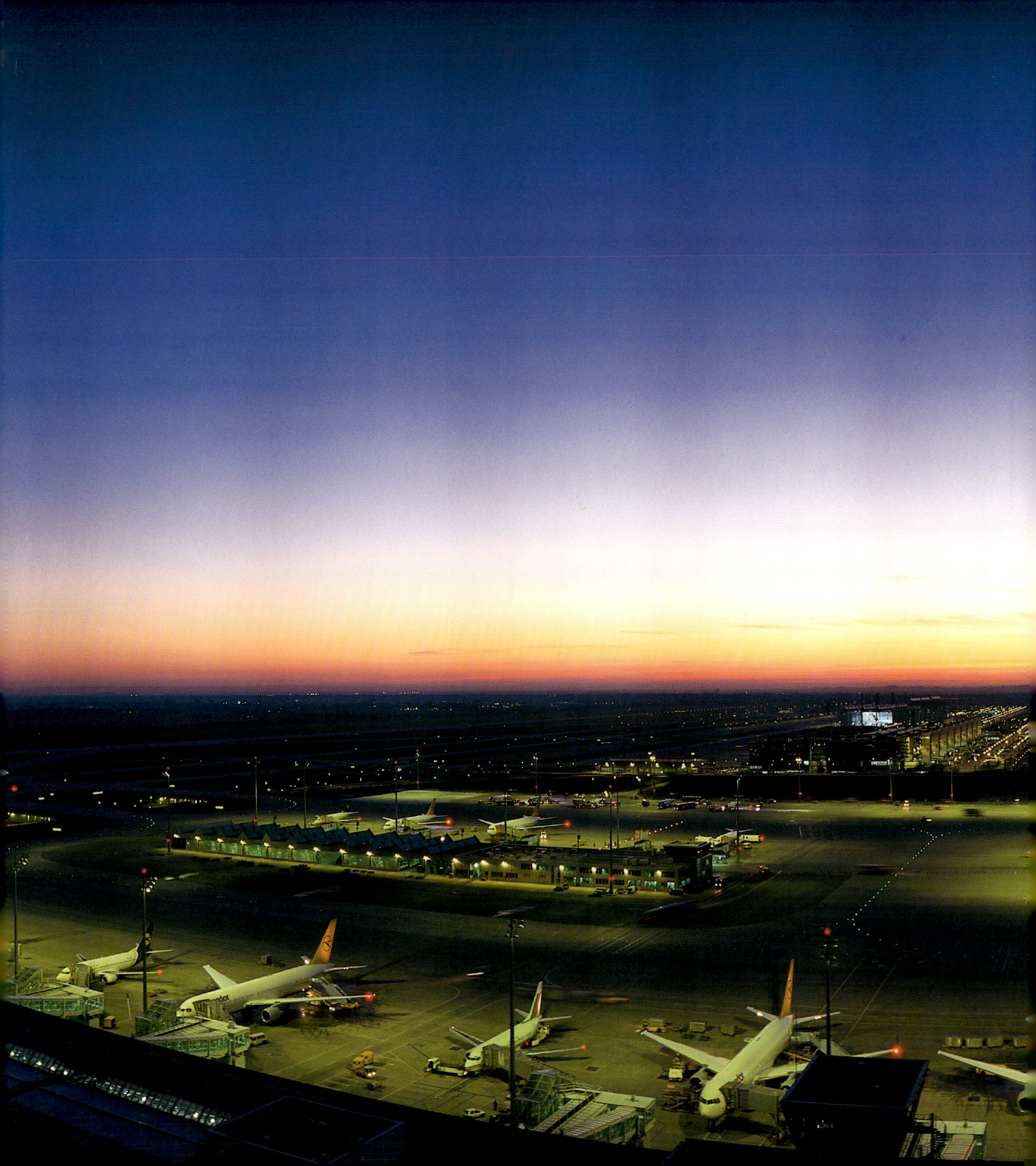

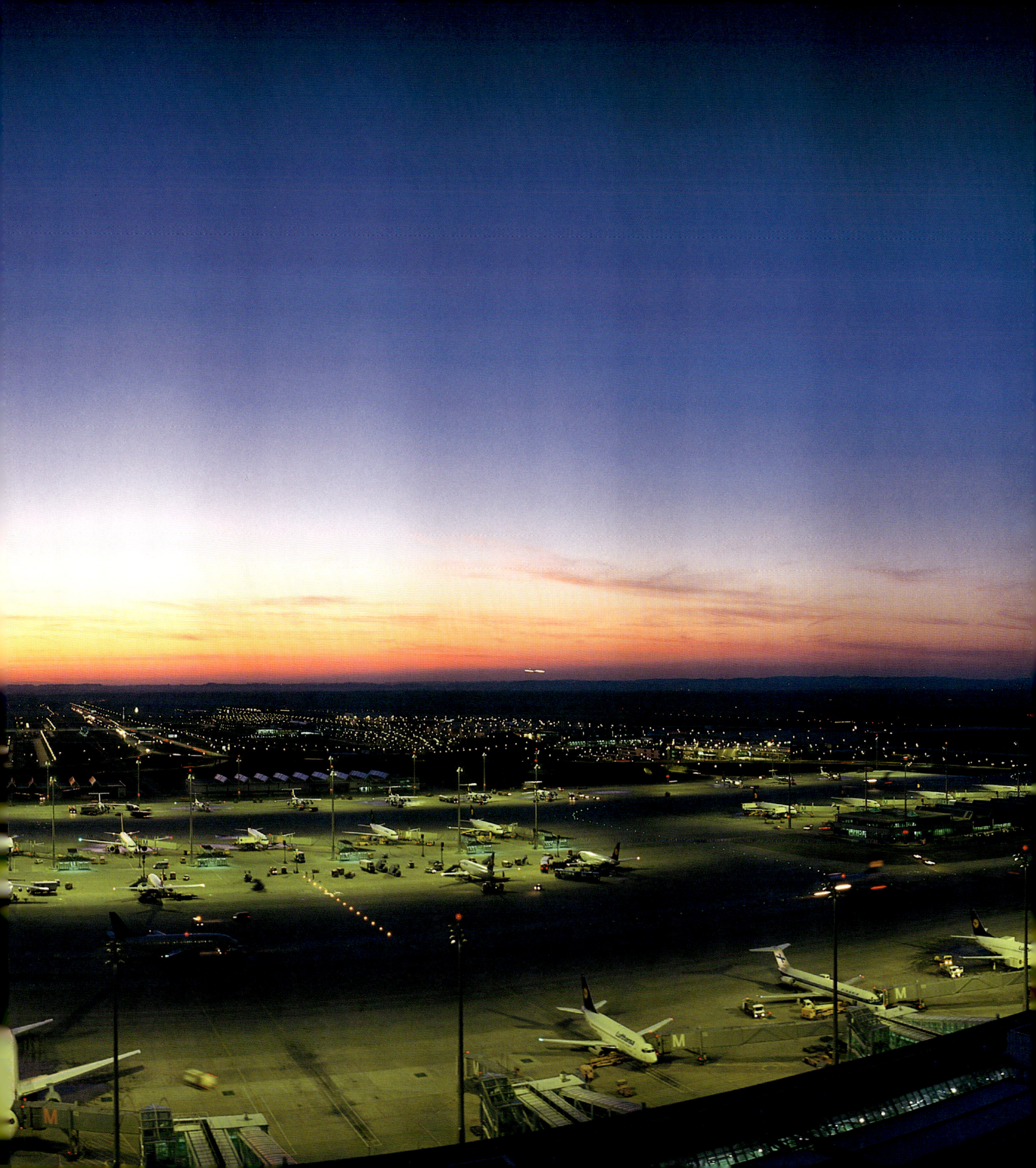

BILDNACHWEIS

Aero Express, München
S. 36, 1; S. 37, 2

Bauersachs, Peter
S. 116, 1; S. 140, 1

Bock-Schroeder, Peter
S. 91, 1; S. 100, 2; S. 101, 3; S. 106, 1;
S. 106, 2; S. 107, 3; S. 108, 1; S. 110, 1;
S. 111, 2; S. 113, 1; S. 113, 8; S. 113, 11;
S. 116, 2; S. 118, 1; S. 119, 1; S. 119, 2;
S. 120, 1; S. 121, 2; S. 122, 1; S. 128, 1;
S. 129, 3; S. 129, 4; S. 130, 1; S. 131, 2;
S. 132/133; S. 134, 1; S. 136, 1;
S. 137, 2; S. 138, 1; S. 141, 2; S. 143, 2;
S. 143, 3; S. 143, 4; S. 143, 5; S. 143, 6;
S. 143, 8; S. 143, 9; S. 143, 10;
S. 148, 2; S. 175, 2; S. 175, 8

Brix/dpa
S. 80, 2; S. 87, 9

Castell, Wulf-Diether Graf zu
S. 20, 1; S. 20, 2; S. 21, 4; S. 22, 1;
S. 26, 2; S. 33, 9

Deutsche Lufthansa AG
S. 29, 5

Eckerl, Walter/Süddeutscher Verlag,
Bilderdienst
S. 48, 1

Engels, Peter
S. 115

Enzwiesen/Süddeutscher Verlag,
Bilderdienst
S. 70, 3

Feindt, Gregor
S. 150, 1

Fischer, Berthold/Süddeutscher
Verlag, Bilderdienst
S. 57, 2

Foto-Technik, München
S. 25, 2

Gastinger, Mario
S. 143, 1

Göbel/Süddeutscher Verlag,
Bilderdienst
S. 55, 5

Haase, Alfred
S. 96, 2; S. 113, 2

Held, Klaus
S. 54, 1

Hennies, Dr. Werner
S. 131, 3; S. 135, 2; S. 141, 3; S. 145;
S. 147, 1; S. 148, 1; S. 149, 4; S. 150, 2;
S. 151, 3; S. 153, 1; S. 154, 1; S. 154, 2;
S. 156, 1; S. 157, 2; S. 157, 3; S. 158, 1;
S. 160, 2; S. 161, 3; S. 161, 4; S. 161, 5;
S. 162, 1; S. 162, 2; S. 162, 3;
S. 164/165; S. 166, 1; S. 167, 2;
S. 167, 3; S. 167, 4; S. 168, 1; S. 168, 2;
S. 170, 1; S. 170, 2; S. 171, 3; S. 171, 4;
S. 172, 1; S. 176/177; S. 175, 1;
S. 175, 3; S. 175, 4; S. 175, 5; S. 175, 7;
S. 175, 10; Titel (Line Up)

Hoppen, Peter
S. 23, 2; S. 26, 1; S. 30, 1; S. 33, 1;
S. 33, 4; S. 33, 8; S. 33, 10; S. 38/39;
S. 42, 1; S. 45, 3; S. 54, 2; S. 54, 3;
S. 55, 4; S. 61, 5; S. 61, 6; S. 61, 7

Koch, Norbert und Partner
S. 173, 2

Koch, Rainer
S. 159, 2

Köhler, Meta
S. 10, 1; S. 11, 2; S. 11, 3; S. 12, 1;
S. 13, 2; S. 14, 1; S. 16, 1; S. 16, 2;
S. 16, 3; S. 21, 3; S. 30, 2; S. 33, 3;
S. 33, 5

Lehn, Bernhard
S. 126/127; S. 143, 7

Leidorf, Klaus
S. 138, 2

Luftbildverlag Hans Bertram
S. 49, 2; S. 75, 2; S. 93, 2; S. 94, 1;
S. 99, 2; S. 123, 2; S. 128, 2

Marold, Lutz
S. 25, 1; S. 35; S. 41, 3; S. 42, 2;
S. 44, 1; S. 44, 2; S. 45, 4; S. 46, 1;
S. 46, 2; S. 47, 4; S. 47, 5; S. 50, 1;
S. 51, 2; S. 52, 1; S. 52, 2; S. 56, 1;
S. 59, 3; S. 61, 1; S. 61, 4; S. 61, 8;
S. 61, 9; S. 61, 10; S. 63; S. 64, 1;
S. 65, 2; S. 66, 1; S. 67, 2; S. 68, 1;
S. 68, 2; S. 68, 3; S. 68, 4; S. 70, 1;
S. 70, 2; S. 72, 1; S. 72, 2; S. 75, 1;
S. 76; S. 78, 1; S. 79, 3; S. 79, 4;
S. 82, 1; S. 83, 1; S. 83, 2; S. 84, 1;
S. 84, 2; S. 87, 1; S. 87, 2; S. 87, 3;
S. 87, 4; S. 87, 5; S. 87, 6; S. 87, 7;
S. 87, 8; S. 87, 10; S. 89; S. 91, 2;
S. 92, 1; S. 96, 1; S. 97, 3; S. 98, 1;
S. 99, 3; S. 102/103; S. 109, 2;
S. 113, 3; S. 113, 5; S. 113, 6; S. 113, 7;
S. 113, 10

Mayr, Toni
S. 33, 11; S. 40, 4; S. 51, 3

Müller-Grah
S. 15, 2; S. 33, 2; S. 61, 2

Naglik, Jürgen
S. 143, 11; S. 175, 6; S. 175, 9

Neue Deutsche Filmgesellschaft
mbH
S. 28, 2; S. 33, 7

Neuwirth, Fritz/Süddeutscher
Verlag, Bilderdienst
S. 80, 1

Neuwirth, Fritz
S. 113, 9

Photo-Dix
S. 29, 4; S. 59, 2

Photo-Eggle
S. 40, 1; S. 61, 11

Photogrammetrie GmbH
S. 31, 4

Reger, Hans
S. 58, 1

Seiler, Herbert
S. 78, 2

Skultety, Martin
S. 160, 1

Steinmetz, Dr. Hans
S. 9

Stolz, Herbert
S. 148, 3

Tony Stone
Titel (Wolken); S. 8/9; S. 34/35;
S. 62/63; S. 88/89; S. 114/115;
S. 144/145

unbekannt
S. 47, 3

United States Air Force
S. 11, 4; S. 40, 2; S. 61, 3

Wachs, Ady E.
S. 30, 3

Werthern, Dietrich von
S. 100, 1; S. 113, 4

Willy-Zeyn-Film GmbH
S. 28, 1; S. 28, 3; S. 33, 6

178

Idee: Ingeborg Ergenzinger

Bildredaktion: Dr. Werner Hennies

Gestaltung und Satz: R·M·E, München
Katharina Steinmetz, Roland Eschlbeck

ISBN 3-492-04071-3
© Piper Verlag GmbH, München 1999
Litho: RPP Repro Print Produktion
Pauck GmbH, München
Druck und Bindung: Clausen & Bosse, Leck
Printed in Germany